라캉 정신분석 치료 이론

실천 중심 임상과 사례

LACAN-HA SEISHINBUNSEKI NO CHIRYORON: RIRON TO JISSEN NO KOTEN
by Kazuya Akasaka
Copyright © Kazuya Akasaka 2011
All rights reserved.
Original Japanese edition published by Seishin Shobo, Ltd., Tokyo.

Korean translation Copyright © 2025 by Korea Coaching Supervision Academy
This Korean edition is published by arrangement with Seishin Shobo, Ltd., Tokyo
in care of Tuttle-Mori Agency, Inc., Tokyo, through Imprima Korea Agency, Seoul.

이 책의 한국어판 출판권은
Tuttle-Mori Agency, Inc., Tokyo와 Imprima Korea Agency를 통해
Seishin Shobo, Ltd.과의 독점계약으로 한국코칭수퍼비전아카데미에 있습니다.
저작권법에 의해 한국 내에서 보호를 받는 저작물이므로
무단전재와 무단복제를 금합니다.

 호모스피릿쿠스 6

라캉 정신분석 치료 이론
실천 중심 임상과 사례

아카사카 가즈야 지음

김상복 옮김

 코칭북스

목 차

일러두기	 6
서문	 10
1장. 서론: 목적과 도입	 13
1. 실천적 기술의 결여	 13
2. 라캉파의 역사와 현대	 33
3. 상징적 거세라는 임상적 기초	 38
2장. 3항 관계 및 2항 관계 분석 사례	 57
1. 모드 마노니의 예	 60
2. 프랑소아즈 돌토의 예	 64
3. 토마스 옥덴의 경우	 68
4. 오웬 레닉의 예	 77
5. L 도식	 84
3장. 라캉 제1임상 또는 동일시 임상	 97
1. 라캉 전기와 임상 형태	 99
2. 내용 해석(시니피앙 연쇄 뒤따르기)	 105
3. 사랑과 분석가의 욕망	 116
4장. 라캉 제2임상 또는 환상의 임상	 129
1. 라캉 중기와 그 임상 형태	 132

2. 공백을 둔 해석(〈회기 끝내기〉와 침묵) ······ 141
   3. 해석의 스펙트럼 ······ 151

5장. 분석 경험 전면에 위치한 침묵 ······ 169
   1. 정신분석에서 침묵 ······ 171
   2. 사례 D. ······ 174
   3. 침묵의 탈동일시 기능 ······ 184

6장. 공시적인 것으로 존재하는 두 개의 임상 ······ 201
   1. 충동적 무의식 ······ 202
   2. 「대상 a」의 두 가지 기능 ······ 211
   3. 라캉의 전이 이론 ······ 218
   4. 보완적인 두 개의 임상 ······ 223

7장. 치유를 위한 환상의 반복 ······ 231
   1. 여러 정신분석 학파의 환상 ······ 232
   2. 꿈에서 보는 환상의 특징 ······ 242
   3. 치유의 중심에 있는 환상 ······ 254

8장. 라캉파 오리엔테이션 ······ 273
   1. 라캉파의 임상 이론 ······ 273
   2. 라캉파의 기법 ······ 292
   3. 라캉파의 의의 ······ 301

저자 후기 ······ 327
참고 문헌 ······ 331
색인 ······ 346
역자 소개 ······ 359
역자 후기 ······ 360

일러두기

- 이 책의 인용은 저자의 표기로 「 」로 나타내어 본문 중에 (저자, 발행 연도: 페이지)로 기재했다. 또 문헌 중에 일본어 번역은 본문 찾아 읽기를 위해, 원저의 페이지 뒤에 = 넣고 번역의 발행 연도와 해당 페이지 수를 표시했다. 예를 들면, (Lacan, 1973:27=1973: 27)

  역자와 기타 자세한 정보는 참고 문헌을 참조하기 바란다. 인용한 번역문에 관해서는 이 책의 취지에 맞게 적절히 수정했다.

- 인용이 많은 프로이트와 라캉의 문헌에 관해서는 아래와 같이 줄임말을 사용하였다.

  - S.E. = *The standard Edition of the Complete Psychological Works of Sigmund Freud*, 24 vols., James Strachey (Trans.& Ed.), London: Hogarth Press, 1953-73.

  - F.F. = *The Complete Letters of Sigmund Freud to Wilhelm Fliess 1887-1904*, J. M. Masson (Trans.& Ed.), Cambridge, Massactlcsetts, and London: Belknap Press of Harvard University Press, 1985.

◦ マッソン, J・M (제프리 무사이프 마송, 編) 河田晃(訳)(2001) フロイト・フリースへの手紙 (誠信書房)
- *S.= Le Séminaire de Jacques Lacan*, 27 toms., Paris: Seuil et inédit, 1953-1980
- *E.= Ecrits*. Paris: Seuil, 1966.(ラカン、J/ 宮本忠雄・竹内迪也・高橋徹・佐々木孝次・三好曉光・早水洋太郎・海老原英彦・芦原眷(訳) (1972-1981 エクリ 弘文堂. 全三巻)
　　◦ 저자가 인용한 일어본 에크리 요약 인용은 에크리 일어본 문장과 차이가 있다. 한글 번역본이 있는 경우, 필요에 따라 가능한 경우 한글본 페이지를 추가했다.
- *A.E. = Autres écrits*. Paris: Seuil, 2001.

- 프로이트의 인용은 *S.E.*와『프로이트 저작집』에 의거하고 약자 뒤에 권 수와 페이지 및 그것에 해당하는 저작집 권 수와 페이지 수를 넣었다.(*S.E.*,: XII: 9권:78)과 같이 표시했다. 또 적절할 때 *G.W.*(*Gesammelte Werke: Chronologisch Geordnet*, 18 Bde., 1-17, London: Imago Publishing, 1940-52, Bd.18, Frankfurt am Main: S. Fischer, 1968.) 및 O.C.(Œuvres compétes: Psychanalyse, 21 toms., Jean Laplanche (Directeur scientiflque), Paris: Presses Universitaires de France, 1988-.) 를 참조로 했다.

- 라캉의 인용은 약자 뒤에 권 수와 페이지 수 및 그것에 해당하는 번역 책의 권수와 페이지 수를 기입했다. 예를 들면,(*S.*, I: 78=1권 상: 107)은 세미나 제1권 78쪽, 일본 역 상권의 107페이지에서 인용

했음을 나타낸다. 또 세미나 중에서 간행되지 않은 것은 (S., XXIV: 1977/5/10)와 같이, 페이지 수가 아닌, 그 내용이 이야기된 날짜를 기재했다. 또 S., E., A.E., 이외의 라캉 인용은, 해당 저작의 발행 연도와 페이지 수를 기록했으므로 논문명 등의 정보는 참고문헌을 참조하기 바란다.

한글본 역자의 일러두기

- 한글 번역은 되도록 저자가 표기한 방식을 그대로 따라 『 』, 「 」 등으로 표기했다. 본문의 ' '은 역자가 표시한 것이다.
- 본문에 표현이 없지만 이해를 위해 역자가 추가한 단어는 본문에 [ ]로 표기했다.
- 저자의 강조는 진하게와 밑줄, 번역자의 강조는 진하게 표시했다.
- 저자의 각주는 번호를 유지했으며, 역자가 필요한 경우 각주에 **[역자]**로 표시로 보충했다.
- 번역 중 이해를 위해 역자가 추가한 내용은 별도로 각 장의 **연구 노트**로 구분했다.
- 프로이트 저서 관련 한글 번역본이 있으나 이를 S.E.와 연동한 번역 부분을 찾는 것은 여간 어려운 일이 아니다. S.E와 G.W를 혼용하여 번역했고 수록 논문도 일관성이 부족하기 때문이다. 번역 과정에서 내용 이해를 위해 저자의 일본어 번역을 참조하기보다는 S.E.에서 직접 확인한 부분은 연구 노트에 수록했다.

- 라캉 저서의 한글 번역
  - 『자크 라캉 세미나 1』 맹정현 옮김. 새물결. 2016.
  - 『자크 라캉 세미나 11』 맹정현, 이수련 옮김. 2008.
  - 『에크리』 홍준기, 이종영, 조형준, 김대진 옮김. 2019.
- 역자의 연구 노트는 박사과정 수업시 노트, 단상, 무엇보다도 newlifecreator-AI_twin 의 대화 산물이다. 그러나 모든 것은 최종 정리한 역자의 책임이다.

서문

이 책은 프랑스 정신분석가 자크 라캉$^{Jacques\ Lacan}$(1901~1981)의 정신분석 이론을 그의 오랜 친구인 프랑소아즈 돌토$^{Françoise\ Dolto}$(1908~1988)가 제시한 임상 실천을 통해 필자가 구체화한 시도이다. 프로이트가 세운 정신분석 학문은 이론과 실천으로 간단히 나눌 수 있다. 본서는 실천에 초점을 두고 이론적 고찰을 섞어 라캉파의 임상 실천을 제시한다. 이런 작업에서 유의해야 할 점은 논술을 되도록이면 '구체적'이면서도 교조적 흐름에 빠지지 않게 하는 것이다.

정신분석 이론과 실천에서 라캉 정신분석은 이론적 연구는 풍부하나 실천 연구는 상대적으로 적다는 인식에서 출발한다. 몇 안 되는 실천 연구마저도 임상 소재를 이용한 구체적 기술은 여전히 부족하다. 그 결과 라캉파 임상 실천 모습은 구체적으로 알기가 어렵다.

이때 '구체적'이란 "분석가가 '분석 수행자^{analysant}/분석 주체[이하 분석 주체]¹⁾가 말하는 것을 어떻게 생각하고, 어떻게 개입해, 어떤 결과를 초래하는가이다?"이다. 돌토는 이 수준에서 임상 실천을 상세히 말했던 몇 안 되는 라캉파 분석가이다. 돌토는 라캉의 전기 이론을 구체화했다. 본서는 특히 라캉의 중기 이론을 같은 수준으로 구체화한다.

한마디로 라캉파라고 해도 여러 입장과 학파가 있다. 먼저 라캉이 한 말에 매우 얽매여 있는 사람들이다. 예를 들어 라캉이 침묵을 중시했지만 이를 지나치게 중시한다. 상대에게 분명한 의미를 전달하는 '언어' 해석은 라캉파가 할 일이 아니라고 생각하며 침묵만 지키고 있으면 된다는 사람들이 있다. 이는 교조주의dogmatisme의 한 표현이다. 그러나 라캉의 언급은 매우 다양했다. 그의 체계는 다양한 해석에 열려 있다.

물론 라캉은 일정한 의미에서 정신분석을 새롭게 갱신更新했다. 돌토도 독자적인 방식으로 라캉 체계를 구체화하여 일정한 의미에서 정신분석을 갱신했다. 이 책은 '갱신'이란 표현은 사용하지 않지만, 돌토와 마찬가지로 독자적 해석을 가하거나 접근 방식을 나름대로 제시한다.

교조주의는 때로 "옳은 것과 그렇지 않은 것"의 대립 구도를 만든다. 이런 현상은 종교에서 자주 볼 수 있다. 역사를 훑어보면 교리를 둘러싼 종교 간, 종파 간 다툼은 끊이지 않았다. 그러나 서로 다른 종

---

1) analysant는 피분석자라고 번역하는 경우가 많다. 그러나 라캉파는 분석가의 곁을 방문하는 이 '피분석자'를 분석가에게 '분석을 받는 자'가 아니라 분석가와 함께 자신의 힘으로 '분석하는 자'라고 본다. 그러므로 본서에서는 피분석자, 분석 수행자 대신 이를 '분석 주체'라고 용어를 사용한다.

　[역자] 저자의 이 같은 각주에도 본문에서 환자, 치료사로 표현한 경우에는 저자의 표현을 그대로 표현하면서도 필요한 경우 '[분석 주체]'라는 표현을 부기한다.

파의 지도자 회담을 보면 서로 해야 할 일이나 추구하는 일이 같다는 것을 깨닫는다. 티베트 불교의 최고 지도자 달라이 라마는 영국 국교회의 최고위 성직자 로버트 런시$^{Robert\ Luncie}$(1864~1928)를 만나 인간을 위해 애쓰는 것이 종교의 명확한 의무라는 데 의견을 같이했다. 이는 길이 달라도 지향점은 같다는 한 예이다. 이렇듯 교조주의는 무익하다는 것이 나의 개인적 견해이다.

정신분석의 지향점은 '**환자가 스스로 말하는 것**'이다. 흔히 생각하는 정신적 질병의 치유라는 목표는 여러 학파 분석가들이 지적하듯이 정신분석이 본래 지향하는 것이 아니다. 분석 과정의 **결과물**이다. 「환자를 치료하려는 열정」으로 분석에 임하는 치료자도 있을 것이다. 그러나 거기에는 틀림없이 함정이 있다(6장 2절, 3절 참조). 분석가가 하는 일은 환자가 **진실**이라고 생각하는 바를 **스스로 말할 수 있도록 돕는 일**이다. 이 책은 지루한 교조주의와는 결별하고 독자적 관점을 가미한다. 라캉의 이론을 구체화하는 과정에서 '어떻게 환자가 말할 수 있게 할 수 있는지'를 검토한다.

1장
서론: 목적과 도입

1. 실천적 기술$_{記述}$의 결여

실천적 연구의 문제와 본 저서의 목적

프랑스 정신분석가 라캉의 이름에는 아직도 「어렵다」는 형용사가 자주 붙는다. 라캉의 주요 저작인 『에크리$_{ÉCRITS}$』는 프랑스에서 간행된 지 약 40년, 일본어 번역은 약 30년 된다[한국어 번역 2019]. 그동안 많은 연구서나 해설서가 세상에 나왔는데도 라캉의 난해함은 불식되었다고 보기 어렵다.

실제로 『에크리』는 간단하게 독해하기 힘들고, 강의록인 『세미나』 시리즈도 이런 어려움에는 변함이 없다. 라캉 저작을 손에 든 사람은 아리스토텔레스나 헤겔 등 철학자를 언급하거나 독특한 라캉의 표현, 신조어 만들기$_{neologism}$에 부딪혀 자주 곤혹에 빠진다. '어려운' 라캉 체계는 정신분석이라는 지그문트 프로이트(1856~1939)가 시작한 학문에 발판을 두고 있다. 이 학문 역시 이론과 실천으로 이루어져 있다. 이 두 영역을 초석으로 연구는 백여 년의 역사를 지닌다. 프랑스에서 독자적으로 발전한 라캉의 정신분석도 역시 이론과 실천을 근거로 한다. 라캉파 정신분석에 관한 연구는 이론 연구가 많고 실천 연구는 상대적으로 적다.

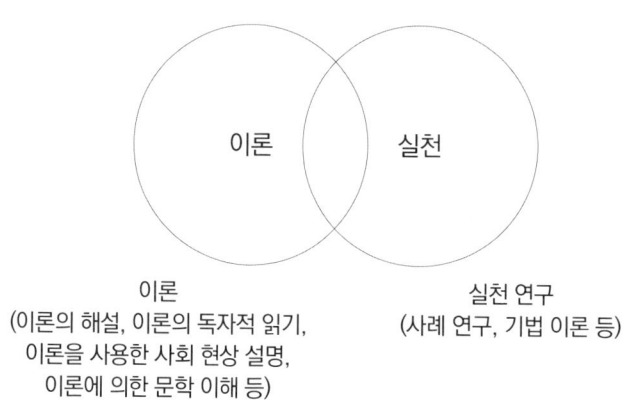

[그림 1] 라캉파 정신분석에 관한 연구

이론 연구란 여기서는 ①라캉 체계의 해설, ②독자적 해석, ③라캉 이론을 활용한 사회 현상의 해명이나 ④문학 이론 등을 가리키며 이런 연구는 일일이 열거하기 어렵다. **실천 연구**는 사례 연구와 기법 등 이와 유사한 연구를 말한다. 정신분석이나 임상심리학의 실천 연구는 통상 임상 소재를 기초로 검토하며 어떻게 개입하는가를 서술한다. 라캉파 정신분석에서는 임상 소재는 제시하지만 그것이 추상적이라는 특징이 있다. 이를 분명히 말하면, "치료자[분석가]가 환자[분석 주체]가 하는 ①말과 행위에 대해 무엇을 생각하고 ②거기에 어떻게 개입해 ③어떤 결과가 되었다."라는 구체적 서술이 부족하다는 의미이다.

예를 들면, 라캉 자신이 「카드 맞추기 놀이하는 남자 사례ˡᵉ ʲᵉᵘ ᵈᵉ ˡᵃ ᵐᵃⁱⁿ ᶜʰᵃᵘᵈᵉ」가 있다. 라캉파에서 치료 이론을 논할 때 빼놓을 수 없는 텍스트 가운데 하나인 '치료의 지침'²⁾[노트 1]에 수록돼 있다. 거기에서 남성 강박신경증의 임포텐츠ᴵᵐᵖᵒᵗᵉⁿᶻ(성교 불능증) 증상을 다룬다.

> 환자는 애인과 관계에서 성적 불능이고, 그는 애인에게 다른 남자와 잘 것을 제안했다. 어느 날 애인은 다음과 같은 꿈을 꾸었다. "자신은 팔루스ᵖʰᵃˡˡᵘˢ(남근 상징)를 지니고 있으며, 그 윤곽을 옷 아래에서 느끼고 있지만 동시에 질도 갖고 있어, 질 안으로 팔루스가 들어오는 것을 욕망하고 있다." 애인은 이 꿈을 환자에게 말했다. 그 후 환자는 성적 불능이 나았다.

이 변화와 치료 작동에 관해 라캉은 다음과 같이 논한다.

> 「우리 환자가 애인에게 내놓은 요구를 고려해 보면, 그는 자신의 억압된 동성애를 인정하도록 오랫동안 우리에게 요청해 왔다고 추측된다. (…)

---

2) 일본어 판 『에크리』에는 「치료의 지도와 그 능력의 제 원칙」(1958b)이라는 제목으로 수록된 논문.

우리는 애인의 꿈을 분석하는 것이 아니라, 환자에게 미치는 꿈의 영향을 분석하는 것이다. 환자에게 거기서 진실을 읽도록 하는 것은 치료 작동을 바꾸는 것이 될 것이다. (…) 그 진실이란 거세의 거절은 그것이 무엇인가 닮았다 해도, 무엇보다 대문자 타자(첫째로 어머니)의 거세 거절을 말하는 것이다. (…) 그것은 환자에게 자신의 욕망 안에서 팔루스가 지닌 시니피앙^{signifiant}(기호 표현, 청각 이미지^{聽覺像})의 기능을 파악하게 하는 좋은 기회이다. (…)

왜냐하면 우리 환자에게 이 팔루스를 지니는 것은 아무 소용이 없기 때문이다. 그의 욕망은 팔루스 그 자체이기 때문이다. 그리고 여기서 애인의 욕망은 그녀가 지니고 있지 않은 것을 환자에게 보여줌으로써 그의 욕망에 팔루스를 양보하는 것이다」(E.:631-632= Ⅲ권:67-69, 한: 741-744)[노트 2]

실천 연구에는 사례 연구와 기법 이론 등이 있다. **사례 연구**로 이 사례의 서술을 검토해 보자. 「그는 자신의 억압된 동성애를 인정해 줄 것을 오랫동안 우리에게 요청했다. 그의 욕망은 팔루스인 것이다」, 「애인의 욕망은 그녀가 갖고 있지 않은 것을 환자[분석 주체]에게 보여줌으로써 그의 욕망에 팔루스를 양보하는 것」 등의 내용이 서술되어 있듯이 **사례에 대한 이해**가 적혀 있음을 알 수 있다. 그렇지만 분석가가 우여곡절 끝에 이런 사고에 도달할 때까지 분석 장면에서 생각한 것이나 그것을 확신하기에 이른 사건 등에 관한 기술이 없어 추상적인 느낌을 준다는 것을 부정할 수 없다.[노트 3]

이런 구체적 서술 부족은 이후 라캉파 정신분석의 실천 연구를 방향 짓는 것 같다. 자크-알랭 밀레르Jacques-Alain Miller가 이끄는 프로이트 대의大義학파(ECF)의 사례 보고나 파세passe 보고(정신분석가 양성을 위한 라캉파 독자적인 양성 절차)에서도 역시 분석 장면에서 분석가가 분석 주체에 대해 **무엇을 생각**하고, 그 후에 **어떻게** 했는가의 기술은 보이지 않는다. 나중에 돌이켜 사례를 어떻게 이해했는지만 적혀 있다.

또 국제 라캉 협회(ALI) 샤를 멜만Charles Melman의 『정신분석 임상의 여러 문제Questions de clinique psychanalytique』(1985-1986), 파리 정신분석세미나의 후안-다비드 나시오Juan-David Nasio에 의한 『어떤 침묵의 정신분석 연대기Chronique psychanalyque d'un silence』(2001[1987]), 분석 공간Espace Analytique(EA) 조엘 도르Joël Dor의 『정신분석 임상Chronique psychanalytique』 (1994) 등의 저작에서도 사태는 동일하다.

일본으로 눈을 돌리면 라캉의 이론을 임상과 관련해 검토한 『라캉과 임상 문제』(코이데 히로유키小川浩之 편, 1990), 『라캉과 정신분석의 기본 문제』(同, 1993) 등 의욕적인 저작이 있다. 뒤의 저서 가운데 오가와 토요아키小川豊昭가 제시한 '고름膿(umi) - 만들어 내다産む(Umu)', '보기見る(miru)-무시無視(mushi)', '무시無視(mushi) 충虫(mushi)' 등의 음운 연쇄나 의미 연관에 관한 상세한 보고를 제외하면, 이들 저서의 사례 역시 사고 과정의 구체적인 기술은 부족하다. 나중에 덧붙이는 식의 후속적 이해로 시종일관하고 있다.

이를 살펴보면, 라캉파의 사례 연구에는 사례를 "어떻게 생각하는가?"라는 이해는 있지만, 그 사고 과정에 관한 구체적인 기술은 부족하다.

실천 연구 가운데 두 번째, **기법 이론**을 다시 앞선 라캉의 사례 기술 記述로 살펴보자. 「환자[분석 주체]에게 미치는 꿈의 영향을 분석해 환자[분석 주체]에게 **진실**을 거기서 읽게 한다」거나 「환자[분석 주체]에게 자신의 욕망 속 팔루스가 가진 시니피앙의 기능을 파악하게 한다」는 서술을 보면, 분석가가 환자에게 주체적으로 뭔가를 시킨다는 것을 알 수 있다.

그렇지만 분석가가 무엇을 하고 그에 대해 환자가 무엇을 했는지에 대한 구체적인 기술은 보이지 않는다. 이같이 **사례 개입**이 불명확하다. 그러나 라캉은 정신분석에서 개입의 하나인 '해석'에 관해 같은 글 '치료 지침'(한: 「치료를 이끌기와 그 권력의 원리들」)에서 다음과 같이 서술하고 있다.

> 「해석은 [융이 말하는] 거룩한 원형 같은 어떤 전제에 근거하지 않는다. '해석'이란 무의식이 랑가쥬(langage: 언어 활동)라는 근본 구조를 지니고 있고, 또 그 소재는 랑가쥬의 구조 안에서 규칙에 따라 작동한다는 사실에 근거를 두고 있다. 이 규칙은 현실의 언어, 즉 실제로 이야기되고 있거나 이야기되고 있던 언어 연구를 명확하게 하는 규칙이다」(*E.*:594= Ⅲ권:15, 한: 700).

해석에 관해 라캉은 이처럼 추상적으로 설명하고 있다. 그러나 정신분석의 다른 학파는 해석에 대한 설명이 좀 더 명쾌하고 구체적이다. 자아심리학의 교과서 같은 텍스트인 메닝거Menninger의 『정신분석 기법 이론Theory of Psychoanalytic Technique』(1958)을 살펴보자.「해석이나 그 밖의 개입은 너무 고통이 강하다고 분석가가 느낄 정도로 욕구 불만의 긴장이 고조되고 있는 시점에 주어지면 가장 효과적이다」(Menninger, 1958:133=1969:175-176).

일반적으로 기법 이론에는 '어떻게 말하는지'까지 암시하는 경우가 많다. 다시 메닝거를 인용한다.「예를 들어 비유하자면 분석가는 환자[분석 주체]가 외면하려는 것을 정면으로 보라는 듯 대뜸 코를 문지르는 대신에 저항 해석을 한다(반면, 환자는 이를 회피하는 자신만의 방식을 찾으려 한다). 분석가는 "당신은 어떤 이유에서 이를 정면으로 직시하고 싶어 하지 않는군요."와 같은 의미[분석가가 염두에 둔]의 말을 전한다. 분석가는 가장 먼저 이런 [1]저항이 존재하는 사실을 지적하고, 다음으로 [2]그것이 어떻게 나타나고 있는지를 밝히고, 나아가 [3]그 저항의 뚜렷한 목적을 설명한다.'(Menninger, 1958:137=1969:182) [노트 4]

>「어떤 환자[분석 주체]는 때로 **현실 저항**이라 불리듯 현실 상황에만 몰두한다. 이런 사례는 저항이 통상, 분석 상황의 무엇인가를 인정하는 것을 거스르는[반대하는] 것으로 이루어진다. 환자[분석 주체]는 분석 상황을 통찰하는 방향으로 가야 한다. "당신의 현재 생활에서, 그 일은 어떤 역할을 하는 걸까요."라고 묻는 대신에, 분석가는 "그 일은 아마 당신과 분석가의 관계를 반영하고 있지 않을까요."라고 말해야 한다.」(Menninger, 1958:152=1969:202)

이렇게 구체적인 '해석'을 내놓지 않고 추상적 설명을 하는 라캉의 경향이 이후에도 계승되었다. 라캉파는 "어떻게 해석하고 그 후 어떻게 되었는가?"라는 기술은 거의 없다. 기법을 추상적으로 설명하는 데 그치는 경우가 대부분이다.

예를 들어, 브루스 핑크Bruce Fink의 『라캉파 정신분석 입문 - 이론과 기법』(1997, 한: 2002, 『라캉과 정신의학』 맹정현 옮김)은 실천을 다룬다. 사례가 많아도 그것은 개념을 설명하기 위해 제시되며 구체적인 개입과 그 결과의 관점에서 기술되어 있지 않다. 해석과 관련한 설명도 역시 이론적이고 추상적이다. 또 다른 저작으로 『정신분석적 기법의 기초Fundamentals of psychoanalytic technique』(2007, 한: 『라캉 정신분석 테크닉』 김종수 옮김, 2010)가 있다. 이는 라캉파에서 유일하다고 해도 좋을 기법 이론으로 해석과 그 결과가 쓰여 있다. 그러나 기법에는 이를 뒷받침하는 이론적 설명이 없고(이것은 저자의 "라캉을 모르는 사람을 위한" 배려라고 하지만) 불충분하다.

그 외에 기법 이론 범주에 들어가는 연구를 더 확인해 보자. 일본 연구자들과 프로이트의 대의大義학파(ECF) 멤버들과의 대화를 수록한 『의미의 저편으로-라캉의 치료학』(新宮一成 편, 1996)에는 몇 가지 사례가 소개되어 있다. 「[분석] 전개 중에 어떻게 분석가가 그렇게 개입했는지」가 조금 있다. 그러나 이 부분도 기법 이론보다는 라캉파의 임상적인 틀을 제시하는 치료 이론이지 구체적인 기법에 초점을 둔 것은 아니다.

이 대화 멤버 가운데 한 명인 신구우 카즈시게新宮一成는 『꿈과 구조』

(1988, 한:『라캉의 정신분석』김병준 옮김, 2006)에서 해석과 그 결과에 대해 명확히 밝히고 있다. 그렇지만 기술된 것은 제목처럼 꿈 분석 기법이지 일반적 개입 기법은 아니다.

라캉파의 기법 이론은 먼저 사례에 의한 구체적인 해석 서술이 매우 부족하고, 추상적이다. 그 때문에 해석 결과가 어떻게 되었는지 서술을 보기 어렵다. 해석과 관련한 구체적 기술記述도 이론적 설명이 부족하거나, 꿈 관련 기법에 한정되어 있다.

라캉파 정신분석의 실천 연구를 개괄해 보면 '사례 연구'는 **사례에 대한 사후적 이해**만 기록되어 있다. '기법 이론'에는 사례 관련 해석이 없다. 라캉파의 임상보고에는 「치료자[분석가]가 환자[분석 주체]의 이야기에 대해 무엇을 생각했고, 거기에서 어떤 개입을 했고, 어떤 결과가 드러 났는가」의 구체적 서술이 부족하다.

이런 라캉파 임상 기술의 특징은 라캉 이론을 배경으로 어떻게 실천할지를 고민할 경우, 그대로 문제점이 된다. 예를 들어, 임상가들이 라캉 이론에 흥미를 느끼고 그것을 활용해 보려해도 실천 관련 구체적 기술이 부족하다. 임상 실천의 근본 자세를 취하므로 라캉적 접근을 활용하기 힘들다는 문제가 제기된다. 임상가로서 사례를 "어떻게 생각하는가?"(사례에 관한 이해)도 중요하지만 환자[분석 주체]와 만나는 그 순간에 "무엇을 할 수 있는가?"(사례에서의 개입)도 중요하다.

이런 문제 의식에서, 이 책은 「라캉적이라고 할 수 있는 실천적 기법을 제시하고, 그 기법의 사용법과 작용을 명시한 임상 실천을 제시한다」는 것을 목적으로 한다. 사례를 "어떻게 생각하는가?"와 거기서 "무엇을 할 수 있는가?"라는 두 물음은 이론에 의해 연결된다. "어떻게 생각하는가?"는 어떤 이론 배경이 없이는 성립하기 어렵다. 이론을 바탕으로 "무엇을 할 수 있는가?"를 생각하는 것이 자연스럽다. 이 책에서는 이론을 충분하게 고찰하고 "무엇을 할 수 있는가?"를 도출해 나간다.

이 책은 이론에 대해 언급하지만 이론서는 아니며, 기법을 언급하지만 순수한 기법 이론은 아니라는 독특한 위치에 있다. 이론과 실천의 중간적인 위치에 있고, 표시한 [그림 1]로 보면 '이론 연구 ⊃ 실천 연구'라는 공통 부분(교집합)에 위치한 연구서이다.

기법과 각 장 구성

라캉파에서 이런 실천적 서술이 부족한 데에는 몇 가지 이유가 있다.

첫째는 주체sujet라는 개념을 가능한 실체화実体化하지 않기 때문이다.[3] 사례로서 분석 주체의 변화를 구체적으로 기술한다는 것은 주체의 실체화実体化로 향하는 것이다. 라캉파는 이를 구체적으로 기술하지 않는다. **주체의 실체화**를 피하는 이유는 정신분석의 다른 학파에서 자아를 중시하거나, 과학(심리학)에서 이성을 중시해 주체 개념은 '주체

---

3) 라캉파의 주체sujet는 생물로서의 개체나 의식의 중심인 자아와 같은 실체적인 주체가 아니다.

[역자] 실체화実体化란 철학에서 개념적 또는 추상적인 것이나 단순히 사고 속에 있는 것을 객관적으로 어떤 실체로 만드는 의미로 이해한다.

=생각하는 인간'으로 실체화한다. 이는 프로이트의 주체 개념과는 다르다. 이런 이해가 라캉파의 근저에 깔려 있기 때문이다. 라캉은 프로이트의 무의식을 **시니피앙의 연접**連接[서로 이어짐]으로 재-인식하고, 시니피앙과 시니피앙의 연쇄連鎖[연결된 사슬]가 욕망을 진척시킨다고 논한다. 이 연쇄의 수준에 주체를 자리매김하고, 이를 무의식의 주체 sujet de l'inconscient라 부른다.

둘째는 라캉파에는 고유한 임상 형태가 없기 때문이다. 라캉파는 일반적으로 「표준/기준standard은 없다」(*E.*:324-327=Ⅱ권:4-8, 한: 379-383])라고 말한다. 이런 입장이라 더욱 임상의 구체적 기술은 하지 않는다. 국제 정신분석학회(IPA)는 '카우치 사용, 주 4회 이상'으로, 45분, 50분 회기 시간을 정신분석으로 하고, 그에 준해 입론한 이론은 토를 달지 않는 집단 태도를 형성하고 있다. 반면에 라캉파는 조직의 국제화를 위해 오직 이론만을 중시하는 집단을 형성한다. 이런 이유로 교육분석 방법은 각자에게 맡겨져 있다. 이 점이 결과적으로는 분석가마다 스타일이 서로 다르게 된 연유이다.

셋째는 증상 사례의 개별성을 중시하기 때문이다. 사례는 각각 개별적인 것이므로 사례 접근은 그 사례만의 일회성을 갖는다. 구체적인 개입 방법을 드러내면 그것이 지나치게 일반화되어 비슷한 증상 사례에 적용되어 치료자가 사례의 개별성을 경시해 버릴 가능성이 있다. 이 때문에 라캉파는 구체적인 서술을 피하고 있다.

넷째는 증상 사례의 익명성을 배려하기 때문이다(*E.*:594-598=Ⅲ권:16-21, 한: 700-705]). 사례에서 움직임[행동]을 설명하려면 상세하게 보고 하지 않으면 전달되지 않는다. 상세하게 보고하면 그 자체로 분석 주체의 익명성이 위협받기 마련이다. 이 점 역시 라캉파에서는 구체적인 서술을 피하는 이유이다.

이처럼 라캉파는 구체적 사례 기술에 부정적이지만, 라캉 전기 이론과 관련해서는 돌토의 보고가 있다. 돌토는 만년까지 라캉과 친분이 두터운 인물이라 위에 설명한 바와 같은 이유를 이해했을 것으로 보인다. 그렇지만 그녀는 자신의 임상 실천을 돌아봤을 때 정상적인 시간으로 회기를 진행하는 것이 중요하다고 실감했다. 이런 이유로 〈회기 시간 단축séance courte/절분법〉[4]을 하지 않았던 인물이다. 따라서 돌토는 〈회기 시간 단축〉 사례 보고와 달리 자기 생각을 구체적으로 말할 필요성을 느꼈기에 더욱 극명하게 구체성을 가지고 사례를 보고했다.

사례 보고는 구체성이 필요하다는 점에서 이 책은 돌토와 같은 입장이다. 필자는 라캉파가 실천적 기술을 회피한다고 제시한 위 네 가지 이유에 대해 나름의 입장을 갖는다. 「라캉적이라고 말할 수 있는 실천 기법을 제시하고, 이 기법의 사용과 작용을 명시한 임상 실천을 제시한다」는 이 책의 목적에 맞게 서술하고자 한다.

〈되도록 주체 개념을 실체화하지 않기 위해서〉라는 첫 번째 이유에 대해 살펴본다. 구체적인 증상 사례를 서술하다 보면 주체의 실체화를

---

4) 회기 시간 단축séance courte은 통상 회기 시간보다 일찍 종료하는 회기를 말한다. 이는 종료 시간이 결정되어 있지 않은 회기를 위한 '변동 시간 회기séance à durée variable'라고도 부른다.

   [역자] 우리나라에서는 절분법切分法으로 번역하기도 한다.

피할 수 없지만, 라캉파의 실천을 전달한다는 유익(아래 이 책의 의의를 참조)이 큰 경우에는 구체적으로 기술해도 좋지 않을까 생각했다. 굳이 강조해 말한다면 **실체적인 것과 거리를 두는 기법**으로 사례를 기술하면 어느 정도 주체의 실체화를 피할 수 있다고 생각한다.[5]

라캉파는 〈고유한 임상 형태가 없기 때문〉이라는 두 번째 이유를 보자. 분명 라캉파는 고유한 임상 형태가 없을지 모르지만, 라캉을 읽고 한 개인으로서 하나의 기법을 제시하는 것은 가능하다고 생각한다. 그것은, 프로이트가 기법 이론에서 말한「내 자신이 제시한 기법은 단지 나 개인에 한에서 그 목적에 맞는 것이다」(S.E., XII:111=9권:78, 한:『정신분석학의 근본 개념』, 열린책들, p.78)라는 것에 따른 방법이기도 하다.[노트 5]

〈개별성의 중시와 익명성에 대한 배려〉라는 세 번째와 네 번째 이유는 현재 출판되는 임상심리학이나 정신분석 논문의 서술들이 개별성을 무시하고 있거나 익명성을 배려하지 않는다고 생각되지 않는다. 우리 분야에서 상식적인 범위 내에서 구체적으로 기술하는 데에는 문제가 없다고 본다.

이상의 생각으로 라캉파의 기법을 포함한 임상 실천을 명시하려는

---

5) 이런 기법으로는 [1]음소音素 수준으로 해석하거나 [2]회기를 중간에 끝내거나 [3]침묵하는 등의 기법을 말한다. 이것은 기본적으로 의미를 의미로 알 수 있는 내용물은 포함하지 않고, 포함하더라도 오이디푸스라는 '신화'에서 파생된 것만을 포함하므로, 자아나 이성이라는 실체보다 '무의식의 주체'에게 더 작용한다고 생각한다. 그렇지만 이런 방법을 사용해도 사후적으로 자아나 이성에서 의미가 생성되는 것은 역시 부정할 수 없으므로 실체화를 완전히 피할 수는 없다고 생각한다.

목적을 위해 필자는 라캉 이론에서 연역 방법과 사례 연구에서의 귀납 방법, 내 나름의 실천 활동을 활용했다. 따라서 이 책은 이론과 실천의 교두보 위치에 있다. 『라캉파 정신분석 치료 이론』이라는 제목으로 임상 소재를 포함했으며, 다른 학파와의 대화에도 신경을 썼다. 이 책의 장 구성을 간단하게 제시한다.

1장은 지금까지 살펴본 문제와 목적을 말하고, 라캉파 임상 검토를 통해 라캉파의 역사와 현황, 임상의 기초 개념을 제시한다. 이어 2장에서는 아동분석가 모드 마노니Mannoni, M.[노트 6]와 프랑수와즈 돌토의 증상 사례로 라캉파 임상의 기초 개념을 확인한다. 그리고 대상관계론 토마스 옥덴Ogden, T.과 상호주관주의학파 레닉Renik, O. 두 분석가의 증상 사례에 대해 자크 알랭 밀레르Miller, J.-A.가 행한 비판을 통해 간접적으로 라캉파 임상을 부각한다. 3장은 밀레르에 의한 다른 학파 비판이 무엇에 기초하고 있는지를 이론적 수준에서 확인하고, 그 이론에서 일반적인 임상 '접근'을 도출해 낸다. 이 '접근'과 관련해 필자 자신의 증상 사례도 몇 가지 검토한다. 여기까지가 라캉 전기 이론에 관한 논의이다.

4장은 라캉 중기를 중심으로 이동한다. 중기 이론에 근거한 임상 형태를 모색하고 몇 가지 기법을 끌어낸다. 이 기법의 예시로 필자의 사례를 포함하여 몇 가지 증상 사례를 언급해 두었다. 5장에서는 앞장에서 도출한 임상 방법을 깊이 있게 고찰하고, 그 방법에 내재한 '탈동일시'를 논의한다. 이때 필자의 사례를 중심으로 구체적으로 제시하려고 노력했다. 6장은 라캉 전기와 중기의 임상 형태를 논하고 이를 다시 정리한다. 7장은 앞 장의 결론인 라캉파의 개입 방법에 따라 어떻게 임상이 진행되고 치유에 이르는지, 장기적인 여정을 제시한다. 이 작업에서 클라인파나 프로이트의 사례를 언급했다. 그리고 마지막 8장은 지금까지 논의를 총괄한 후 라캉 후기 임상 형태를 제시하며 라캉 이론의 전체상을 임상적인 관점에서 묘사한다.

이렇게 전개한 이 책은 밀레르Miller가 행한 세미나 『라캉파 오리엔테이션』에서 많은 부분을 힘입은 바 있음을 여기서 언급해 둔다.

밀레르는 2000-2001년의 세미나 『장소와 연결Le lieu et le lien』에서 라캉의 교육 활동enseignement을 중심에 둔 세미나를 근거로 세 시기로 나누었다. 라캉의 체계 구분은 연구자에 따라 다르지만, 밀레르는 **전기**를 세미나 1권부터 10권까지의 시기(1953-1963), **중기**를 세미나 11권부터 21권까지의 시기(1964-1974), **후기**를 「제3의 여자」와 세미나 27권까지의 시기(1974-1980)로 구분하였다(Miller, 2001b: 8; 2002b:10-11). 그리고 이듬해 세미나 『정신분석의 환멸』에서 각 시기에 대응하는 것으로 「라캉의 3개 임상」을 제시하고 있다.

라캉의 첫 번째 임상은 「동일시 임상」, 두 번째 임상은 「환상 임상」, 세 번째 임상은 「생톰(sinthome: 증후症候) 임상」이다(Miller, 2001-02: 2002/5/22). 이것이 이 책이 근거하고 있는 「라캉파 임상」을 접근하는 구조이다. 아래에 각각의 임상에 관해 밀레르가 언급한 것을 확인해 둔다.

「라캉 첫 번째 임상은 **동일시** 임상이다. 즉 분석에서 진실을 위한 방법으로 스스로 자기 역사를 말하는 것을 배운다. 진실한 사람으로 존재하는 것을 자기에게 가능하게 하거나 동일시를 잘 단련하고 손질해 '다듬어 내는練り上げる' 것이다. 그리고 분석의 종결은 탈동일시를 경험하는 새로운 동일시를 만족스럽게 잘 '다듬어 내는' 것에 따른다. 그 때문에, 중심 카테고리는 동일시이다.

두 번째 임상은 **환상**에 중심화된 임상이다. 즉 여전히 역사에 중심화를 둔 임상이다. 그러나 이번의 역사란 무의식의 시나리오에 의해 구상된 역사이며, 구성요소가 되는 〈결여〉를 메우는 지점의 주이상스jouissance/향락의 핵심과 주체와의 관계에 중심을 둔 역사이다.

라캉의 마지막 임상은 〈**생톰**(sinthome: 증후症候)〉이라는 용어가 축이 된다. 이 임상은 절대적인 것, 실질은 주이상스이다.[6] (…) 즉 진실과 의미를 희생하고 〈주이상스〉만 있다. 그렇다면 분석 종결에서 치유나 횡단은 더는 문제가 아니다. 〈주이상스〉 체제에서 다른 체제로의 이행, 고통의 체제에서 기쁨이나 쾌감 체제로의 이행 이외에는 문제가 되지 않는다」(Miller, 2003 b:25).

지금까지 자주 나온 생톰(sinthome: 증후症候)이란 증상symptôme의 옛 철자이다. 간단히 말하면, 증상symptôme의 의미가 상징적인 것(symbolique)[상징계][7]이라면, 이제 현실적인 것(reél)[실재계][8]의 '증

---

[6] jouissance/향락享樂이란 주체와 그 욕망의 대상과의 언어를 사이에 둔 관계에서 도달 불가능한 충동의 만족을 말한다.
　[역자] 향락으로 표현하나 저자의 언급과 상관없이 〈주이상스〉로 번역한다.
[7] 상징적인 것symbolique이란 상징계象徵界로도 번역된다. 그것은 말로써 똑같이

상'이라고 할 수 있다. 그리고 〈생톰sinthome〉의 임상은 신경증, 정신증, 도착증이라는 라캉파의 큰 세 가지 임상적 구분 가운데 정신증에 관한 임상으로 간주된다. 라캉은 또 「도착은 아버지에게 들이댄 이본異本이나 개작을 의미하며, 결국 아버지라고 하는 하나의 증상 또는 〈생톰〉인 것이다」(S.,XXⅢ:19)라고 하면서 도착증과의 관련도 지적하고 있다.

밀레르는 언제나 이런 〈생톰〉에 대해 골똘히 생각해 왔다. 그는 1982-1983년 세미나를 『증상에서 환상으로, 그리고 회귀回帰』라고 명명하고, 환상을 통해 〈주이상스〉나 현실적인 것[실재계]에 접촉을 논한다. 1986-1987년 세미나의 제13강 「생톰sinthome, 증상과 환상이 뒤섞인 것」에서 시니피앙과 〈주이상스〉를 하나로 하는 것을 고찰하고 있다.

그 후에도 주체와 〈주이상스〉나 현실재적인 것[실재계]와의 관계를 어떻게 파악하는지를 계속 검토한다. 이는 「라캉이 염두에 두고 있었던 것, 『주체에게 정상적인 세계를 구성하기 위한, 원초적이고 최소한의 시니피앙의 버팀목이란 무엇인가』를 탐구하는 것이다.」(新宮, 1996:249)라고 밀레르가 1990년 일본 방문시 강연에서 말했다. 즉 라캉의 체계를 「주체에게 원초적인 최소한의 구조는 무엇인가」를 탐

분류할 수 있는 그대로의 것, 랑가쥬나 시니피앙의 기능과 연결되어 있는 영역이다.
　[역자] 〈상징적인 것/상징계〉로 번역한다.
8) 현실적인 것reél이라는 것은 현실계現實界라고도 번역된다. 그것은 언어나 이미지로도 분류될 수 없는 것이다.
　[역자] 〈실재적인 것/실재계〉로 번역한다. 저자의 의견도 존중해 〈실재계/현실적인 것〉의 표현을 부기했다.

구하고, 아버지의 이름Nom-du-Père9)에서 시작해 마지막 대답을 〈생톰〉으로 본다는 점을 고찰한 것이다.

밀레르가 생각하는 라캉의 「주체에게 원초적인 최소한의 구조는 무엇인가라는 탐구」는 「주체가 최후까지 놓지 못하고 떠나지 못하는 것이 무엇인가라는 탐구」이다. 주체가 최후까지 놓을 수 없고 남은 것이 〈생톰〉이라는 견해이다.

이런 관점에서 라캉 체계를 되돌아볼 경우, 어느 시기까지는 **동일시**를 주체가 어떻게 내려놓느냐는 문제가 되고, 또 어느 시기까지는 **환상**을 주체가 어떻게 내려놓느냐가 문제가 된다고 라캉을 읽을 수 있다. 이런 생각에 밀레르는 라캉의 체계를 위와 같이 세 시기로 나누고, 각각의 시기에 대응하는 임상을 「동일시 임상」, 「환상 임상」, 「〈생톰〉의 임상」이라 불렀다.

필자는 라캉의 체계를 1950년대 무렵까지의 전기, 1960년대를 중심으로 하는 중기, 1970년대부터의 후기로 대략 파악하고 있다. **전기**는 상상적인 것imaginaire[상상계]10)의 〈소문자 타자(autre)〉와 주체의 관계 및 상징적인 것[상징계]의 〈대문자 타자(Autre)〉와 주체의 관계를 논의

---

9) 아버지의 이름(Nom-du-Père)이라는 것은 시니피앙의 집합으로서의 〈대문자 타자〉를 지탱하고 있는 중심적인 시니피앙을 말한다. 원초적으로 억압된 〈팔루스〉가 상징화된 것이다.
10) 상상적인 것imaginaire이란 상상계로도 번역된다. 그것은 이미지에 따라 분류할 수 있는 것, 신체 이미지에서 생겨나는 카테고리로 미끼餌・가짜 미끼 낚시바늘/뢰루leurre와 동일시에 관한 영역이다.
　　[역자] 상상계로 번역해 첨부한다.

하는 시기이다. **중기**는 〈대문자 타자〉에서 「대상 a」[11]로 논의의 중심이 옮겨져, 이 「대상 a」와 주체의 관계를 고찰하는 시기이다. **후기**는 「대상 a」의 현실적인 것[실재계] 측면이 강조된 것으로 〈주이상스〉의 핵심과 주체와의 관계를 논하는 시기이다. 그리고 원래 「대상의 결여」라는 '무無-관계'에서 비롯된, 주체와 위에 언급한 모종의 '대상과의 관계'에서 주체가 그것들로부터 어떻게 거리를 두고 떨어져 나갈 것인지를 생각하는 것을 임상 실천으로 보는 것은 아닌가? 이런 생각을 해 본다.

그래서 밀레르의 「주체에게 원초적인 최소한의 구조는 무엇인가라는 탐구」로 라캉 체계를 파악하는 방법을 수제와 모종의 대상직인 것과의 관계를 염두에 둔 「주체가 끝까지 놓지 못하고 떠날 수 없는 것은 무엇인가의 탐구」로 치환하여, 「최소한의 것 ≒ 놓지 못하고 남는 것」이라고 생각한다면, 라캉파의 임상을 구체화하는 지름길이라고 생각된다.

이런 이유로 밀레르의 시기 구분과 세 가지 임상 관점으로 라캉의 이론에서 실천적인 임상 형태를 도출한다. 이는 라캉 체계의 이론적인 심화를 목표로 하는 것이 아니다. 라캉을 임상적으로 읽고 실천을 구체화하는 것, 나아가 밀레르가 기술하는 세 가지 임상에 구체적으로 살을 붙이는 데 주안점을 둔 것이다.

이 책의 독자성은 대략 이론과 실천을 연결하여 구체적으로 활용할 수 있는 형태로 제시한다는 점이다. 상세하게는 다음 세 가지로 요약할 수 있다. (1) 이론에서 실천적인 방법을 도출하여 「라캉적인」 기법을 명시한다. (2) 「라캉파의 기법」을 일본에서 실천하고, 활용과 작용

---

[11] 「대상 a」라는 것은 욕망의 원인인 대상, 원초적으로 잃어버린 대상을 말한다.

을 사례로 보고한다. (3) 라캉 중기의 구체적인 임상 형태를 제시한다. (4) 라캉 후기 임상에 관한 이론을 소묘素描해 그 이론의 전모가 충분히 파악되지 않은 라캉파 정신분석의 전체상을 임상적인 관점에서 제시한다. 이 점은 독자성에 한 가지 더한 것이다.

이런 독자적 관점에서 이 책의 의의는 다음과 같다. (1) 임상심리학이나 정신분석에서 연구자와 임상가에게 활용 가능한 새로운 임상적 도구를 제공할 수 있다. (2) 라캉파의 임상 실천을 명시해 라캉파 임상을 구체적으로 논의하는 토대를 제공할 수 있다. 나아가 (3) 라캉파와 다른 학파와 대화하며 서로 다른 학파 간 교류의 계기를 제공할 수 있다.

마지막으로 이 책의 한계를 명시한다. 이는 이 책의 유의할 점에 해당한다. 이 책의 라캉파 임상 실천은 주로 신경증에 한정되어 있다. 라캉파에는 신경증, 도착증, 정신증이라는 세 개의 커다란 병리학적 카테고리가 있다. 신경증은 팔루스의 억압, 도착증은 팔루스의 부인, 정신증은 팔루스 배제라고 하듯이, 팔루스의 구조적 차이에 기반을 둔 분류이다. 이를 치료 이론으로 같은 선상에서 논의할 수 없다. 라캉파에서 이론과 실천의 논의 대상은 구조론적으로 하나를 한정하지 않으면 안 된다.

그리고 이 책에서 제시된 필자의 사례는 순수한 정신분석이 아니라 증상에 응용된 정신분석(psychanalyse appliquée au symptôme≒정신분석적 심리치료)에 의해 다루어진 것임을 말해 둔다. 또 이런 사례 보고는 일본인에 의한 일본어를 사용한 사례이지만 문화적 차이나 일본어라는 언어의 특수성으로[12] 인해 프랑스와 같은 기법으로 분석이 가능한가라는 문제가 제기될 것으로 생각한다. 그러나 이 책의 목적은 일본인이나 일본어, 나아가 일본적인 것을 논하는 것이 아니므로 그것은 다른 기회로 미루고 일단 일본인은 분석이 가능하다는 전제하에 논의를 진행하고 있다는 점을 유의해 주기 바란다.

　마지막으로, 이 책의 논술은, 다양한 읽기가 가능한 라캉의 체계와 실천에 대한 하나의 해석에 지나지 않는다. 이런 한 가지 해석은 지금 독자들이 보는 것처럼 글자에 적혀 있고 따라서 읽히는 것을 전제로 한 것이기에 이를 고려해 이해하기를 기대한다. 따라서 읽는 이의 이해를 촉진하기 위해 라캉의 사고 방식을 간략화한 부분도 다분히 있다. 더불어 어려운 부분을 나눠 말을 더해 설명하기도 했다. 그 결과 무언가가 빠지고 덧붙여져 어느 정도의 왜곡이 생기는데, 이는 피할 수 없는 것임을 고려해 주었으면 한다.

2. 라캉파의 역사와 현대

본격적 논의 전에 예비 지식의 부족이 흥미 상실이나 이해에 방해가 되지 않도록 먼저 라캉과 라캉파 임상의 기본 정보를 제공한다.

　먼저 프랑스 정신분석의 역사와 현황을 간단히 확인하고 라캉파가 무엇인지 생각해 보자. 프랑스 정신분석사의 역사와 현황을 간략하게 살펴본다. 라캉은 자아심리학자인 루돌프 뢰벤슈타인 Loevenstein, R. M.에

---

12) 라캉의 「Lituraterre」(1971)나 「일본의 독자에게 붙여」(1972a)를 참조할 것

게 분석을 받았고, 1930년대 말에 국제정신분석학회International Psycho-Analytical Association(IPA)의 정회원으로 정신분석가가 되었다. 그리고 1953년부터 죽음 직전인 1980년까지 장소를 바꾸면서 약 30년 동안 자신의 생각을 세미나 형태로 계속 전달했다. 1953년부터 1963년까지는 파리의 생탄느Sainte-Anne 병원에서, 1964년부터 1969년까지는 프랑스 고등교육기관인 그랑제콜Grandes Écoles 가운데 하나인 고등사범학교에서, 1969년부터 1980년까지는 파리대학 법학부 건물에서 세미나를 했다.

이 세미나 내용은 밀레르가 편집한 세미나 시리즈로 순차적으로 간행되고 있다. 또한 1966년 라캉의 주요 저작인 『에크리Écrits』의 각 논문에는 같은 시기에 개강했던 세미나의 내용이 압축된 형태로 소개되어 있고, 2001년에는 그 속편이라 할 수 있는 『다른 에크리』(Autres écrits)[노트 7]가 출판되었다.

위 문헌에서 알 수 있는 라캉의 생각은 1950년대 무렵까지의 전기, 1960년대를 중심으로 중기, 1970년경부터를 후기로 대략 나눌 수 있다. 일본에서도 비교적 잘 알려진 「무의식은 하나의 랑가쥬(langage: 언어 활동)로 구조화되어 있다」는 테제는 전기 이론을 대표하는 테제이며, 이 즈음 라캉파의 임상 실천은 앞서 말했듯 돌토의 저작으로 널리 알려져 있다.

세미나를 중심으로 하는 라캉의 교육 연구 활동은 프랑스 정신분석 역사에 크게 영향을 미쳤다. 라캉은 IPA 정신분석가였으나, 주 4회 이상에 1회 45분 내지 50분이라는 IPA가 규정하는 정신분석의 틀에서 벗어난 임상 활동을 했으므로 1953년에 IPA 산하 파리정신분석협회Société Psychanalytque de Paris(SPP), 1926에서 탈퇴하고, 라캉과 행동을 함께한 돌토나 다니엘 라가쉬Lagache. D.와 함께 정신분석프랑스협회Société Française de Psychanalyse(SFP)를 설립했다. 이때 그들은 IPA 소속이 없어져 다시 IPA 회원이 될 것을 요구하며 교섭하지만, 라캉이 실시하고 있는 〈회기 시간 단축séance courte〉이 문제가 되어, 1963년에 정신분석프랑스협회(SFP)는 분열한다. 그로부터 두 개 단체, 프랑스 정신분석협회Association Psychanalytique de France(APF), 1964와 파리 프로이트학파École Freudienne de Paris(EFP), 1964가 탄생했다. APF는 IPA 소속 단체가 됐지만 라캉이 만든 EFP는 그렇지 못했다. 이후 EFP는 독자직인 정신분석가 양성을 위한 〈파쎄passe〉[독자적 양성코스]를 고안했는데, 이로 인해 1969년에 다시 분열된다. 이때 EFP를 떠난 페리에Perrier. F나 장 폴 발라브레가Valabrega, J.-P.들은 제4그룹Quatrié groupe = Organisation Psychanalytique de Langue Française(OPLF), 1969을 창설했다. 이와 같이 라캉이 소속되어 있던 단체는 〈회기 시간 단축/절분법〉문제를 둘러싸고 1953년과 1963년 두 차례 분열되었고, 〈파쎄passe〉문제를 둘러싸고 1969년에 분열되었다.

이런 역사를 돌이켜 보듯이, 「라캉파」를 정의할 경우, 〈회기 시간 단축〉 실시 여부, 〈파쎄〉에 동의하는지 여부 등에 따라 정의가 일률적이지 않다. 더 세세한 관점까지 파고 들면 [1]환자[분석 주체] 저항의 존재 여부, [2]역전이를 어떻게 파악하고 [3]이를 실천에 이용하는지 여부 등의 문제도 있다. 이런 점에서 좁은 의미의 라캉파를 정의하는 것은 사실상 불가능에 가깝다. 여기서는 「**라캉의 이론을 바탕으로 임상 실천을 하는 사람**」이라고 넓은 의미로 라캉파를 정의하기로 한다. 앞서 말했듯이 다양한 입장 가운데 어느 하나에 서서, 자기를 라캉파로 간주하는 사람, 라캉파라고 공언하지는 않지만 실천 활동에 라캉의 이론을 반영한 사람들을 이 책에서는 라캉파로 간주한다. 이렇게 정의하면 라캉파는 라캉이 소속해 온 단체 모두에 있다고 해도 과언이 아닐 것이다.

이 책에서 참고하는 문헌의 저자들에 한해 이들이 소속된 현재의 단체를 제시한다. 장 쿠르뉴Cournut, J., 그린Greenk, A., 맥두걸Mcdougall, J. 등이 소속된 IPA 가입 「파리정신분석협회(SPP)」, 마찬가지로 IPA 가입한 디디에 앙지외Anzieu, D., 다니엘 라가쉬Lagache, D., 장 라플랑슈Laplanche, J., 장베르트랑 퐁탈리스Pontalis, J.-B., 등이 소속된 「프랑스정신분석협회(APF)」. 자크 알랭 밀레르Miller, J.-A가 주도하는 「프로이트 대의학파École de la Cause Freudienne(ECF), 1981」. 메르만Melman, C.이 설립한 「국제라캉협회Association Lacanienne Internationale(ALI), 1982」. 클로드 라방Rabant, C.이 창설한 「프로이트파 서클Cercle Freudien, 1982」. 윈터Winter, J.-P가 회장을 맡고 있는 「프로이트의 대가代價 Coût Freudien, 1983」. 나지오Nasio, J.-D가 주최하고 말년 돌토가 속해 있던 「파리 정신분석 세미나Séminaires Psychanalytiques de Paris(SéPP), 1986」. 모스코비츠Moscovitz, J.-J.가 설립에 관여한 「오늘날의 정신분석Psychanalyse Actuelle, 1986」. 위에 언급한 국제라캉협회에서 분리해 멜먼Melman, C. 등이 창설하고, 서팬Safouan, M.이 과거 회장을 맡고 있던 「정신분석 유럽연합Fondation Européenne pour la Psychanalyse(FEP), 1991」. 모드 마노니Mannoni, M.가 설립하고 돌토나 바니에Vanier, A.가 소속된 「분석 공간Espace Analytique(EA), 1994」. 기요마르Guyomard, p.를 중심으로 한 「프로이트 정신분

석협회Société de Psychanalyse Freudienne(SPF), 1994」. 마지막으로 꼽은 두 단체는 〈파쎄〉에 반대 입장이었던 「정신분석양성연구센터Centre de Formation et de Recherches Psychanalydques(CFRP), 1982」가 분열되어 설립되었다. 이러한 분열은 비교적 최근에도 일어났다. 예를 들면, 앞서 기술한 프로이트의 대의학파에서는 「라캉 영역領野 포럼 정신분석학파École de Psychanalyse des Forums du Champ Lacanien(EPFCL), 1998」가 생겨났고, 거기에서 「정신분석 자크 라캉협회Association de Psychanalyes Jacques Lacan(APJL), 2002」가 창설되었다.

라캉의 정신분석은 이처럼 프랑스 정신분석계에 큰 영향을 미쳤지만 이론이 강조되는 경우가 많아 정신분석 실천 활동은 이론만큼 많이 거론되고 있지 않다. 그러나 실천의 몇 가지 특징은 알려져 있다. 라캉파 정신분석가나 임상가에 대해 가장 먼저 언급할 것은 그들이 매우 **침묵하는 경향**이 있다는 것이다. 이런 경향은 라캉파 분석가는 일 년이나 십 년째 침묵하고 있다는 조크가 있을 정도이다. 다음으로 특징적인 것은 사람에 따라 무의식이 출현했다고 생각되는 타이밍에 회기를 마무리하는 〈구두점 찍기, 시간이 정해지지 않은 회기, 운율에 맞춰 끝내기scansion〉[노트 8]라는 기법을 이용하는 것이다. 이 기법이 실행될 경우, 회기 시간은 대략 20분 정도이며, 이것이 〈회기 시간 단축séance courte/절분법〉이라고 불리는 것에 해당한다. 임상의 이런 특징은 알려졌지만, 라캉파의 임상 실천은 사실 그동안 잘 밝혀지지 않아 분명하지 않다는 점을 다시 강조해 둔다.

3. 상징적 거세라는 임상적 기초

라캉의 전기 이론에서 특히 중시되는 〈상징적 거세〉를 살펴보자. 이는 라캉파의 임상을 특징짓는 기초 개념이다. 해설을 위해 오이디프스 콤플렉스와 거세 콤플렉스를 라캉파의 용어를 의식하면서 잘게 쪼개 상세히 설명한다(赤坂, 2000).

오이디푸스 콤플렉스

오이디푸스 콤플렉스란 그리스 3대 비극 시인 가운데 한 명인 소포클레스가 쓴 오이디푸스 왕에서 이름을 따온 정신분석 개념이다. 오이디푸스는 테베Thebes(현 이집트 룩소르Luxor 부근)의 왕가에서 태어났다. 아버지인 왕에게 알려진 "당신은 태어날 아이에게 죽임을 당한다."라는 신탁 때문에 태어나자마자 버려져 양치기에게 발견되어 이웃 나라 왕자가 된다. 그리고 오이디푸스도 신탁을 통보받는다. 그것은 "당신은 어머니와 어울려 자식을 낳고 아버지를 죽인다."라는 것이다. 그는 신탁을 피하고자 자라 왔던 나라를 뒤로하고 여행을 떠난다. 여행 도중 오이디푸스는 산중에서 상대가 아버지인 사실을 알지 못한 채 그를 죽이고, 시내로 들어가 어머니인 줄 모른 채 어머니와 동침한다. 프로이트는 정신분석을 통해 얻은 지식, 즉 자식에 의한 부모 죽이기(동성의 부모에 대한 적의)와 근친상간(이성의 부모에 대한 사랑)이라는 소망으로 특징지어지는 무의식의 심리 형태를 이 이야기에서 〈오이디푸스 콤플렉스)라고 이름 붙였다.

〈오이디푸스 콤플렉스〉는 아버지, 어머니, 자녀의 3자 관계의 심리 모습을 보여주는데, 이 삼각형 관계에서 어머니-아이 2자 관계(양자 관계)와 어머니-아이-아버지의 3자 관계에 주목하여 오이디푸스 콤플렉스를 **현상적인 측면**에서 살펴보자.

먼저 처음 2자 관계에서 무슨 일이 일어나는가. 2자 관계는 단순히 자녀가 어머니(이성의 부모)라는 대상과 성 충동으로 연결되는 관계이다. 이 관계는 인간 아기는 다른 동물에 비해 극히 미숙한 상태로 태어나는 데 기인한다. 이 미숙성의 결과 영아는 살아가는 데 필요한 기본적인 욕구를 충족하기 위해서라도 다른 사람의 손을 빌리지 않고는 살아갈 수 없다. 최초의 음식인 모유만 해도 그것을 줄 다른 사람이 필요하며, 자기가 일어나 모유를 찾아 나설 수 없다. 이때 다른 사람은 대체로 어머니이며 그녀는 젖을 먹여 아이의 욕구를 충족시킨다. 아이가 원하고 엄마가 만족한다는 이 미분화된 공생 관계 안에서 아이는 전능감과 안도감을 얻는 2자 관계가 성립한다.

자체애 시기自体愛期/[자가 성애][노트 9]인 이 시기의 특징은 자기와 타인이 없고, 신체의 통각도 없으며, 신체 각 부분이 모든 부분에서 충족되는 순수 쾌감 자아인 아기는 어느 순간 하나로 만남을 이룬다. 그가 만나게 되는 것은 자신의 거울 이미지이거나 또래 형제나 비슷하게 닮은 모습(semblable, 유사한(사람)/같은 종류)이다. 그리고 아이는 자신의 전체 모습을 그들 안에서 자신의 것으로 바라본다. 여기서 비로소 아이는 자기를 **전체**로 **신체 통각**[통증 감각]을 지니고, 동시에 자아의 작은 모형雛形을 만들어 낸다(1차 나르시시즘). 그 후 자신과 타인의 분화가 일어나고, **대상과 자아** 사이의 나르시시즘(2차적 나르시시즘)이 발동된다. **대상**의 이상적인 **겉모습의 전체성**과 **자아**의 이상적인 **완전한 만족감**이 나르시시즘에 의해 〈'이상 자아理想自我'〉가 되고, 이를 받아들여 자아가 형성되게 된다.

다음으로 3자 관계를 살펴보자. 3자 관계란 단순히 자녀와 어머니(이성의 부모)의 성 충동에 기초한 공생 관계를 아버지(동성의 부모)가 금지하는 관계이고, 이것이 거세 콤플렉스에 의해 규정된 관계이다. 거세 콤플렉스는 오이디푸스 콤플렉스에서 자녀가 어머니와 맺는 성 충동 관계에 대해 아버지가 거세 위협으로 금지한다는 주제가 특징이다. 아이는 페니스(phallus: 팔루스, 남근 상징)를 거세당할 것이라는 불안감에서 어머니에 대한 성 충동을 포기하고, 어머니와의 성 충동 관계가 허용된 아버지에게 그 충동을 돌려 동일시함으로써 오이디푸스 콤플렉스를 벗어나게 된다.

이런 변천을 좀 더 자세히 살펴보자. 어머니와 아들의 공생 관계 속에서 아무런 불안 없이 만족에 젖어 있던 아이는 문득 어머니가 자신이 아닌 것에 주의를 기울이고 있음을 깨닫는다. 어머니 욕망의 대상이 자신만이 아님을 깨닫는 것이다. 이 **충족 상태의 붕괴**라는 위기에 처하면서 아이는 다시 어머니와의 빈틈없는 완전한 만족감을 되찾으려 한다. 그래서 자녀는 부모를 기쁘게 하는 대상일 것이라며 자신을 어머니의 욕망을 충족시키는 것(상상적 팔루스)으로 내놓기도 하고,

어머니의 만족감(기쁨)을 이상화해 나르시시즘에 의해 자신을 이상화하기도 한다.

전자의 「자신을 어머니의 욕망을 충족시키기 위해 내놓는」 시도는 아버지의 거세 위협으로 금기시되고, 자녀는 어머니와 근친상간의 욕망 관계를 억압한다. 그리고 이 금지는 억압하는 심급인 초자아의 기원이 된다. 이런 초자아의 위반違反은 거세로 이어지기 때문에, 아이는 **상상적 팔루스**가 아니라, 어머니가 기뻐하는 현실적인 요청(**상징적 팔루스**)을 받아들인다. 또한 이런 아버지로 대표되는 금지 요구(항項)는 자녀에게는 어머니에게 만족을 주는 것에 대한 금지의 위반자, 즉 사기 욕망의 실현자로 간주됨으로써 자녀는 아버지와의 동일시로 이끌고 **승화**와 관련된 '**자아 이상**自我理想'의 기원이 된다.

후자의 「어머니의 만족감을 이상화해서 자신을 이상화한다」는 시도는, 아직도 불완전한 어머니-자녀의 분화를 기초로 한 나르시시즘에 의해 가능해진다. 어머니의 이상화와 자신의 이상화가 거의 등가인 것으로 번갈아 바뀌면서 '**이상 자아**'가 형성되고, 나르시시즘이 손상될 때마다 여러 가지 이상화를 반복한다. 이윽고 그것은 '자아 이상'으로 기능하는 길로 가게 된다. 또한 이 '이상 자아'는 어머니의 만족을 떠맡아 책임지는 것이기에 이 자아를 위반하는 것은 어머니의 애정을 받지 못하게 됨을 의미하므로, 이 '**이상 자아**'는 지켜야만 하는 기준으로 기능하고 초자아의 기원이 된다. 아이는 주변의 일정한 요구(상징적 팔루스)를 받아들이고, 이를 지키기만 하면 다시 자신이 사랑받을 수 있다는 것을 이해하게 된다.[노트 10]

상징적 거세

이상이 오이디푸스 콤플렉스의 경과인데 여기서 라캉의 생각을 다시 살펴보자. 거세 콤플렉스에서 아버지에 의한 금지가 라캉에서는 '상징적 거세'에 해당한다.

이 상징적 거세는 아버지인 제삼자troisiéme terme의 도입에 의해 가능하게 된다. 상상적 팔루스(어머니의 욕망을 만족시키는 직접적인 대상)를 상징적 팔루스(어머니의 욕망을 간접적으로 충족시키는 대리적 대상)라는 존재가 되어, **모방으로 지배**된 상상적 영역에서 **법에 의해 규정**된 상징적인 차원으로 이행할 수 있게 된다. 라캉은 다음과 같이 말한다.

「남성이든 여성이든 거세 문제의 해결은 팔루스를 가졌는가, 갖지 않았는가라는 딜레마를 맴도는 것이 아니다. 왜냐하면 이 문제의 해결은 어떤 경우든 인정해야만 하는 한 가지라는 것을 주체가 깨닫는 순간부터 시작되기 때문이다. 인정해야만 하는 것, 그것은 바로 자신이 팔루스가 아니라는 점이다. 주체가 더는 팔루스가 아니게 되어, 자신의 자연스러운 위치를 규범화・정상화normaliser할 수 있게 되고, 팔루스를 갖거나 갖지 않는 것은 분석에서의 실현부터 비롯된 것이다」(S., V:453=5권 하:304)[노트 11].

그리고 이 상징적 거세의 실현, 즉 어머니의 팔루스임을 멈추는 것에 의해서, 주체는 「성의 차이화差異化라는 질서를 부여하고 상징화된 관계로, 즉 수용되고, 규율화되고, 유형화되고, 질서화되며, 금지를 부과하고, 근친상간의 법이라는 근원적인 구조에 의해 인상을 남긴 인간적 관계로 들어간다」(S., IV:153=4권 상:194)는 것이다.[13]

여기서 상징적 거세를 가능하게 하는 3항에 대해 설명을 덧붙여 둔다. 3항이란 대문자 타자(Autre)나 〈파롤(parole: 이야기하는 말, 구두 언어)〉, 아버지 또는 〈아버지의 이름(Nom-du-Pére)〉으로 모두 열거해 말할 수 있다. 라캉은 3항의 개입에 「웅덩이淀, 연쇄, 상징적 질서, 즉 〈파롤〉이라는 질서의 개입, 아버지의 개입」(S., III:111=3권 상권:159)이라고 서술하고 있다. 그러나 엄밀히 말하면 '대문자 타자', '파롤', '아버지'라는 용어는 같다고 말할 수 없다.

먼저 용어를 좀 정리하자. 〈대문자 타자〉란 크게 두 가지로 나누어 파악된다. 〈랑가쥬(langage: 언어 활동)〉의 장소場와 부모라는 두 의미를 지닌 개념이다. 전자는 파롤의 장, 구체적인 〈디스크루discours: 말 주고받음, 담화)〉의 총체, 〈시니피앙(signifiant: 기호 표현, 청각 이미지)〉의 보고寶庫와 같은 측면을 지닌 말과 관련된 영역이다. 후자는 아버지나 어머니 또는 형제, 자매 등 주체의 콤플렉스에 연루된 가족으

---

13) 이 부근의 논의에서 중요한 것은 제3항인 아버지가 아니라 제4항으로 팔루스라고 할 수 있다. 그렇지만 「이 그림에서는 **팔루스**로, 이것은 여기서 상징적 제3항 관계의 정점이지만, 이것과 상징적 제3항 관계의 정점에 있는 **아버지**와의 사이의 대칭적인 관계가 그려져 있다. 우리는 머지않아 여기에 있는 것은 단순한 대칭적인 관계가 아니라 하나의 결합이라는 것을 이해하게 될 것이다.」(S., V:183=5권 상:265)라는 한 문장을 기초로 논의를 단순화하고 있다는 점을 지적해 둔다.

로 대표되는 이미지心像라 할 수 있다.

3항과 대문자 타자, 파롤, 아버지(〈아버지-의-이름〉)의 관계를 살펴보자. 먼저 대문자 타자와 파롤의 관계는 대문자 타자란 「[듣고 있는 사람과 함께] 말하는 내가 구성되는 장소場」(E.: 431=Ⅱ권:152, 한:691)이며, 이런 의미에서 이는 '파롤의 장소場'와 동등하다. 곧 등가 관계에 있다고 할 수 있다. 그러나 대문자 타자와 아버지의 관계는 대문자 타자의 한 요소가 아버지라는 전체와 부분의 관계이며, 이는 동등하다고 말할 수 없다.

이를 라캉은 다음과 같이 말한다. 「〈아버지-의-이름〉, 그것은 시니피앙의 장소場로서 대문자 타자에서, 법의 장소場인 대문자 타자의 시니피앙인 바로 그 시니피앙이다」(E.:583=:Ⅱ권:352, 한:726).[노트 12]

지금까지 상징적 거세를 현상적인 측면에서 발달론적으로 서술해 왔다. 이 개념은 팔루스를 중심으로 한 무의식 주체의 구조화와 관련된 것이므로 구조론적인 관점에서 다시 기술해 보자. 「팔루스는 숨겨져 있는 상태로밖에 그 역할을 완수할 수 없다」(E.: 692=Ⅲ권:156, 한:857)는 것을 염두에 두고 기술하면 다음과 같이 된다.

$$\frac{\text{아버지 이름}}{\text{어머니 욕망}} \cdot \frac{\text{어머니 욕망}}{\text{주체로의 시니피에}} \rightarrow \text{아버지 이름}\left(\frac{A}{\text{팔루스}}\right)$$

A: 대문자 타자

아버지성 은유 Paternal Metaphor의 도식(E:594=Ⅱ권:322/프랑스판:557)

먼저 어머니 욕망의 대상인 상상적 팔루스[-φ]가 아버지의 이름 기능에 의해 상징적 팔루스[Φ]가 된다(원 억압). 이어서 이 상징적 팔루스가 억압된다. 마지막으로 억압된 팔루스로 변해 '대상 a'가 출현하고, 이를 겨냥해 욕망은 시니피앙을 환유적으로 연쇄해 나간다. 이러한 상징적 거세를 라캉은 다음의 식으로 요약한 형태로 보여준다.[노트 13]

이러한 상징적 거세의 도식은 '아버지 은유의 도식'이라 불리는데, 이는 오이디푸스의 해결, 주체의 규범화·정상화를 표현하고 있다. 왼쪽 부분은 아버지 시니피앙이 어머니의 욕망을 소거함을 나타내고 있으며, 오른쪽 부분은 이 어머니 욕망의 소거로 주체가 어머니의 욕망 밖으로 끌려나와 아버지에게로 동일시하는 것을 가리킨다. 이 아버지에 대한 동일시란 아버지의 법에 대한 동일시이고, 주체가 〈랑가쥬(langage: 언어 활동)〉의 법을 따르는 것으로 자신의 욕망을 떠맡는 것을 의미한다.

> 「상징적 아버지, 바로 **아버지 이름**이다. 그것은 상징적 세계와 그 구조화의 본질적인 매개 요소이며, 또한 원초적인 이유離乳[젖떼기]보다 본질적인 이유離乳, 아이가 어머니의 전능성과 결합에서 벗어나는 것에 의한 이유離乳에 필요한 것이다. **아버지의 이름**이란, 인간 〈랑가쥬〉의 모든 연결 접촉에 불가결한 것이다」(S., Ⅳ:364=4권 하:221-222).

어머니 욕망의 대상인 팔루스로서 스스로를 어머니에게 내밀었던 주체는 상징적 거세의 표시 아래로, 어머니의 욕망에서 벗어나, 자신의 욕망을 갖는 것이 가능하게 된다. 이것은 또한 주체가 〈대문자 타자〉 안의 다양한 의미 속에서 자신의 의미나 욕망을 발견하는 존재로 구조화되었음을 의미한다.

　이처럼 상징적 거세에 의해 욕망하는 주체가 되는 것, 그것이 라캉파의 임상적 기초라는 것을 여기서 꼭 알아두기를 기대한다.

　이제 예비 지식 제시를 마치고, 「라캉적이라고 할 수 있는 실천 기법을 제시하고 그 기법의 활용과 작용을 명시한 임상 실천을 제시한다」는 이 책의 목적을 위해 논의를 진행하자. 이를 통해 환자[분석 주체]와 만나고 있는 순간마다 라캉의 이론을 배경으로 "무엇을 할 수 있을까?"를 생각하는 임상가들에게 하나의 답을 제시할 수 있을 것이다.

　라캉 이론에 관심 있는 임상가들에게 임상 장면에서 "무엇을 할 수 있는가?"라는 의문은 환자[분석 주체]를 **고치려는 열정**이 아니라 환자[분석 주체]를 **진정한 〈파롤〉**로 이끄는 것(환자가 진실이라고 생각하는 것을 말할 수 있도록 돕는 것)을 염두에 두는 데서 비롯된다. 이런 태도를 목표로, "무엇을 할 수 있을까?"라는 의문을 항상 잊지 않는 사람들과 함께 천천히 이 글의 발걸음을 내디며 보자.

[연구 노트]

[노트 1] 프랑스 본 (1966) 「La direction de la cure et les principes de son pouvoir」. 한:『에크리』(광명: 새물결, 2019), 홍준기, 이종영, 조형준, 김대진 옮김. 「치료를 이끌기와 그 권력의 원리들」로 표현이 다르다. '뜨거운 손놀이' 를 하는 남자의 사례」

[노트 2] 저자는 에크리 인용을 부분 발췌하거나 요약한 것으로 보인다. 한글본의 내용과는 달라 이해를 위해 인용한다. 「치료를 이끌기와 그 권력의 원리들」『에크리』(광명: 새물결, 2019, p.741.)

"(…) 요컨대 그는 아내에 대해 싱직으로 무능력하다. 그리고 능력 있는 제삼자가 부부 사이에 해줄 수 있는 역할에 생각이 미치자, 그녀에게 다른 남자와 잘 것을 제안한다. 바라보기 위해. 편의 신경증이 정해준 위치에 그녀가 머물고, 분석이 그 자리에서 그녀와 만나면 그것은 그녀가 틀림없이 오래전부터 그 분석 주체의 욕망에 대해, 게다가 분석 주체의 욕망이 내포하는 무의식적 전제에 대해 동의했기 때문이다. 또한 그녀가 곧바로, 즉 바로 그날 밤에 꿈을 꾸고 깨자마자 우리의 당황한 분석 주체에게 이야기해 주는 것은 놀라운 일이 아니다. 그 꿈속에서 그녀는 남근을 갖고 있다. 그녀는 자기 옷 밑에서 그 형태를 느낀다. 그렇지만 그녀는 동시에 질을 갖고 있고, 그 남근이 질 속에 들어오길 희망한다. 환자는 이 말을 듣고 즉석에서 남성적 능력을 되찾아 그녀에게 그것을 멋지게 행한다. (…)"

[노트 3] 환자는 연인의 꿈을 통해 그녀가 원하는 것이 단순히 생물학적 남근이 아니라, 자신을 욕망하게 만드는 상징적인 '팔루스'의 역할을 자신이 해주기를 바란다는 것을 깨닫는다. 이 깨달음이 그의 성적 기능을 회복시킨 것이다. 이 사례는 신경증 증상(여기서는 발기부전)이 **타자의 욕망과 관계에서 길을 잃었을 때 발생**하며, 분석(치료)을 통해 타자 욕망의 진정한 의미를 해석하고 그 안에서 자신의 위치를 재정립할 때 증상이 해소될 수 있음을 보여주는 라캉 정신분

석의 핵심 임상 사례다.

[노트 4] 인용한 메닝거 저서의 주장은 설명이 매우 풍부하다. 분석가의 해석은 저항, 전이, 내용에 근거해야 하나 각각은 서로 다른 시간이 필요하며, 분석 주체의 무의식과 '조율'을 유지한다면 분석가는 언제 말해야 할지 알게 된다.

설명하는 기법의 핵심은 **첫째로** "환자의 방어를 직접 공격하지 말고, 그 방어 자체를 먼저 다루라."는 것이다. '환자의 코를 직시해야 하는 것을 바로 문지른다'는 것은 분석가가 환자가 회피하고 있는 고통스러운 문제(억압된 기억, 감정 등)를 직접적으로 '이게 당신 문제의 핵심입니다!'라고 들이미는 것을 의미한다. 이는 환자에게 너무 위협적이어서 오히려 더 큰 저항과 방어를 불러일으키는 역효과를 낳을 수 있다. 먼저 '저항의 존재를 지적한다'. "당신은 무언가를 피하고 있는 것 같습니다." 환자 스스로가 자신의 방어적인 태도를 인식하게 만드는 것이다.

두 번째로 '저항의 방식 명확히 하기'다. "제가 그 주제에 관해 이야기하려고 할 때마다, 당신은 화제를 돌리거나(저항의 방식 1), 갑자기 피곤하다고 말하는군요(저항의 방식 2)." 즉 저항이 구체적으로 어떤 행동이나 말로 나타나는지 보여준다.

세 번째로 '저항의 목적 설명하기'다. "아마도 그 주제를 계속 피하는 것은, 그것과 마주했을 때 느끼게 될 불안감이나 죄책감을 피하기 위한 것일지도 모르겠습니다(저항의 목적)." 즉 환자가 왜 그런 방어를 사용할 수밖에 없는지에 대한 가설을 제시해, 환자가 자신의 저항을 이해하고 스스로 통찰을 얻도록 돕는다.

결론적으로, 이 기법은 환자의 무의식이라는 성城에 정면으로 쳐들어가는 것이 아니라, 성벽(저항) 주변을 돌며 "이 성벽은 왜 여기에 있고, 어떤 역할을 하고 있을까?"를 환자와 함께 탐색하는 것과 같다. 이 과정을 통해 환자는 안전함을 느끼고, **스스로 성문을 열어 문제의 핵심에 다가갈 힘**을 얻게 된다. 이것이 정신분석에서 매우 중요하게 여기는 치료적 접근법이다.

[노트 5] "I have been able to recognize that in this technique a prominent part is played by my own personality."

「정신분석 치료를 행하는 의사에게 주는 권고Recommendations to Physicians Practising Psycho-Analysis」

이 문장에서 프로이트는 자신이 제안하는 정신분석 기법들 – 특히 분석가가 외과 의사처럼 감정적 거리를 유지해야 한다는 '냉정한 중립성'이 자신의 개인적인 성격과 깊이 연관되어 있음을 솔직하게 인정하고 있다.

그는 이 기법이 모든 분석가에게 똑같이 적용될 수 있는 절대적인 규칙이 아님을 분명히 한다. 즉 자신과 다른 성격의 분석가는 다른 방식의 기법을 사용할 수도 있다는 가능성을 열어 두며, 정신분석 기법의 적용이 '분석가 개인의 특수성personal equation과 분리될 수 없음을 강조하는 중요한 대목이다.

[노트 6] 모드 마노니Mannoni. M(1923~1998): 벨기에 출신의 프랑스 정신분석가였으며 라캉주의 운동의 주요 인물이다. 정신분석가이자 작가인 옥타브 마노니Octave Mannoni(1899~1989)가 그의 남편이다.

[노트 7] 『다른 에크리』(Autres écrits, 2001). 라캉 탄생 100주년을 맞아 발행되었으며, 밀레르가 편집하였다. 그동안 묶이지 않았던 48편의 텍스트로, 미공개 원고와 편지, 논문, 강의록, 대담으로 구성된 610쪽의 분량이다. 1966년 이후 발표된 후기 논문들과 기존 『에크리』에 수록되지 않았던 초기 중요한 논문이 포함되었다.

[노트 8] scansion: 이 용어에 대한 국내 번역을 모두 열거하면 다음과 같다. [1]운율에 맞춰 끝내기, [2]시간이 정해지지 않은 회기, [3]중단/단절, [4]구두점 찍기/구두법, [5]분절, 절분법 [6]스칸션/스코시온 등 다양하게 번역되는 실정이다. 여기서는 문장 내용에 따라 다양하게 표현하고 영어를 부기한다. **상세한 의미와 목적**은 단순히 '회기 시간을 마음대로 하는 것'이 아니라, 명확한 이론적 목적을 가진 치료적 개입이다.

무의식적 발화에 '구두점' 찍기: 어원은 본래 시詩의 운율을 끊어 읽는 것을 의미한다. 분석가의 갑작스러운 회기 중단이 분석 주체가 무심코 내뱉은 말의 흐름에 강력한 쉼표(,)나 마침표(.)를 찍는 효과를 낳는다고 본다. 상대는 "방금 내가 한 말 중에 무엇이 중요했기에 회기가 끝난 걸까?"라고 의문을 갖게 된다. 이 과정을 통해 자신의 말을 객관적으로 곱씹어 보며 그 안에 숨겨진 무의식적 진실, 즉 자신이 진정으로 욕망하는 바를 스스로 깨닫도록 유도된다.

자아^{ego}의 방어와 저항을 무너뜨리기: 정해진 50분 회기에서는 분석 주체가 시간을 예측할 수 있다. 흔히 회기 막바지에 중요한 이야기를 꺼내거나, 반대로 시간이 끝날 때까지 의식적으로 방어하며 핵심을 맴도는 저항을 보이기 쉽다. 스칸션은 이런 예측 가능성을 파괴한다. 언제 끝날지 모르기 때문에 분석 주체의 자아^{ego}는 방어기제를 효과적으로 사용하기 어려워지고, 무의식적인 말이 불쑥 튀어나올 가능성이 커진다.

분석가를 '알고 있다고 가정된 주체'에서 끌어내리기: 분석 주체는 분석가를 '내 문제의 답을 모두 알고 있는 사람'으로 이상화한다. 스칸션은 이러한 전능한 이미지를 깨뜨린다. 분석가의 갑작스러운 중단은 때로 분석 주체에게 좌절감과 당혹감을 안겨주는데, 이 경험을 통해 그는 분석가에게 의존하는 대신 스스로 자신의 문제와 대면하고 사유하는 주체로 거듭나게 된다.

시간과 돈의 교환을 넘어서: 라캉은 정해진 시간만큼 돈을 지불하는 전통적 방식이 분석을 상업적 관계로 고착시킨다고 비판했다. 스칸션은 분석의 가치가 '시간'이 아니라 '무의식의 드러남'이라는 **질적인 순간**에 있음을 강조하는 상징적인 행위이기도 하다.

[노트 9] 자체애$_{自體愛}$ auto-erotism: 「자가 성애」로 번역한다. 프로이트는 『성욕에 관한 세 편의 에세이』(열린 책들)에서 "본능이 다른 사람들에게로 향하지 않고 자기 몸에서 만족을 얻는다는 것"(p.76)을 설명한다. 〈엄지손가락 빨기〉가 대표적 예이다. 이는 "이미 경험한 바 있고 여전히 기억 속에 남아 있는 쾌락을 추구"하는 것에서 비롯된다. 자가 성애에서 「이타 성애$^{allo-erotism}$」로 발전하는 과정이 성욕이 발달하는 과정이다. 하인즈 코헛은 어디에 고착해 있는가에 따라 「자가 성애(자체애) → 자기애 → 대상애」 등으로 구분한다.

[노트 10] 자아 이상과 이상 자아

두 용어는 라캉 이론에서 완전히 다른 것을 지칭하며, 정신분석의 핵심적인 차이를 보여준다. **이상 자아**는 '내가 되고 싶은 완벽한 **이미지**'이고, **자아 이상**은 '나를 바라보고 평가하는 타자의 **관점**'이다. 하나는 상상계에, 다른 하나는 상징계에 속한다.

이상 자아(Ideal Ego/*Moi idéal*)
- 영역: 상상계 Imaginary
- 기원: 거울 단계 Mirror Stage
- 의미: 이것은 주체가 거울을 통해 처음 마주하는 완벽하고 통일된 자신의 이미지이다. 아직 자신의 신체를 통제하지 못하고 파편화된 느낌을 갖던 아이는, 거울에 비친 통일된 이미지를 보고 환호하며 그것과 자신을 동일시한다.
- 비유: 이것은 우리가 되고 싶어 하는 '이상적인 나의 모습' 또는 완벽하게 나온 '셀카 사진'과 같다. 이는 근본적으로 나르시시즘적인 이미지이다.

자아 이상(Ego Ideal/*Idéal du moi*)
- 영역: 상징계 Symbolic
- 기원: 오이디푸스 콤플렉스(아버지의 법/이름을 내면화하는 과정)
- 의미: 이것은 이미지가 아니라, 우리가 어떤 가치(예: "나는 정직한 사람이다.", "나는 훌륭한 학생이다.")를 받아들이고 그에 따라 행동할 때 내면화되는 상징적인 기준점이다. 이것은 우리가 세상을 바라보고 스스로를 평가하는 '관점' 또는 '시선'이 된다.
- 비유: 이것은 나를 지켜보고 있는 '보이지 않는 카메라' 또는 '청중의 시선'과 같다. 우리는 이 '자아 이상'의 시선을 통해 자신을 판단하고 "나는 사랑받을 만한가?" 또는 "나는 올바른가?"를 점검한다.

핵심 관계: "우리는 자아 이상의 눈으로 이상 자아를 본다."

두 개념의 가장 중요한 차이는 그 관계에 있다. 우리는 '자아 이상'(상징적 관점/기준)의 위치에 서서, 우리의 '이상 자아'(상상적 이미지/모습)를 바라보며 만족감을 느낀다.

예를 들어, "나는 '훌륭한 전문가'(자아 이상)라는 기준에서 볼 때, 지금 거울에 비친 내 모습(이상 자아)이 참 멋지다."라고 느끼는 것이다.

[노트 11] 라캉은 거세가 '생물학적 성기penis를 소유했는가'의 문제가 아님을 분명히 한다. 여기서 팔루스는 '욕망의 기표signifier of desire', 즉 완전함, 결핍의 부재를 상징하는 상징물이다. 남성이든 여성이든 모든 주체는 이 상징적 결핍, 즉 거세의 문제에 직면한다.

주체(아이)는 초기에 어머니 욕망의 대상이 됨으로써, 즉 어머니의 결핍을 채워주는 완전한 존재, 즉 **'어머니의 팔루스'**가 되려는 환상être le phallus 속에 있다. 하지만 '아버지의 이름'으로 상징되는 사회적 법과 질서가 개입하면서, 아이는 자신이 어머니의 모든 것이 될 수 없다는 사실을 깨닫게 된다. 이것이 상징적 거세castration symbolique이다. 이 거세를 받아들인다는 것은 "나는 (타자의 욕망을 완전히 채워주는) 팔루스가 아니다."라는 사실을 인정하는 것이다.

라캉에게 거세 콤플렉스의 극복이란 '팔루스가 되려는' 불가능한 욕망을 포기하고, 상징적 거세를 받아들임으로써 비로소 '팔루스를 갖거나 갖지 않는' 상징적 주체로서 자신의 위치를 찾는 과정이라고 할 수 있다. 그리고 이런 인식의 시작은 '분석'에서 비로소 가능하다.

[노트 12] "le Nom-du-Père, c'est le signifiant du signifiant de l'Autre comme lieu du signifiant." (Écrits, p.583)

"아버지의-이름, 그것은 기표의 장소로서의 대문자 타자의 기표의 기표이다."로 일본 번역에서 '법의 장소로서法の場として'를 추가했다. 〈A는 B의 C이다〉의 구조다.

라캉의 이 문장은 "아버지의-이름이란, 언어와 법의 체계(대문자 타자)가 불완전하다는 사실(타자의 기표)을 가리고, 그 체계 자체에 권위와 법칙을 부여하는 근원적인 상징(그 기표의 기표)이다."

대문자 타자=시니피앙의 장소: 라캉에게 '대문자 타자'는 언어, 법, 사회적 규범 등 우리가 태어나면서부터 속하게 되는 상징적 질서의 총체를 의미한다. 모든 말과 의미(기표, signifiant)가 모여 있는 보물창고와 같기에 '기표의 장소'라고 부른다. 이 세상의 모든 단어와 규칙이 담긴 거대한 사전 같은 개념이다.

대문자 타자의 기표signifiant de l'Autre: '대문자 타자'라는 이 거대한 상징체계가 완벽하고 모순이 없다면, 우리는 그 안에서 안정감을 느낄 것이다. 그렇지만 라캉에 따르면, 이 '타자' 역시 불완전하고 결여되어 있다. 즉 모든 것을 설명해주고 보증해줄 궁극적인 기표가 존재하지 않는다. '타자의 결여'를 상징하는 것이 바로 '대문자 타자의 기표'이다. 이는 "이 상징계(타자)를 최종적으로 보증하는 것은 무엇인가?"라는 근본적인 질문과 같다.

그 기표의 기표: '아버지의-이름'은 바로 위에서 말한 '대문자 타자의 기표'에 대한 기표이다. 상징계(타자)는 그 자체로 완전하지 않고, 무언가 최종적인 보증을 필요로 한다. '아버지의-이름'은 바로 그 '최종 보증'의 역할을 하는 '척'하는 기표이다. 이는 상징계의 법 그 자체를 상징하며, "이 상징계는 나(아버지의-이름)에 의해 지탱되고 있다."라고 선언하는 역할을 한다.

실제로는 타자의 결여를 메워줄 궁극의 기표는 존재하지 않지만, '아버지의-이름'이라는 기표가 마치 존재하는 것처럼 그 자리를 차지함으로써 상징계의 붕괴를 막고 질서를 부여한다.

[노트 13] '아버지의-이름'의 은유 공식으로 라캉은 이 공식을 통해 상상의 이자 관계imaginary dyad에서 벗어나 어떻게 사회적, 언어적 질서인 상징계로 진입하는지를 설명한다. 이 과정은 하나의 기표가 다른 기표를 대체하는 은유의 형태로 이뤄진다. 이 공식은 두 단계로 나눠져 있다.

(1) 은유 이전의 상태에서 어머니의 욕망은 〈어머니의 욕망(아이) → 팔루스〉, DM (C) → $\emptyset$, 이것이 아이가 경험하는 최초의 관계이다.

어머니의 욕망(DM): 아이에게 어머니는 최초의 '타자'이며, 아이는 "어머니가 진정으로 원하는 것은 무엇인가?"라는 질문에 직면한다.

팔루스($\emptyset$): 아이는 어머니가 욕망하는 대상, 즉 어머니의 결핍을 채워주는 존재가 '팔루스'라고 상상한다.

아이(C): 아이는 어머니의 사랑을 독차지하기 위해 스스로 '어머니의 팔루스'가 되려고 한다. 아이는 자신을 팔루스와 동일시한다. 이 단계에서 아이는 어머니의 욕망에 종속되어 있다.

(2) 은유의 발생: '아버지의-이름'의 대리 작용. 이때 '아버지'가 등장한다. 여기서 아버지는 실제 생물학적 아버지가 아니라, 법, 질서, 금지("어머니는 너만의 것이 아니다.")를 대표하는 상징적 기능, 즉 '아버지의-이름'이다. 이 '아버지의-이름'이 '어머니의 욕망'을 대체하는 은유 과정이 바로 '아버지성 은유'이다. 이 복잡한 공식을 단계별로 풀어보면 다음과 같다.

$$\frac{NP}{DM} \cdot \frac{DM}{x} \rightarrow NP\left(\frac{\emptyset}{A}\right)$$

왼쪽(은유의 치환 과정):

- NP/DM: '아버지의-이름(NP)'이라는 기표가 '어머니의 욕망(DM)'이라는 기표를 억압하고 그 자리로 대체한다. 아이의 세계를 지배하던 원초적 법칙(어머니의 욕망)이 사회적 법칙(아버지의-이름)으로 바뀌는 순간이다.
- DM/x: 대체된 '어머니의 욕망'은 무의식으로 내려가, 그녀가 진정으로 욕망했던 미지의 대상 x가 무엇이었는지를 드러내는데, 그것이 바로 '팔루스($\emptyset$)'였음이 사후적으로 의미를 갖게 된다.

오른쪽(은유의 결과):

- 이 성공적인 은유의 결과로, 아이는 '대문자 타자', 즉 상징 질서 안에 자리를 잡게 된다.
- 이때 '팔루스($\emptyset$)'는 더는 아이가 되려고 했던 상상적 대상이 아니라, 욕

망을 가능하게 하는 상징적 기능으로 자리매김한다. 즉 욕망은 이제 법(아버지의-이름)의 테두리 안에서 작동하게 된다.

'아버지성 은유'란 아이의 세계를 지배하던 '어머니의 (알 수 없는) 욕망'이라는 변덕스러운 법칙이, '아버지의-이름'이라는 사회적이고 보편적인 법으로 대체되는 과정이다. 이 은유가 성공적으로 이루어져야 주체는 신경증적 주체로서 상징계에 진입할 수 있으며, 만약 이 과정이 실패(foreclosure, 배제)하면, 주체는 상징계에 구멍이 뚫린 상태, 즉 정신증적 구조에 머무르게 된다고 라캉은 설명한다.

2장
3항 관계 및 2항 관계 분석 사례

3항 관계나 2항 관계라는 말은 앞장의 오이디푸스 콤플렉스나 상징적 거세 부분에서 이미 지적했듯이 각각 상징적인 것[상징계]과 상상적인 것[상상계]이라는 개념으로 연결된다. 전자는 언어로 구별할 수 있고, 후자는 이미지로 구별할 수 있다. 상징적인 것[상징계]은 상징적 거세 부분에서 그 윤곽을 묘사하고, 상상적인 것[상상계]을 조금 덧붙인다.

 라캉에 따르면 상상계의 지표는 착각이나 오인과 같은 파라노이아 paranoia적[편집 망상적] 인식(E.:94= I 권:126, 한:120)[14]이다. ① 원초적으로 자기와 타자가 미분화된 상태에서 유래한 불안이나 공격성, ② 자아와 자아와의 라이벌 관계(S., I:78=1권 상:107, 한:96), ③ 자기애적

---

14) 라캉에 의하면 자기 인식은 타인을 통해서 생겨난다. 이는 주체는 소외되어 있고, 자신의 기원을 타자에게 빼앗기고 있다는 의미이다. 이런 타자와의 동일시에 기반해 자아가 형성된다는 것은, 타자에 기반을 두고 존재하는 자신을 자신이라고 생각하는 것으로 하나의 **오인**誤認이라 할 수 있다. 이를 파라노이아적 인식이라 말한다. 라캉에게 자아는 곧 착각이나 오인이 지배하는 심급이다.

인 관계(*E.*:343=1권:26, 한:411), ①정서적인 감정이입 상황(*E.*:113=1권:153, 한:147) 등을 말한다. 우리는 이런 현상에서 상상적인 것의 출현을 알아차릴 수 있다.

이런 '상징계'와 '상상계'를 앞 장에서는 언어와 관련된 '상징적인 것'이 '상상적인 것'보다 우위라는 것도 서술했다. 즉 2항 관계에 기초한 상상적 관계는 분석 주체에게 자기 스스로 욕망을 지니지 못하게 막는 막다른 골목길에 이르고, 3항 관계에 기초를 둔 상징적인 관계는 그런 막다른 골목 상황에서 출구가 된다.

이 장은 먼저 '상징적 거세'라는 상징화 이론이 어떻게 실천 속에 반영되는지 라캉파의 사례를 이용해 확인한다. 그리고 밀레르^{Miller, J.-A}가 비판한 다른 학파의 사례를 통해 간접적으로 라캉파의 임상을 드러나게 새기(부조浮彫)는 작업을 한다. 이를 위해 라캉파의 모드 마노니^{Mannoni, M.}와 프랑소아즈 돌토^{Françoise Dolto}에 의한 3항 관계에 주의를 기울인 사례를, 다른 학파는 토마스 옥덴^{Ogden, T.}과 레닉^{Renik, O.}이 작업한 2항 관계에 기초한 사례를 검토한다.

각 분석가를 간략히 설명하고 접근 방법도 살펴보자. 마노니와 돌토 모두 프랑스의 여성 아동 분석가이다. 마노니는 반反정신의학에 종사한 인물로, 한때 라캉에게 수퍼비전을 받았다. 돌토는 부모와 자녀가 같이 이용하는 교류와 상담 시설인 녹색집^{maison verte}을 만든 인물로 일반인에게 잘 알려진 분석가이다.

일반적으로 아동 분석에서는 자주 파라미터^{parameter15)}로써 놀이치료가 이용되지만, 여기서 검토하는 사례는 두 분석가가 언제나 〈파롤

parole)을 분석의 중심에 두고, 안이하게 파라미터에 호소하는 일은 하지 않는다.[16] 이 점이 매우 라캉파다운 점이다.

프로이트가 「어떠한 성인의 신경증도 유아신경증을 기반으로 형성된다」(S.E., XVII:99=9권:433, 한: 『늑대 인간』, 열린책들, p.150)[노트 1]라고 했듯이, 아동 분석은 성인 분석을 탐구하는 데 중요한 위치를 차지한다. 따라서 여기서 아동 사례를 검토하는 것은 라캉파의 일반적인 접근법을 찾으려는 이 작업에 유익하다고 생각된다.

토마스 옥덴은 이론 배경이나 비온의 세미나를 수강했던 대상관계론 분석가라고 할 수 있고, 상호주관주의 학파의 논자로도 알려져 있다. 레닉Renik.O.은 상호주관주의 학파의 분석가이다. 상호주관주의 학파는 미국 정신분석의 한 학파이자 설리번Sullivan, H. S.으로 대표되는 대인관계론interpersonal theory을 그 원류의 하나로 삼고 있다. 그러므로 이들

---

15) 쿠르트 아이슬러Eissler, K.의 용어로 정신분석 기법에서 가장 기본인 해석 기법을 분석 주체의 상태나 상황에 따라 수정하는 것을 말한다.
　[역자] 'parameter: 매개변수' 이 개념은 라캉 정신분석의 기법이 아니라 자아심리학Ego Psychology 진영에서 나온 것이다. 오히려 라캉은 이런 접근을 비판했기에, 두 학파의 차이를 이해하는 것이 핵심이다.
　아이슬러의 '파라미터'란 정신분석의 가장 기본적이고 이상적인 기법인 '해석interpretation'을 말한다. 해석이란 환자가 의식하지 못하는 무의식적 갈등이나 욕망의 의미를 언어로 설명해 주는 작업이다. 그렇지만 모든 분석 주체가 이런 순수한 해석을 감당할 수 있는 것은 아니다. 예를 들어, 자아(Ego)의 힘이 너무 약하거나, 현실 판단력이 손상된 환자(이를테면, 정신병 환자)에게는 해석이 오히려 혼란을 가중하거나 상처를 줄 수 있다. 이럴 때 분석가가 환자의 상태에 맞춰 일시적으로 사용하는 '순수 해석 이외의 모든 기법'을 바로 '파라미터'라고 한다.
16) 예를 들면, 돌토는 종이나 펜, 인형 등을 사용하지만 아이들이 그것들로 표현하는 것을 〈랑가쥬〉로 간주하고, 아이들과도 말을 주고받기 한다.

이 서술하는 상호주관성intersubjectivity이란 사람이란 존재personality인 분석주체와 분석가의 관계와 관련된 개념이고, 이 상호주관주의에 대한 다양한 시각, 예를 들어 '전이-역전이' 관계로 임상에 접근한다.

그런데 이 '사람의 존재'로 환원된 실체적인 주관·주체subject를 근거로 하는 상호주관주의 학파의 'intersubjectivity'는 라캉이 사용하는 'intersubjecivité'와는 다르다. 라캉은 무의식의 주체sujet de l'inconscient와 무의식 주체의 '관계'에 관한 개념으로 이 용어를 사용하고 있다. 실체화된 주관·주체(subject/sujet)끼리의 관계와는 다른 차원의 '주체의 관계성'을 주장한다.

따라서 이 책의 상호주관주의 학파의 'intersebjectivity'와 라캉파의 'intersubjectivité'와의 차이를 분명하게 구별하기 위해 라캉의 용어에는 **상호주체성**이라는 용어를 사용한다. 각각의 임상 사례를 순차적으로 검토해 보자.

1. 모드 마노니Maud Mannoni의 예

먼저 거론할 것은 마노니의 사례이다. 이 증상이 기재되어 있는 장의 제목은 '폴과 의사의 말/언어'이다(Mannoni, 1967:127-132=1975: 148-154). 이 남자아이는 제삼자가 결여된 '한 쌍雙手 관계'를 강화하기 위해 의사가 말을 이용한다. 이 사례에서 우리는 2항 관계의 증상적 막다른 골목과 그 해결에 기여하는 3항 관계를 매우 뚜렷한 형태로 볼 수 있다.

*

폴은 6남매 가운데 막내로, 2년 6개월 된 남자아이이다. 거식과 불면이 주된 증상이다. 그는 야단치면 실신하고 진정제를 주면 흐느끼며 경련을 일으켰고, 억지로 먹이자 알레르기 반응을 일으켰다. 그는 「원치 않는 아이」였다. 어머니는 장남이 결혼할 때 다시 임신하고 말았다는 자책감을 드러내고 있었다. 태어나자마자 하녀에게 육아를 맡겨 왔다. 그때부터 폴은 젖을 토하거나 잠을 잘 자지 않았다. 그 결과 가정생활은 모두 그를 중심으로 돌아가게 됐다. 아버지는 거리를 두고 모든 간섭을 피했으나 정신분석을 받도록 준비한 것은 아버지였다.

폴은 1년 6개월 당시 경련발작을 일으켰고, 이때 정신과 의사에게 진정제를 받았다. 그러던 중 성기를 만져 자주 발기하게 되었다. 의사에 따르면 이는 「통증을 동반한 발기」라는 것이다. 폴은 이 설명을 듣자 이를 이용한다. 그는 밤마다 발기 때문에 눈을 떴고 어머니에게 「아프다」고 말했다. 이를 말로 한 뒤에야 잘 수 있었다. 그렇지만 엄마는 질려버렸다. 아이를 3개월간 시설에 보내기로 했다. 폴은 시설에 있는 동안 수면장애는 사라졌으나 말을 못하게 된다. 집으로 돌아오자, 말은 돌아왔지만, 지금처럼 불면과 거식을 거듭했다.

어머니와의 두 차례 면담에서 마노니가 오이디푸스적 죄책감과 관련된 방어적 태도를 어머니에게 알 수 있도록 폴에 관한 지침을 주자 폴의 증상은 사라졌다. 이후 거식이나 불면 증상이 재발하자, 마노니는 어머니와 동석해 폴과 직접 만나게 됐다. 회기에서 마노니는 어른의 말을 이용해 그의 신체 증상을 설명하고, 둘이 하나로 연결된 '한 쌍 관계'를 강조했다. 다음 회기까지 놀라울 정도로 말이 회복되었고, 부모님과의 대화 결과 회기는 이것으로 종료하게 되었다.

*

마노니는 처음 엄마와의 두 번의 면담에서 엄마가 폴을 위해 짠 가정의 스케줄이 원인이 되어 아이는 아버지에게 애착을 느끼고 있지만, 그들이 얼굴을 마주치는 일은 드물다는 이야기를 듣고 「폴이 엄마를 잃을 수 없는 것은 (아이를 내버려두고 싶은 욕망에 대해 자신을 보호할 필요가 있어) 엄마가 폴을 잃을 수 없기 때문」이라고 생각했다. 「제삼자에 의한 조합」照合 Recours au tiers/Recourse to a Third Party[노트 2]」이라는 개념 도입을 목표로 다음과 같은 두 가지 지시를 내린다(Mannoni, 1967:129=1975:150-151). 그녀에 따르면 이런 지시는 어머니에게 자신의 오이디푸스적 죄책감과 관련된 방어적 태도를 깨닫게 해 정신분석 해석과 같은 효과를 지닌다.

- 아이에게 타인을 방해하지 않는 한 전면적 자유를 줄 것(자녀의 이기적인 결과로 이 가정에서 다른 생활 리듬이 만들어지지 않는 한, 잠들지 않을 것, 먹지 않을 것, 목욕하지 않을 권리를 인정하는 것 등)
- 폴이 밤중에 불러도 아버지가 일어나 그에게 가서 「좋을 대로 해라, 그렇지만 나를 엄마와 함께하게 내버려 둬, 우리 둘 다 자고 싶으니까」라고 폴에게 말하는 것

심지어 마노니는 이 엄마의 거세뿐만 아니라 아이의 거세도 실행한다. 그것은 다음의 대화에서 볼 수 있다(Mannoni, 1967:130-131=1975:152-153).

마노니(이하 M): 「아빠에 대해 이야기해 보고 싶어요」.
폴(이하 P): 「아니야, 제일 최고는 폴이야!」
M: 「제일 최고는 아빠야. 엄마도 폴도 다 아빠가 하라는 대로 하는 거야」.
P: 「잠 안 자는 것은 좋은 건 아니지!」
M: 「잠 안 자는 건 나쁜 건 아니지만 잘하는 건 아니지!」
(=잠 안자는 것은 착한 아이와는 아무 상관이 없다. 네가 잠을 자는 것은 너 자신을 위한 것이지 엄마를 기쁘게 하기 위해서가 아니다.)

마노니의 관점을 간단히 정리한다. 마노니는 어머니에게 「팔루스를 지닌 나」라는 욕망을, 폴에게는 「어머니의 주인은 나다」라는 욕망을 알고, 폴이 이 이중화된 욕망에 해부학적인 페니스는 없고, 의사로서 들었던 아픔을 동반한 발기를 이용한 것이라고 본다. 그리고 폴의 증상은 이 양자 관계의 상실, 즉 거세 불안에 대한 방어에 그 기원이 있다고 본 것이다. 마노니는 이중화된 욕망으로 대표되는 '한 쌍 관계'에 제삼자를 도입하여 그것을 절단한다.
「폴이 자기 욕망의 대상에 직면해 어떻게 스스로 자리매김해야 할지 모르는 것은 아버지와 대조하여 확인할 여지를 남겨두지 않은 어머니의 파롤에 폴이 잡혀 있기 때문이다. 폴이 필요로 했던 것은 '금지'였다」(Mannoni,, 1967:131=1975:154)

「내 파롤을 통해 폴의 어머니 소유자인 아버지가 관여하기 시작하면서, 폴은 이전과는 전혀 다른 욕망의 변증법 안에 자기를 자리매김할 수 있었다. 어머니의 거세를 통해 말로의 접근이 폴에게 가능하게 되었던 것이다」(Mannoni, 1967:131=1975:154). 이 사례에서 모자의 2항 관계는 「어머니도 아이와 함께 자기 자신의 욕망 안에서 스스로를 파악할 수 없고, 상대의 욕망을 **빨아들이며[가로채며]** 살고 있다」(Mannoni, 1967:129=1975:150)라고 서술한다. 이것이 증상의 원인이고, 증상이라는 형태의 막다른 길袋小路을 발생하게 만들고 있다. 이 막다른 길에서 나오기 위해 요청되는 것이 3항이다. 그것에 의해 어머니와 주체는 자신의 욕망으로 살아가는 것이 가능하게 된다.

2. 프랑소아즈 돌토의 예

라캉파 분석의 또 다른 예는 돌토의 할아버지와 동일시한 남자아이의 사례이다(Dolto, 1987:74-16=1994:90-92). 이 사례는 캐나다 몬트리올의 어느 병원에서 공개 토의에 초청되어 발표되었다. 그 분석의 경과는 다음과 같다.

*

초등학생인 남자아이는 주변에 적응할 수 없고, 학교 기숙사에 들어가야만 해서 신나고 즐거운 곳이 없다고 투덜댔다. 그는 물고기하고만 생활한다. 회기 중에 그가 묘사한 것은 물고기뿐이다. 학교에서는 수조水槽에 머리를 넣곤 했다. 그의 가정은 평범했고, 형제도 있다. 어른들은 아이들을 사랑했지만, 그는 가정에서 어른과 관계가 없었다. 그가 18개월 되었을 때 할아버지의 죽음을 경험했다. 어머니는 한동안 그를 조부모에게 맡겼다. 할아버지는 매일 손자와 작은 개를 데리고 들판으로 산책하러 나갔다. 어느 날 개만 집으로 돌아왔고 날이 어두워졌다. 모든 사람이 두 사람을 찾으러 나가, 오래지 않아 그들을 찾았다. 할아버지는 연못에 머리를 박고 쓰러져 있었고, 손자는 그 옆에 있었다. 할아버지는 뇌졸증을 일으켰다. 아이는 할아버지 옆에 서너 시간 동안 서 있었다. 당시는 특별히 충격을 받지 않았다고 한다.

돌토는 처음 아이가 그린 물고기를 태아인 줄 알고 어머니에게 임신 중 무슨 일이 일어나지 않았는지 물었으나, 특별히 아무것도 발견하지 못했다. 이후 돌토가 할아버지와 그의 동일시를 깨닫고 이를 지적하고 설명하자 남자아이는 먼저 돌토에게 동일시하고 이어서 개에게 동일시해 자신에게 목줄을 채웠다. 그러나 마지막에는 완전히 치유되었다.

*

이 사례에서 돌토는 손자의 존재를 잊고 몰두해 물고기를 바라보는 할아버지 이야기와 수조에 머리를 처박는 아이 관련 이야기에서 이 아이가 할아버지에게 동일시했다는 것을 깨닫는다.

「수조는 그에게 젖을 빨고 있는 것과 같은 것이다. 이 구순기 관계 안에서 그는 물속의 물고기에 열중했던 할아버지의 느낌을 붙들고[감지하고] 있는 것이다. 이는 그 자신의 구조의 한 가지인 '함입陷入'이었던 것이다. 그는 **할아버지**가 되었다. **할아버지**는 그의 내면에 있는 어머니의 조상인 것이다」(Dolto, 1987:75=1994:91).

그는 할아버지와 동일시하고 할아버지와 같은 날 죽었던 것이다. 돌토는 그에게 이런 사실을 설명하면서 동시에 그를 거세한다. 「남자아이에게 어머니의 아버지가 된다는 것은 분명 훌륭한 일로 소년의 욕망에서는, 어머니를 낳은 자가 되는 것이 어머니의 아들이 되는 것보다 훨씬 좋다. 왜냐하면 어머니와 성관계를 갖지 않고, 소년으로 스스로 훌륭한 능력을 가진 자가 되기 때문이다」(Dolto, 1987:75=1994:91). 돌토가 이 사실을 다른 방식으로 전하자 주체는 자신이 할아버지가 아님을 받아들인다. 돌토 발언의 골자는 「동일시로 인해 할아버지가 되어 근친상간을 피하고 있는 것은 좋은 일이다. 그렇지만 너는 할아버지의 죽음을 사용하여 아직도 부모님의 사랑을 원하고 있을 거야」라는 것으로 생각된다. 주체가 부모와 사랑의 관계는 필요 없는 것임을 알게 됨으로써, 그는 이런 관계로 살아갈 필요가 없어지고 부모의 사랑을 얻기 위한 수단인 할아버지에 대한 동일시도 필요 없는 것이 된다.

돌토가 거세를 언급한 것은 앞서 말한 것처럼 어른과 관계가 아닌, 발견됐을 당시에 단순히 사람들에게 「가여운 아이」라고만 일컬어졌던 무시당한 이 아이가 사랑하는 할아버지가 돌아가신 후 그 죽음을 이용해「나도 죽었다. 제발 사랑해 달라」라고 부모님께 호소했을 가능성 때문만은 아닐 것이다. 아마도 돌토는 죽은 할아버지로의 동일시에서 벗어나는 경계/기회에서, 주체들이 할아버지에 대한 사랑을 근친상간적인 대상으로 방향을 바꿀 가능성도 고려했을 것으로 보인다.

 근친상간의 금지를 지적해 돌토는 사랑이라는 형태가 아니라, 존경이라는 형태로 그를 부모와의 관계에 놓으려고 했다. 돌토는 언제나 오이디푸스와 그곳에서의 사랑에 주의를 기울인다. 예를 들어 다른 사례에서 다음과 같이 말하고 있다.「부모님을 사랑하는 것이 아니라 존경해서, 그녀가 부모 흉내를 내지 않고, 자기 스스로 살아가지 않으면 안 된다는 점을 그녀에게 알아차리게 하는 것이 필요하다」(Dolto, 1987:130=1994:158).

「아이가 계속해서 뭔가를 모델로 한다는 것은 어떤 의미인가. 오이디푸스기 이후, 남자아이가 함께 생활하고 있는 대리 부모에게 동일시한다는 의미인가. 그렇다면 인생의 마지막 날까지 그는 자신이 누구인지도 모른 채 일종의 카멜레온같이 되고 말 것이다.

 상황에 따라 이리저리 변하는 것은 동일시와는 완전히 차원이 다른 것이다. 이는 모방 차원에 속한다. (…) 동일시라는 것은 구조화하는 변증법적 프로세스이고, 인간을 지배하고 있는 또 다른 사람들과 마찬가지로 아버지도 지배하고 있는 법 안에서, 주체가 자신의 욕망을 떠맡는 것을 가능하게 하는 것이다. 오이디푸스기는 그 전환점이다. 그렇다 해도 주체는 아버지가 어머니에 대해 마음속에 품고 관계하듯이 어머니와의 성관계를 욕망하는 데까지 가기 때문이다. 그런데 만약 그런 관계를 가지면 아이는 인간이 아니라 동물이 되어 버린다. 아버지는 자신의 어머니(자녀의 친할머니)와 결혼한 것이 아니다. 아이는 아빠처럼 하고 싶은, 엄마와 자고 싶은 욕망이 착각이고 잘못된 생각임을 한꺼번에 이해한다. 아버지와 같은 법 안에 자신도 있기 때문이다. (…) 그는 근친상간의 금지 속에 있는 것이다」(Dolto, 1987:141-142=1994:172-173).

이 사례를 통해 돌토도 마노니와 마찬가지로 오이디푸스 삼각형을 기초로, 폐쇄해 버린 2항 관계(상상적 동일시, 모방)를 법(아버지)이라고 하는 3항의 도입에 의해 개방해 나가려고 한다는 것을 알 수 있다. 2항 관계에서 3항 관계로의 전환^{shift}에 의해, 우리는 막다른 골목에서 출구를 찾을 수 있다. 인간 주체는 욕망을 가두어 버리는 **상상적 영역**에서 거세를 통해 법이 있는 **상징적 영역**으로 이행하고, 거기서 자신의 욕망을 찾지 않으면 안 된다. 즉 문제가 되는 것은 「그대는 그대에게 깃든 욕망에 따라 행동했느냐」(S., VII:362=7권 하:223) 하는 것이다.

3. 토마스 옥덴의 경우

대상관계론 분석가인 옥덴의 논문 『정신분석의 제3주체-상호주관적인 임상에서 작동하는 것』에 기술된 「비밀을 누설해 준 심장」이라는 제목의 사례이다(Ogden, 1994:3-20=1996:130-142).[노트 3] 이 사례에서 옥덴은 분석 주체와 분석가에 의해 산출됨과 동시에 두 사람이 만들어내는 '분석의 제3주체$^{analytic\ third}$'의 유효성을 설명하고 있다. 먼저 그 개략적인 내용을 살펴보자.

*

B 부인은 42세 변호사로 특별한 이유 없이 분석에 나섰다. 처음 1년 반까지만 해도 옥덴은 침착하지 못함을 느꼈고, 매번 중요한 이야기가 있었다. 예를 들어, 아버지가 그녀에게 아주 조금 관심을 기울였을 뿐이고 어머니가 질투하는 등의 이야기이다. B 부인은 이를 직장에서 여성 선배에게 무언가를 배우는 데 어려움과 관련 있다고 생각했다. 그렇지만 분석가는 이런 이야기가 뭔가 피상적이라고 느꼈다. 2년 차가 끝나는 무렵 침묵이 점차 많아지면서, 전이-역전이 관계를 근거로 여러 가지로 개입하지만 주효하지 못했다. 몇 달 후 B 부인은 소모되는 절망감을 느꼈고, 분석가는 컨디션이 좋지 않아 막연한 불안감을 갖기 시작했다.

어느 날 계기가 찾아왔다. 분석가는 B 부인의 업무상 어려움과 자녀 정서 장애에 관한 고민을 듣고 다음과 같이 해석했다. 「B 부인은 환자일 때 자기 가치에 대해 괴로워하는 것과 똑같이, 어머니로서 자기의 가치를 고민하고 있는 것 같다」. 이후 분석가는 목이 말라 책상 위의 잔을 잡으려 하자 그녀는 패닉 상태가 되어, 「죄송합니다. 선생님에게 무슨 일이 일어나고 있는지 몰랐어요」라고 말했다.

여기서 분석가는 전이-역전이 관계를 반영한 "나른함 등 신체 증상이 B 부인에 의해 불러일으켜졌다."라며 "그녀는 나를 죽이려 한다."라는 무의식적 환상을 알아차리고, 지금까지 서로 느꼈던 두려움을 언어화하는 것이 가능해져 다음과 같이 말했다. 「당신은 뭔가 끔찍한 일이 내게 계속 일어나고 있고, 내가 죽어버리는 일도 있을지 모른다고 계속 두려워하고 있는 것 같다」. 이에 대해 B 부인은 「선생님이 의자 안에서 움직이는 소리를 들었을 때, 선생님이 심장 발작을 일으키고 있다는 느낌으로 가득 찼습니다」라고 답했다.

분석가는 앞서 말한 무의식적 환상을 "분석 안에서 그녀가 생명을 갖게 된 듯 되었기(진정한 의미로 살아 존재하게 되는 것) 때문에, 내가 병에 걸리게 되고, 아마도 나는 죽게 될 것"이라고 자기 안에서 먼저 명확화하고, 해석을 추가했다. 「당신은 마치 사실은 여기 없는 듯이 침묵해서 보이지 않으려 하고, 그렇게 해서 조금이라도 나에게 짐이 되지 않으려는 듯이, 또 내가 병에 걸리지 않기를 원하고 있다」. 이어서 B 부인은 「어떤 때는 내 자신이 정말 싫어져서, "이 일(분석)에 끼어들었다."라며 미안하게 생각하고, 할 수만 있다면 "그것을 지워 없애고 다시 이런 일이 일어나지 않게 하고 싶다."라고 생각했지만, 선생님께 말씀드리지 않았습니다」라고 말했다.

이런 언급 후 B 부인은 철이 든 이후 이 같은 감정을 계속 가지고 있었다는 점을 보고했다. 그녀는 자신이 「(피임의) 실패」였고, 어머니는 아이를 원하지 않았다고 믿고 있었다. 어머니는 「매우 아카데믹」한 아버지가 독서나 음악을 듣는 데 방해가 되지 않도록 많은 찹쌀떡을 환자(B 부인)의 방에 밀어 넣었던 것이다.

*

이 사례는 분석 주체와 분석가에 의해 새로 만들어짐과 동시에 두 사람에게 영향을 준 '무의식적 환상'을 해석함으로써 분석이 작용한 예를 보여준다. 즉 옥덴은 전이-역전이 관계에서 발전적으로 창출되는 무의식적 환상, 즉 '분석의 제3주체'를 해석하는 데 의미가 있다고 생각한다. 따라서 이런 옥덴의 기법은 후기 클라인파 기법의 한 형태로 볼 수 있다. 예를 들어, 이런 기법은 비온에서도 찾아볼 수 있다. 좀 길지만 인용하자.

「환자는 카우치에 침묵한 채 20분 정도 누워 있었다. 지난 6개월 동안 환자와 함께한 작업에서 그에 대해 알게 된 사실과 관련 있다고 생각하는 불안과 긴장의 감각이 증대되고 있음을 나는 알아차리기 시작했다. 계속되는 침묵 속에서 나는, 환자의 자세가 겉으로는 변한 게 없지만, 나를 폭행하려 한다는 두려움을 알아차렸다. 긴장이 고조되면서, 나는 점차 이것이 확실한 것이라고 느껴졌다. 거기서 처음으로 그에게 『당신은 내 안에서, 나를 죽여 버릴 것이라는 당신의 두려움을 [내게] 밀어 넣고 있다』고 말했다. (…) 침묵은 계속되었다. 아마도 그와 내가 관계하는 곳인 방 안의 긴장이 약해져 가는 것과 동시에 나는 그에게 『내가 당신에게 말했을 때, 당신은 나를 죽여버릴 것이라는 두려움을 스스로에게 되돌렸다. 그래서 지금 당신은 나에게 살인적인 폭행을 저지르지 않을까 우려하고 있다』라고 말했다.

회기를 통해 내가 해석을 부여하는 위치에 있다고 느낄 때까지, 나는 인상이 축적되기를 기다리면서, 비슷한 방법을 썼다. 내 해석은 투사적 동일시에 대한 멜라니 클라인의 이론 활용에 의거하고 있지만, 먼저 내 역전이가 비추어 확실히 드러나게 되고, 다음으로 환자에게 부여하는 해석에 틀을 부여하게 된 것은 주목할 일이다」(Bion, 1955: 224).

이러한 투사적 동일시와 역전이를 사용하는 비온의 기법과 마찬가지로, 옥덴의 '분석의 제3주체'는 분석 주체-분석가의 전이-역전이 관계(상호작용)에서 발생하는 것을 분석에 이용하기 위한 틀로, 그 자신은 이를 다음과 같이 정리하고 있다.

「'분석의 제3주체'라는 개념은 전이-역전이에서 주체와 대상의 상호 의존에 대한 모든 개념에 하나의 틀을 부여하는 것이다. 이 틀은 그것이 언뜻 겉으로 보기에 ①자기 도취적인 분석가 마음의 방황이건, 분석 주체와는 아무런 관련이 없어 보이는 ②분석가의 신체감각이건, 그 외에 이 ③분석 쌍에 의해 상호주관적으로 생산되는 어떤 **분석의 대상**이었건, 자신이 조우하는 무수한 상호주관적인 임상 모습/사건事象에 끈질기게 주의를 기울이고, 단호하게 생각하려는 분석가의 노력에 도움이 된다.」 (Ogden, 1994:17=1996:141-142)

사례의 전개와 옥덴 주장의 포인트는 위와 같다. 라캉파의 입장에서 보면 이 사례는 상상적인 수준에서 움직이고 있는 것으로 간주된다. 먼저 그러한 상상적인 상황을 검토해보자.

옥덴은 이 분석의 시작부터「일련의 불안」이라고 부를 만한 느낌이 있다. 즉 처음에는「어쩐지 안절부절못하는 느낌」, 계속 이어서「만연한 불안감」, 마지막으로「공포」로 나타난다. 안절부절못함에서 시작된 이 전개는 자신에게서 떨어져 나간 자기 분신과의 관계인 2자 관계를 기초로, 원초적인 경합/다툼競合[합일, 한국판]이 공격적인 심한 경쟁(*E.*:113=1권:153, 한:147)으로 급변한 것을 의미한다고 생각된다.[노트 4] 라캉을 인용해 보자.

「분신分身을 포착하기에 적합한 기묘한 양태로 체험되는 이런 상황들이 어떤 통제할 수 없는 불안을 느닷없이 야기하는 것이다」(*E.*:109=1권:148, 한:127).[노트 5]

옥덴은 이 논문 말미에서 분석 주체와 분석가의 비대칭성을 강조하고 있다. 그러나 이 사례만을 한정해서 보면, 그 시작부터 상징적인 것에는 관심을 기울이지 않고, 전이-역전이라는 대칭성에 근거한 2자 관계밖에 보고 있지 않다. 그 결과 이 2자 관계는 공포라는 막다른 골목에 이르게 된다. 해석이 언급되어 있으나 이 같은 지평에서 이루어지고 있기 때문에 효과를 발휘하지 못한다.

이 같은 상황은 '상상적인 것'[상상계]의 효과라고 할 수 있을 것이다. 이 상상계는 해석을 무효화하고, 분석 주체와 분석가들에게 신체 증상이나 불안감을 야기하는 것만이 아니다. 그것은 분석의 출구도 덮고 있다. 즉 분석가는 대칭적인 지평에 계속 머물고, 옥덴 자신이 말하는 「자기 도취적인 마음 상태」에까지 이르는 것이다.

비온이 생각하는 몽상^{reverie}의 확대 적용으로 여겨지는 이 「마음의 방황」 같은 해석, 상상적인 해석은, "그녀는 나를 죽이려고 한다."라고 하는 무의식적 환상에 동기 부여된 「당신은, 무엇인가 무서운 것이 나에게 계속 일어나고 있고, 내가 죽어버릴지도 모른다고, 계속 두려워하고 있다고 생각한다」라는 해석에서 단적으로 보인다. 이 해석은 분석 주체와 분석가의 2항 관계만 아니라 앞서 인용한 비온의 사례를 고려하면 아마도 옥덴이 경애하는 분석가와의 2항 관계[17]도 반영하고 있을 가능성이 있다. 그렇다면 상상적인 것에 기초를 둔 분석과는 다른, 라캉파가 중시하는 상징적인 것을 도입한 분석이라는 것은 어떤 것인가.

라캉파 입장에서 B 부인은 어머니 〈파롤^{parole}〉 속의 아버지를 요구하고 있으며, 자신을 「원하지 않는 아이」(Miller, 2003a:30)로 삼고 있다고 볼 수 있다. 즉 B 부인 주변에서 이야기한 말이 그녀의 무의식을 구성하고 있다는 의미에서 「무의식은 대문자 타자의 담화^{discours}」인 것이다. 이러한 전망^{perspective}에서 우리는 「상징적인 해석과 상상적인 해석의 분기점」 하나를 인지할 수 있을 것이다.

분기점으로 기능하는 「원하지 않는 아이」에 대해 부연해 보자. 그것은 오이디푸스적 삼각형에 기초를 둔다. 즉 B 부인과 어머니의 관계는 「제삼자로서의 아버지」 시점에서 정리된 것이다. 먼저, 그녀의 어

---

17) 이 2항 관계에서 기능하고 있는 것은 상징적인 동일시인 모방이라고 말할 수 있다.

머니란 「아버지가 그저 조금만 그녀에게 마음을 주는 것만으로도 질투가 났다」라는 말에서 추측될 법한 **매우** 남편을 사랑한 인물이다. 이 어머니는 남편의 사랑을 원하고 아이가 남편에게 방해가 되지 않도록 아이에게 조용히 하라고 요구한다. 그리고 분석 주체도 아버지의 사랑을 위해 어머니의 말을 듣고 조용히 하도록 노력한다. 이렇게 해서 마침내 그녀는 자신이 「(피임의) 실패」라고 점차 확신하게 되었던 것이다.

  이런 정숙함을 요구하는 어머니와의 관계, 분석 주체가 욕망의 주체로 살지 못하는 관계는 이 분석 속에서 여러 차례 형태를 바꿔 출현한다. 그것은 B 부인과 직장 선배의 관계이며 그녀와 분석가의 관계이며 그녀의 자녀와 그녀의 관계이다. 그러나 옥덴은 그것을 충분히 다루지 않고, 항상 다른 생각을 가지고, 상징적인 것으로는 향하지 않고 다른 방향으로 향하는 것이다. 이것을 간단하게 열거하면 아래와 같다.

- 분석 주체가 아버지에 관해서 자신에 대한 어머니의 질투를 이야기하고, 그것을 직장 여성 선배와의 관계로 연결했을 때 분석가는 그것을 표면적으로 느낀다.
- 그녀가 「원치 않는 아이」를 침묵으로 호소할 때 분석가는 말이 막힌다.
- 분석 주체가 자녀의 정서 장애를 호소했을 때, 분석가는 「B 부인은 환자로서 자신의 가치에 대해 고민하는 것과 똑같이, 어머니로서의 자신의 가치를 고민하고 있다」라고 해석한다.

이 마지막 해석에 관해 분석가는 B부인의 자녀에 대한 고민을 그녀 자신의 「(원치 않는 아이이다) 나는 어떻게 해야 할까」 하는 고민으로 들을 수도 있지 않았을까. 왜냐하면 그 전에도 B 부인은 침묵의 형태로 모자 관계에 있어서 원치 않는 아이를 연기하고 있었기 때문이다. 이런 관점에서 보면 B 부인의 고민은 분석 방향이 빗나간 것에 대해 방향 수정을 요구하는 옥덴을 향한 하나의 호소였던 것은 아닐까. 즉 B 부인은 원치 않는 아이를 연기하면서 「문제는 저입니다. 당신의 방향성으로는 제가 진실에 접근할 수 없어요. 원치 않는 아이인 저를 알아주세요」라고 말한 것은 아닐까.

이후 옥덴은 이때 해석이 빗나갔음을 인정하고 다른 것을 깨닫는다. 「B 부인이 의사에게 데려가 진찰하고 싶은 것은 내 큰 아이가 아니라 바로 나다」(Ogden, 1994:15=1996:135). 다시 이 지점에서도 다른 방향으로 가는 우회로를 찾을 수 있지 않을까. 여기서도 처음부터 B 부인이 호소하고 있는 것에는 변화가 없어 보인다. 그것은 바로 「나를 진찰해 주세요」인 것이고, 「자녀와 나와의 관계 배후에 나와 엄마의 관계를 보고, 거기서 제삼자의 아버지를 발견해 주세요」라는 호소이다. 그렇다면 왜 이 분석은 상상적인 지평에 계속 머물면서도 3항인 아버지를 발견하기에 이르렀을까. 그것은 다음 라캉의 말에서 요약될지 모른다.

「정신분석 심리치료, 사람들은 언제나 이것이 뭘 하는지 잘 모르고 실행해 온 것이다. 그렇다고 해도 〈파롤〉을 기능하도록 실행해 온 것은 틀림

없다」(S., II:59= 2권 상:70).

즉 이 분석이 제3항에 도달한 것은 기묘한 우연인 것 같다. 왜냐하면 옥덴은 「자기 아이의 탄생을 제대로 인정하지 않으려는 어머니가 되고 있다」(Ogden, 1994:15=1996:137)라는 환상을 품었지만, 그것을 「지금-여기」의 관점에서 생각해 분석 주체와 어머니의 관계가 아니라, 분석 주체와 자신의 관계로 생각하게 된 것이지만, 분석 주체는 옥덴의 해석 안에서 「무거운 짐/괴로운 일」이라는 단어에 의지하여, 스스로 출구를 발견하는 데 성공했다고 볼 수 있기 때문이다. B 부인은 아버지를 위해 어머니가 원하는 조용한 「원하지 않은 아이」였음을 승인한 것이다. 그것은 오이디푸스 삼각형을 기초로 한 아버지의 사랑을 얻기 위한 '어머니로의 동일시'의 모종의 변형으로 간주할 수 있다.

4. 오웬 레닉의 예

상호주관주의 학파의 사례인 「분석에서 속내를 보여주며 카드놀이 하기: 자기 노출 문제 '접근'Playing one's cards face up in analysis: An approach to the problem of self-disclosure」 논문으로 레닉Renik,O.이 보고한 앤의 증상 사례를 다뤄보자(Renik, 1999:521-540). 사례 전반에 걸쳐 레닉은 카드를 공개하는 것, 즉 '자기 노출'의 유용함을 주장한다. 자기 노출 기능을 분석가의 '탈 이상화'보다는 오히려 환자[분석 주체]의 '권한 확대'로 중시하고, 그로 인해 양자의 동등한 수준을 목표로 언급한다. 앤의 사례를 개략적으로 보자.

*

앤은 보도 기자로 일하는 여성으로 대인관계에 문제를 안고 있다. 이는 남편과의 관계에도 나타났다. 「분석 중 앤은 남편에게 비판적인 생각이 들면 그것을 자기 불신으로 대체하며, 이런 생각을 포기해야 한다고 느끼는 듯 보였다」라고 레닉은 기술했다. 예를 들어, 앤이 남편에게 일 이야기를 열심히 할 때 남편이 무관심한 것으로 느꼈다. 그 이유를 남편이 그녀가 일에서 성공하기를 두려워하기 때문이라고 생각했지만, 결국에는 자기 말투에 문제가 있다고 결론 내린다.

분석가는 처음에 남편과의 관계를 어머니와의 관계로 연결하려 했다. 왜냐하면 앤은 어머니가 애정은 있지만 지배를 좋아하는 인물이라고 느꼈기 때문이다. 그는 어머니에 대한 애증으로 양가감정ambivalent을 갖고 있다.

분석가가 솔직해짐으로써 분석의 전환이 이루어졌다. 앤이 앞서 말한 남편 이야기를 한 뒤 분석가는 「저는 당황스럽네요. 왜 당신은 자신의 말투로 인해 남편이 흥미를 잃었다고 느끼는 거죠?」라고 말했다. 그러자 앤은 오히려 분석가에게 솔직해지기를 요구했다. 그녀는 「선생님은 당황스럽지 않나요? 무슨 일이 일어났는지 어떤 생각이 있을 텐데. 왜 생각대로 얼른 말하지 않는 거죠?」라고 했다. 심지어 「(…) 왜 선생님이 걱정하고 있는 대로 설명하지 않는 거죠? 그 대신에 선생님은 당황스럽다고 하고, 그게 사실이 아닐 텐데 (…) 왜 그런 엉터리 말을 하는지」라고 말했다.

이런 대화 후 **분석가**는 솔직하게, 자신은 앤의 어머니처럼 지배적인 인물이라고 생각하고 싶지 않다는 점, 앤이 어머니에게서 배웠다고 느끼는 제멋대로 버릇없음을 자신이 특히 싫어한다는 점, 이 때문에 앤이 자신[분석가]과 어머니를 다르게 체험하고 있다는 확신을 갖기 위해 자신이 분투했다는 점을 말했다.

그다음 날 회기에서 앤은 지난 회기가 매우 유용했다고 말했다. 그 이유는 이랬다. 그녀는 분석가가 자기 생각을 신경 쓸지 모른다고는 전혀 생각조차 하지 않았고, 분석가는 전적으로 자신만만했고 오만한 사람으로 생각했다. 이는 남편도 마찬가지였다. 그러나 전날 회기에서 분석가는 완벽하지 않다는 것을 알게 되었다고 한다. 그래서 그녀는 이번에는 남편에게 자신의 동의를 마음에 두고 있는지 물어보았다. 그러자 남편은 자기의 우려를 인정했다. 남편이 대화를 나눌 때 침묵하는 이유는 앤이 자신에 대해 다음과 같은 생각을 하고 있다고 생각하기 때문이었다. 즉 "남편은 언제나 내 말에 한발 앞서 결론을 내린다."라고 앤이 생각하고 있다고 남편은 생각하고 있었던 것이다.

이 사건을 통해 앤은 자신의 허풍과 과장된 감각을 다른 사람에게 전달함으로써 다른 사람들을 [그들 자신의] 부주의에 겁먹게 할 수 있음을 통찰한다.

레닉은 자신의 결론을 다음과 같이 기술하고 있다. 「그녀는 필요 이상으로 자신에게 소중한 사람들이 엄마가 했던 것처럼 자신을 다룰 것이라고 가정하는 경향이 있다. 이 예측이 그녀의 개인적 관계에 예상치 못한 파괴적인 영향을 미치고 있었다」. 레닉은 이어 인두염 때문에 회기를 취소하고 싶다는 의사를 앤에게 전화로 전했는데, 그에 대해 앤은 그녀가 어린아이 같은 분노를 느꼈다는 점, 또 그녀가 신체 라인이 분명한 드레스를 입고 나와 분석가에게 소감을 물었고, 분석가가 「훌륭하다」라고 말함으로써, 아버지와의 성적인 추억(아버지는 그녀에게 여성을 느끼면서도 이를 인정하지 않으려 했다)을 떠올랐다고 보고했다.

*

자기 노출이 유용하다는 레닉의 주장은 분석가가 환자[분석 주체]에 대한 생각을 솔직하게 밝힘으로 환자[분석 주체]가 자신의 독선적인 판단이 대인 관계를 악화시켰음을 통찰한다는 전개로 이루어졌다. 레닉이 이런 기법을 가능하다고 보는 것은 다음과 같은 생각 때문이다.

> 「나는 다른 곳에서, 여러 차례 개정改訂되어 온 특별한 것으로 여겨지는 〈분석적 현실〉이라는 개념을 불편하게 생각했던 점을 논해왔다. 임상적 정신분석 상태라는 것이 [특별한 어떤 것이기보다는] 평범하고 현실적인 것이라는 점을 우리가 인정하는 것이 매우 중요하다고 생각한다」(Renik, 1999: 535-536).

이런 생각으로 레닉은 「**분석에서** 속내를 보여주며 카드놀이 하기」 (강조 인용자)라는 제목을 붙이고 정신분석을 정신분석으로 만드는 무의식이나 전이를 경시하거나 무시해버린다. 이것은 레닉이 초기 어머니와의 관계를 상정하면서도 환자의 부부 사이에서 어머니란 누구인지, 또 환자[분석 주체]는 어머니와 같은지, 그렇다면 어떻게 해서 그렇게 되었는지, 솔직함이 누구를 향하고 있는지 등 무의식이 전이로 표현되는 점에 주의를 기울이지 않는 것으로 풀이된다. 그리고 최종 결론으로 환자[분석 주체]가 어머니와의 관계를 대인관계로 바로 상정해 버리는 '의식적인 구조'로 증상의 원인을 본다. 앞의 인용에서 단적으로 볼 수 있듯이, 레닉이 정신분석을 특징짓고 있는 것은 「평범하고 현실적이다」라는 의식성이나 일상성인 것이다.

레닉 주장의 골자를 확인한 지점을 라캉파의 입장에서 무의식이나 전이에 주의를 기울이며, 이 사례의 상상적인 것[상상계]의 전개를 추적해 보자.

분석 주체가 분석가에게 솔직함을 요구한 것은 레닉도 서술했듯 분석가에 대한 비판이다. 「왜 생각한 대로 말하지 않는가」, 「왜 그런 무책임한 엉터리 소리를 하는가」라는 말은 단적인 비판이다. 이는 분석 주체의 자아가 분석가의 자아를 향한 라이벌 관계의 한 표현이라고 볼 수 있다. 이 비판에서 분석 주체를 분석의 협동자나 분석가의 상담역으로 생각하거나, 분석 주체와 분석가의 관계를 평등하고 민주적인 관계로 간주하려는 레닉의 반응은 분석가가 분석 주체에게 자신의 자아로 반응하고 있음을 보여 주는 것이다. 분석가의 '자아[自我 ego]'에서 환자[분석 주체] 자아로의 '한 쌍 관계'의 표현이라고 생각해 볼 수 있다. 이런 상상적 관계는 어느 막다른 골목에 이른다. 예를 들어, 레닉은 환자[분석 주체]가 생각하는 경쟁적인 남편의 위치, 즉 환자[분석 주체]가 잘하지 못하는 사람의 위치가 어떤 위치인지를 '전이' 관점에서 깊이 생각하지 않는다. 그 결과, 전이에 근거한 해석이 특별하지 않은 보통의 대화로 전개되는 막다른 골목으로 빠져든다. 마지막에는 무의식이나 전이에 주의를 기울였다면 어쩌면 필요 없었을 분석가 자신을 위한 설명 체계가 제출됐다.

> 레닉은 「분석가의 자기 노출 – 환자[분석 주체]의 비난」이라는 상호작용에서 환자[분석 주체]의 발언은 분석가 그리고 분석 자체에 유용하다고 생각하고 「분석가에 대한 상담역으로서의 환자[분석 주체]의 역할」을 강조한 것이다(Renik, 1999: 530).

그렇다면 위에서 설명한 막다른 골목길을 벗어나기 위해 우리가 할 수 있는 일은 무엇일까?

우리가 해야 할 일은 무의식이나 전이를 상정하는 프로이트적 정신분석의 실행이다. 분석의 치료 이론이 무의식을 의식화하는 것이며, 무의식(상징적인 연결)이 오이디푸스에 준거하고 있는 이상($E.$:546=2권:309, 한: 680), 주목할 것은 이 오이디푸스 삼각형[관계]이다. 그래서, 이 사례에서 조금 언급되고 있을 뿐인 오이디푸스에 관한 상징적 배치를 검토해 보자.

먼저, 어머니에 관해서 환자[분석 주체]는 애정과 지배적인 태도를 느끼고 있고, 아버지에 대한 성적인 추억이 이야기되고 있다. 아버지는 그녀가 성적으로 성숙하기 시작했을 때 그녀의 여성성에 흥분하는 것을 엄격히 방어했다고 한다.

이를 통해 다음과 같은 가설을 세울 수 있을 것이다. 그것은 분석 주체의 대인관계 어려움은 어머니에 대한 동일시나 어머니와의 자아 간 라이벌 관계에서 유래했으며, 이 어머니에 대한 양가감정 관계의 기초는 아버지에 대한 사랑이라는 가설이다.

아버지에 대한 사랑이라는 이 가설을 지지하는 분석 소재는 이 사례에서 자주 확인할 수 있다. 주된 것을 들면, (1) 분석 주체는 남편에게 자신을 인정해달라는 식의 이야기가 많았다는 점, (2) 회기 취소 시 분석 주체가 분석가에게 어린애 같은 분노를 표현한 점, (3) 분석 주체가 신체 라인을 확실히 알 수 있는 드레스를 입고 와서 분석가에게 소감을 요구한 점 등이다. 이렇게 생각하면 분석 주체가 말한 아버지의 유혹적이라 할 수 있는 추억은 아마 유혹하고 싶었던 사람은 그녀 쪽일 것이다. 그리고 [분석가에게] 솔직함에 대한 요구는 아버지에 대한 사랑의 요구라고 생각된다.

이 사례에서는 타인에 대한 어머니와 같은 지배적 태도나 어머니와의 라이벌 관계가 남편이나 분석가 또는 다른 사람과의 사이에서 전개되어, 아버지에 대한 사랑이 남편이나 분석가와의 관계로 표현되고 있음을 알 수 있다. 그런데도 레닉은 이들을 2항 관계에서 자아 대 자아의 관계로 파악하기 위해, 모든 것을 자기 노출의 유효성과 연결해, 하나의 기법을 제시한다. 이것은 상징적 관계를 고려하지 않은 결과이다. 분석가의 익명성 포기에 근거한 대칭적 상상적 상호작용의 결과이다.

이 사례에서 중요한 것은 환자[분석 주체]와 분석가 한 쌍이 자기 노출을 기초로 서로를 분석하는 것, 2항 관계를 원활하게 하는 것이 아니라, 아마도 2항 관계를 규정하고 있는 3항을 찾는 것이며, 오이디푸스 삼각형을 고려하는 것이다.

「(프로이트가) 신경증 분석은 언제나 오이디푸스의 매듭으로 귀착한다고 주장하면서, 그가 겨냥한 것은 다른 것이 아니라 상징적인 연쇄 안에서 상상적인 것을 확실히 보증하는 것이다. 왜냐하면 상징적인 영역은 적어도 세 개 항을 요구하기 때문이고, 이 점이 분석가에게 거기에 있지만 말하는 자를 감싸 안고 있지는 않는 2자 관계 사이에, 현전하는[함께 하는現前 presence]][노트 6] 대문자 타자를 망각하지 않도록 강조하기 때문이다」(E.:464=2권:203, 한:549).

5. L 도식

이 장에서 다뤄온 네 가지 사례 논의를 2항 관계와 3항 관계라는 관점에서 L 도식(schéma-L)을 사용하여 정리한다(S., V:157=5권 상:230[18]).

---

18) 세미나 제5권(1957-58)에는 세미나 제2권(1954-55)이나 「《도둑맞은 편지》에 관한 세미나」(1955b), 세미나 제4권(1956-57)에서 표시된 L 도식의 「a'-a」「a-a'」로 되어 있고, 여기서는 세미나 제2권의 그림으로 세미나 제5권에서 변경을 추가한 것을 표시한다.

L 도식이라는 것은 라캉이 세미나 제2권(『프로이트 이론과 정신분석 기법에서의 자아』)에서 청중에게 선보이고, 이후 다소 변경을 가한 [그림 2]를 말한다. L 도식의 기호는 각각 다음과 같은 뜻을 가지고 있다.

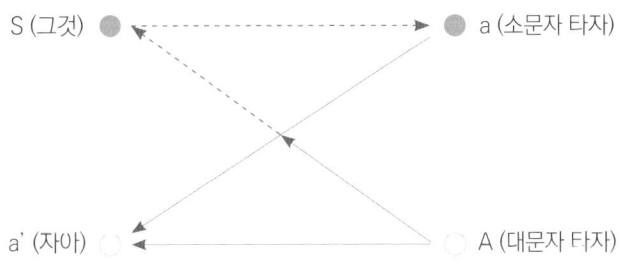

[그림 2] L 도식(*S.*, Ⅴ:157=5권 상:230)

「S」는 물질적 신체를 가진 개인 주체가 아니라, '분석적 주체(sujet)'이며, 「도식의 네 귀퉁이에 이끌려 있는 담화discours의 수취인이다」(*E.*,549=2권:312, 한:684). 「A」란 동일성이나 상상적 수준이 아닌 '대문자 타자'이다. 이는 「존재에 관한 질문이 거기서 주체에게 부과되는 장소」(*E.*,549=2권:312)를 나타낸다. 그리고 「a'」는 주체가 스스로를 그것에서 바라보는 '자아'이다. 「a」는 주체의 대상이며, 자아의 닮은 모습・같은 종류(semblable)로 거울-같은mirror-like '소문자 타자'를 의미한다.

L 도식에서는, 2항 관계가 「a-a'」라고 하는 상상적 축으로 나타난다. 그것은 한 면은 거울 면이고 다른 면은 〈랑가쥬(langage: 언어 활동)〉의 벽이다. 라캉에 따르면 우리는 진정한 〈파롤(parole: 말하는

말, 구두 언어))을 말하고 대문자 타자를 목표로 하면서도, 거울 면의 반사 때문에, 항상 「a」나 「a'」 밖에 손에 넣을 수 없다고 한다. 〈랑가쥬〉의 벽은 우리를 〈랑가쥬〉에 의해 대상화된 타자(「a」나 「a'」)로 되돌릴 수 있고, 이 때문에 분석 주체는 통상 '대문자 타자'에게 닿지 못하는 것이다.

3항 관계는 2항 관계의 「a-a'」로 제3항의 대문자 타자 「A」를 더한 부분에 해당한다. 상상적 차원을 넘어 이 상징적인 것에 이르는 것으로, 분석 주체는 스스로 진실(「A-S」)를 만날 수 있다. 라캉에 따르면 그 과정은 '전이'를 통해 이뤄진다. L 도식이 나타내고 있는 '전이' 분석의 개념적인 방향성은 다음과 같다. 우선 통상 분석가가 위치한 「a」에 분석가의 자아가 결여된 한에서, 「a-a'」에서 일어나고 있던 상상적 전이가 「A-a'」라는 축으로 옮겨간다. 그래서 「a'」는 「A」가 취급되는 것과 같은 방법으로 취급되게 되고, S에 연결되어 「A-S」라는 상징적인 전이가 되어 간다.

$$(a\text{-}a') [=A]$$
옥덴Ogden의 마템mathème(Miller, 2003a:28)

$$a//a' (a\text{-}a'), A\equiv S$$
레닉Renik의 마템mathème(Miller, 2003a:33)

「분석이란 주체에게 분석가의 자아가 아니라 이 대문자 타자들과의 관계, 주체가 승인하지 않았던, 진정한 해답자인 이 대문자 타자들과의 [전이적] 관계를 의식하게 하는 것에 그 본질이 있다. 이것은 주체가 점차 자신은 알지 못한 채 사실은 어느 대문자 타자를 목표로 하고 있었는지를 발견하는 것이다. 다음으로 주체가 전이 관계를 자신이 있는 장소에서, 그러나 처음에는 자신이 거기에 있는 줄은 몰랐던 장소에서 떠맡는 것이다」(S., II:288=2권 하:124).

이상이 L 도식의 대략적인 설명이다. 이를 염두에 두고 밀레르가 지적한 옥덴과 레닉의 사례에 관한 마템(mathème: 분석소素[19])을 검토해 보자. 먼저 옥덴의 마템 「(a-a') [=A]」은 그의 대문자 타자인 '분석의 제3주체analytic third'는 상상적이고 상호적이며 대칭적인 관계임을 의미한다. 한편 레닉의 마템은 두 부분으로 이루어져 있다. 「a//a' (a-a')」는 레닉의 기법은 「a-a'」 관계를 유지하고 있지만, 이 「a-a'」는 융합 관계에는 없다는 것을 나타내고 있고, 따라서 「a」와 「a'」는 관계를 나누는 이중선 「//」에 의해 구획되어 있다. 「A≡S」는 분석가의 탈이상화나 분석가의 권위 실추를 통해 분석 주체와 분석가가 대등하게 되는 것을 레닉은 주장함에 따라 분석 주체와 분석가가 서로 동등하게 되고

---

19) 마템(mathème)은 대수학적인 형태를 지닌 라캉파의 문자.
    [역자] 수학(mathematics)과 그리스어 '테마(thema, 주제/지식)'의 합성어이다. 이는 '수학적 엄밀함으로 전달되는 지식'을 의미한다. 라캉이 정신분석 개념을 전달하기 위해 수학 공식이나 논리 기호처럼, 정신분석의 핵심 개념과 구조를 문자 그대로literally 전달하기 위해 고안한 상징적 공식이다. 라캉은 정신분석이 분석가의 개인적인 카리스마나 직관, 또는 모호한 말에 의존하는 신비로운 기술이 되는 것을 경계했다. 정신분석 이론이 왜곡이나 의미의 손실 없이, 마치 과학 지식처럼 '완전하게 전수integral transmission'될 수 있는 방법을 찾으려 했다. 언어의 모호성, 과학으로서의 정신분석, 교육과 전수의 명확화이다.

있음을 의미한다.

　이와 같이 옥덴과 레닉의 마템에는 모두 「a-a'」가 포함되어 있지만, 라캉파에서는 지금까지 보아 왔듯이 이 상상적인 관계는 분석을 우회시키거나 그 진전을 방해하는 막다른 골목으로 간주한다. 또 본질적인 것이라고 생각하지 않는다. 이러한 「a-a'」를 기초로 하는 임상 '접근'은 이들이 주장하는 방법 외에도 예를 들어 지지요법[20]이 있다. 그것은 분석가의 자아가 「a」 위치에 있어 분석 주체인 자아 「a'」를 지탱하고 강화하는 방법이다. 이 방법은 클라인 이후의 2자 관계에 중점을 두는 사람들에 의해 강조되고 있으며 밀레르는 그들을 일괄적으로 다음과 같이 말하고 있다.

　　「클라인의 후계자들은 본질적으로 『예』라고 말하는 대문자 타자(요구에 따라 그것을 충족시키는 존재)에 대해 다르게 특징짓기에 의해 구별한다고 말할 수밖에 없다. 즉 어느 후계자들에게는 **충분히 좋은** 어머니, 코헛에게는 느낌이 좋은 **자기 대상** 등, 많은 "네"라고 하는 대문자 타자에 관한 변주variation가 있을 뿐이다」(Miller, 1984:34).

　라캉파에서는 거듭 말한 바와 같이 「a-a'」 관계는 부정적으로 파악되고 있지만 그것들은 2항 관계가 아니면 좋겠다는 뜻으로, 이 관계를 완전히 부정하는 것은 아니다. 자신의 존재를 인정해 달라거나 정서

---

20) 지지요법이라는 것은 전이성 치유, 수정 감정 체험, 치료자와의 동일시, 치료 상황 안에서의 욕구 충족 등의 치료 메카니즘에 기초를 둔 기법이다.

적으로 연결되고 싶은 욕구는 정신 치료를 찾아오는 사람들에게는 어느 정도 있을 수 있다. 그렇지만 이에 부응하는 데만 매달리는 것은 위험하다는 인식을 갖고 있다. 오이디푸스 삼각형에서 3항의 요청은 분석 주체를 2항 관계 안으로 끌어들인 후의 요청이므로 2항 관계는 치료 초기에는 빠질 수 없는 한 과정이다. 그렇다면 2항 관계의 논의에서 「A」라는 3항을 포함한 3항 관계의 논의로 옮겨가자.

마노니와 돌토가 이 제삼자에 주의를 기울여 실천했던 것은 앞서 보았다. 이것을 L 도식을 사용하여 확인해 보자. 마노니의 경우는, 직접 이 「A」를 개입시킴으로써 「A-S」의 길을 개척했다. 즉 〈파롤〉에 의해 제3항인 아버지를 개입시켜 어머니와 아들의 2항 관계를 거세하는 것(=「A」)으로, 욕망을 어머니와 아들 간의 신체적 접촉에 근거한 것으로 표현하는 것이 아니라, 언어로 표현하는 주체(욕망하는 주체)가 산출한(=「A-S」) 것이다. 폴의 말이 「놀라울 정도로 회복」된 것은 이 때문일 것이다.

　돌토의 경우는 앞서 설명한 「L 도식에서의 분석 개념적 방향성」에 따라 「A-S」에 이르렀다고 할 수 있다. 돌토의 사례에서는 부모와의 2항 관계를 바라는 사랑의 요구는 할아버지를 향해 있었다. 할아버지가 돌아가신 후 돌토는 〈파롤〉을 사용하여 사랑에 기초한 2항 관계를 금지했다(=「A」). 그로 인해 사랑의 요구는 동일시 대상의 변화(할아버지-돌토-개)에서 볼 수 있듯이 **전이**되어 갔고, 동시에 부모와의 관계는 사랑에 기초한 것에서 존경에 기초한 것으로 변화하였다(=「A-S」).

이러한 변화에 의해 욕망은 움직이게 된다(욕망하는 주체의 산출). 즉 욕망은 근친상간적이거나 병리적인 형태가 아니라 학업이나 친구들과 사귀고 노는 가운데 승화된 형태로 표현되는 것이다.

그런데 「a-a'」가 실제 접근으로는 다양하게 표현되어 있듯이, 「a-a'」/A라는 3항 관계에서도 마노니나 돌토가 제시한 방법 이외의 '접근'도 있을 것으로 생각된다. L 도식에서 분석의 개념적인 방향성에 관한 설명에서는 「「a」에게 분석가의 자아가 결여되어 있는 한」 **전이**가 상상적인 것에서 상징적인 것으로 이행된다고 설명했지만, 이는 실제로는 어떤 사태일까. 3항 관계에 기초한 '접근'을 고찰하는 것을 염두에 두고, 이에 대해 좀 더 생각해 보자.

「「a」에게 분석가의 자아가 결여되어 있다」는 것은 분석 주체와 분석가가 「a-a'」 관계가 되지 않는 것이며, 자아와 자아의 관계에서 분석가가 발을 빼는 것이라고 할 수 있을 것이다. 즉 분석가는 분석 주체의 자아에 스스로 자아로 반응하지 않도록 해야 한다.

> 「우리는 스스로를 지우고 대화자와 면전에서 이야기하는 자가 찾고자 하는 관심이나 동정이나 반응이 인지되는 자리/장에서 벗어나, 우리의 개인적 기호가 드러나는 것을 완전히 피하고, 그러한 것을 폭로하는 것을 숨기고, 자신들을 비인격화하고, 이렇게 해서 상대방에게 무감정한 이상理想으로 드러낸다는 목적을 지향해야만 한다」(*E*.:106=1권:144, 한:80).

이런 분석가의 태도에 대해 분석 주체는 분석 상황에서 계속 이야기하게 된다. 라캉은 「분석의 근본 원리란 하고자 하는 말의 천 배나 더 말하는 것이다」(S., II:310=2권 하:159)라고 말한다. 또 「주체는 1인칭의 형태로 자신의 역사를 고백함으로써 기본적인 상징적 관계의 차원으로 나아가는 것이다」(S., I:312=1권 하:201, 한:384)라고 말하고 있다. 이런 비인격화된 분석가와 이야기하는 분석 주체라는 조합은 결국 정신분석의 기본 구조인 **자유연상의 설정**이다. 그렇다면 라캉은 그저 자유연상을 철저히만 실천한다면 분석은 진행될 것으로 생각했던 것일까? 그 답을 이 책에서 살펴보게 되겠지만, 그 답으로 인도하는 실마리가 될 문장을 여기에 인용하자. 「분석에서 우리가 관여하는 것은 '의미작용signification'이다. 그 외의 곳에서 준거틀을 구해도 헛수고만 할 뿐이다」(S., 1:262=1권 하:121, 한:323).

signification이란 단순히 의미나 시니피에signifié/기의라고 할 수 있고, 그것은 시니피앙signifiant/기표에 의지하고 있다. 「시니피앙이란, 그 자체로 아무것도 의미하지는 않지만, 모든 의미작용signification의 차원을 확실히 지탱하는 무엇인가이다」(S., IV:255-256=4권 하:77-78).

이러한 시니피앙[기표]과 시니피케숑signification[의미작용]의 관계에 대해 라캉은 「전이」라는 말이 프로이트의 『꿈의 해석』 제7장에 등장하는 것에 주목하며, 다시 다음과 같이 말한다.

「여기에 제시된 것은 꿈의 기능에 있는 어떤 하나의 소재가 되는 시니피앙[기표]에 몇 개의 '의미작용signification'이 중첩되어 있다는 것이다」(S.,1:269=1권 하:131, 한:331).

프로이트는 분석에서 꿈, 재치/유모, 말실수, 실수 행위, 반복 행동 같은 무의식의 형성물을 중시했지만 라캉도 시니피앙의 수준을 강조하며 역시 무의식의 형성물에 주목한다. 이런 착안점은 분석 주체가 의미를 부여할 수 없다는 점이다. 이는 의미 부여하는 것이나 그의 지향성, 나아가 그의 요구에서 분석가가 한 발 물러서는 것을 의미한다. 즉 '의미작용'의 중주重奏가 울려 퍼지는 시니피앙을 포함한 무의식의 형성물에 주목하는 것은 분석가가 자아와 자아의 관계에서 한 발 물러서는 것과 같은 의미이다. 더 단순화해서 말하면 분석가가 시니피앙을 주목한다는 것은 스스로 자아에서 벗어나는 것이다.

따라서 우리가 지금부터 검토해야 할 것은 「'의미작용 signification'을 준거틀로 하는 시니피앙[기표]의 분석이란 무엇인가」가 된다. 이 물음에 대해 주의해야 할 점은, 분석가는 분석 주체의 〈파롤〉에 대해 어떻게 행동[대응]하는가 하는 실천적인 물음은 「분석이란 무엇인가」라는 표현에 포함되어 있다는 것이다.

[연구 노트]

[노트 1] "...every neurosis in an adult is built upon a neurosis of childhood..." 「어린 시절 신경증의 역사에서(From the History of an Infantile Neurosis)」

"모든 성인의 신경증은 완전히 새로운 것이 아니라, 어린 시절에 겪었던 신경증을 토대로 형성된다."

프로이트는 이 문장을 통해 성인의 정신적 문제를 이해하고 치료하기 위해서는 반드시 그 사람의 어린 시절로 돌아가 그 신경증의 '기반'이 된 최초의 갈등 구조를 탐구해야 한다는 정신분석의 근본적인 방법론을 제시하고 있다.

(1) 신경증의 뿌리는 어린 시절에 있다: 프로이트는 성인이 되어 겪는 불안, 강박, 공포 등의 심리적 문제는 성인이 되어 갑자기 생겨난 것이 아니라고 보았다. 그 뿌리는 항상 어린 시절, 특히 오이디푸스 시기에 겪었던 해결되지 않은 무의식적 갈등에 닿아있다는 것이다.

(2) 유아 신경증Infantile Neurosis: 아이들은 성장 과정에서 거세 불안이나 부모와의 관계 등에서 비롯된 자신만의 '신경증'을 겪는다. 대부분 이는 잠복기를 거치면서 억압되고 겉으로는 사라진 것처럼 보인다.

(3) 반복으로서의 성인 신경증: 그렇지만 이 어린 시절의 신경증은 완전히 사라진 것이 아니라 무의식 속에 잠재해 있다가, 성인이 되어 어떤 계기(스트레스, 상실 등)를 만나면 새로운 형태로 다시 활성화된다. 즉 성인의 신경증은 유아 신경증의 반복이자 재판再版인 셈이다.

[노트 2] 이 개념의 핵심은 두 사람 사이의 상상적imaginary 관계가 안정되기 위해서는 반드시 '제3의 요소'가 개입하여 그 관계를 보증하고 중재해야 한다는 것이다. 여기서 '제삼자'는 실제 인물일 수도 있지만, 주로 법, 언어, 사회적 규칙, 문화와 같은 추상적인 '상징적 권위Symbolic authority'를 의미한다.

(1) 상상계의 한계: 어머니와 아이처럼 단둘만 존재하는 관계, 즉 '상상적 이자

관계imaginary dyad'는 매우 불안정하다. 이 관계는 '나' 아니면 '너'밖에 없기에, 경쟁, 질투, 공격성과 같은 감정이 지배하는 거울 같은 관계이다. 여기에는 객관적인 규칙이나 기준이 없어 누가 옳은지, 무엇이 진실인지를 판단할 근거가 없다.

(2) '제삼자'의 개입과 중재: 이러한 혼란스러운 이자 관계에 '제삼자'가 개입하면서 비로소 질서가 생긴다.

- 어머니-아이 관계의 예: 아이와 어머니의 밀착된 관계에 '아버지'라는 제삼자가 개입한다. 여기서 아버지는 단순히 한 개인이 아니라 "세상에는 너와 엄마 말고도 다른 규칙이 있단다."라고 말해주는 법과 사회의 대리인이다. 이 '아버지의-이름Name-of-the-Father'이라는 상징적 권위는 아이를 어머니와의 상상적 융합에서 벗어나게 하고, 사회의 일원으로 성장하도록 돕는다.
- 언어 활동의 예: 두 사람이 대화를 나눌 때, 그들이 사용하는 '언어' 자체가 바로 제삼자이다. 단어의 의미는 두 사람이 마음대로 정하는 것이 아니라, 이미 사회적으로 약속된 '언어 체계'라는 제3의 규칙에 따라 결정된다. 이 공통의 규칙(언어)때문에 우리는 서로를 오해 없이 이해할 수 있다.

(3) 진실과 신뢰의 보증: 결론적으로 '제삼자에의 조합'이란, 주체가 자신의 말이나 행동의 진실성을 보증받기 위해 자신과 상대방을 넘어서는 초월적인 권위(법, 언어, 신, 역사 등)를 참조하는 행위이다. 이 제3의 심판관이 존재한다고 믿을 때, 비로소 우리는 약속을 신뢰하고 사회적 관계를 안정적으로 유지할 수 있게 된다. 이 제3의 장소가 바로 라캉이 말하는 '대문자 타자(the Other)'의 핵심 기능 가운데 하나이다.

[노트 3] 본 논문이 수록된 토마스 옥덴 저서의 한국어 번역본.『분석적 주체』김도애, 류가미 옮김. 경남가족상담연구소. 2017. p.136「두 번째 임상적 일화: 말하는 심장」

[노트 4] 옥덴의 사례에 대해 저자가 일방적으로 너무 단편적 설명이라 동의하기 어렵다. 옥덴의 기록은 분석 공간 안에서 두 사람이 자유연상하며 몽상 상태에

서 일어난 복잡한 상황 중 점차 명료해진 것을 서술한 것이다. 상대의 연상과 연상 연쇄 전개를 따라가며 그 내용과 상대에 대한 대응으로 자극된 연상과 이와 관계없는(희박한), 그리하여 독자적인 연상 연쇄가 일어난다. 그 가운데 한 가지가 저자가 이야기한 '자신에게서 떨어져 나간 자기 분신과의 관계인 2자 관계를 기초로 하여, 원초적인 경합/다툼競合[합일, 한국판]이 공격적인 심한 경쟁'일 수 있다. 그러나 옥덴 사례 역시 저자가 라캉파의 실천 사례 부족을 변론하듯 1장 서두의 언급 세 번째 '증상 사례의 개별성을 중시하기 때문이다'라는 사례의 개별적 독특성을 무시한 설명이다.

옥덴의 '분석의 제3주체'는 분석 공간 안에서 한 쌍 관계가 따로 또 같이 이루어진 '무의식적 교류'의 일단을 포착한 것이다. 또 이 제3주체와 한 쌍 관계의 두 사람은 정확히 3항 관계가 출현한 것으로 볼 수 있다.

[노트 5] 이 문장은 거울 단계에서 아이가 느끼는 복합적인 감정을 설명한다. 아이는 거울에 비친 자신의 모습(분신, double)을 보고 통일된 신체 이미지를 처음으로 인식하며 환호한다. 하지만 동시에 그 이미지는 자기 자신이면서도 자기 바깥에 있는 소외된 존재이기도 하다. 이처럼 자신과 분신 사이의 기묘한 관계를 체험하는 것이 통제할 수 없는 근원적인 '불안anxiety'을 불러일으킬 수 있다는 의미이다.

[노트 6] 現前: '눈앞에 있는'의 의미로, 프레즌스presence로 이해한다. 이를 '함께하는'으로 번역한다.

3장
라캉 제1임상 또는 동일시 임상

라캉파의 임상에서 지금까지 확인한 바로는 2항 관계가 아니라, 거기에 3항을 더한 '3항 관계'가 중요하다는 것이다. 마노니와 돌토의 증상 사례는 이 점을 매우 분명히 보여주고 있다.

주체의 일반적 구조인 신경증 구조는 상징적 거세를 당해도 그것을 인정하지 않으려 하고 상상적인 팔루스에 머무르려는 것이다. 주체는 다음과 같은 변천을 거쳐 [신경증을] 구조화해 간다.

첫째, 주체는 **상상적 팔루스**다. 이는 페니스 없는 어머니에게 주체가 상상하는 페니스이며, 어머니가 갖기를 원하는 페니스이다. 대상관계의 처음 시작부터 이 점을 고려하면 어떤 대상이 아니라 '대상의 결여' 즉, 어머니 페니스의 부재를 생각할 수 있다. 라캉은 「인간적 세계에서 대상 조직화의 구조는 출발부터 대상이 결여이다」(S., IV:56=4권 상:66)라고 명시하고 있다.

이어서 이 상상적 팔루스는 〈아버지-의-이름(Nom-du-Père)〉에 의해 어머니의 욕망이 소거된 **상징적 거세**'를 통해 상징적 팔루스로 상징계에 등록된다. 결여된 상상적 팔루스라는 것이 상징화된 것이어서 이 상징적 팔루스는 '결여의 시니피앙'이 된다. 또 이 상징화를 대하는 상상적 팔루스는 억압되어(상상적 팔루스의 음화陰畵화), 욕망의 원인인 대상이 산출된다(상상적 팔루스의 양화陽畵화). 이 대상은 「대상 a」로 불리며, 이는 환상을 배치하고 욕망을 지탱하게 된다.

이런 구조화는 이미 1장에서 언급했다. 상징적 거세를 철저히 함으로써 마노니는 주체를 이 구조로 끌어들였고, 돌토는 주체에게 이 구조를 승인하게 했다. 여기서 주의해야 할 것은 그녀들의 사례가 아동 사례라는 것이다. 사용된 '접근'은 언뜻 발달론에 기초를 둔 것처럼 보일 수 있으나 이는 구조론에 힘입은 '접근'이다. 즉 이들이 행한 상징적 거세는 단순히 원초적인 생명 유지와 관련된 욕구에 기반을 둔 모자의 융합 관계에 아버지를 개입시킴으로써 분석 주체를 인간화되게 했다. 그뿐만 아니라 다의성多義性을 보유한 대문자 타자의 장소場에서 자기 스스로 증상의 원인이나 의미를 발견하는 존재로서 주체를 구조화하고 있다는 점이다. 즉 상징적 거세는 발달론이 아니라 구조론에 의거하고 있다.

이 장은 이런 관점을 근거로 라캉의 전기 이론을 시도한다. 앞 장에서 확인한 상징적 거세에 기초한 '접근'보다는 일반적인 '접근'을 도출하는 작업을 하고 싶다. 그리고 이런 작업에는 어떤 문제점이 있는지도 음미해 보자.

1. 라캉 전기와 임상 형태

라캉이 한 말로 잘 알려진 「무의식은 하나의 〈랑가쥬[언어 활동]〉로 구조화되어 있다」라는 테제가 있다. 이 절은 이 테제를 발판으로 라캉의 전기 이론에서 어떤 임상 형태를 끌어낼 수 있는지를 검토한다. 이를 위해 '대문자 타자'의 존재에 주목하는 것이 논의의 지름길이라고 생각한다.

대문자 타자란 이미 첫 장에서 살펴본 바와 같이 (1) 〈랑가쥬〉 장소場(시니피앙의 보고寶庫), (2) 부모, (3) 아버지의 이름(대문자 타자를 지탱하는 중심적인 시니피앙)이라는 몇 가지 의미를 겸비한 개념이다. 라캉의 전기 이론에는 이 대문자 타자가 존재한다. 더 정확하게 말하면 「대문자 타자의 대문자 타자는 존재한다」는 것이다. 이것이 무엇을 의미하는지는 다음의 라캉 인용에서 알 수 있다.

> 「내가 〈아버지-의-이름〉이라고 부르는 것, 즉 상징적인 아버지란 바로 이것이다. 시니피앙 수준에 있는 하나의 항項으로, 법의 자리에 대문자 타자를 두고, 대문자 타자를 표상·대리하고 있는 항이다. 이는 법을 뒷받침하고 법을 공포하는 시니피앙이다. 이것은 **대문자 타자 속의 대문자 타자인 것이다.**」[노트 1](S., V:146=5권 상:213).

「대문자 타자의 대문자 타자는 존재한다」는 표현에서 **후자**의 대문자 타자는 인용에서 드러났듯이 〈아버지-의-이름〉이다. 그것은 상징적인 구조의 중심에 마치 절대적인 지배자처럼 존재하면서 의미를 보증하고 있는 특별한 시니피앙이다. 바꿔 말하면, 그것은 팔루스의 시니피앙 [∅]이고, **전자**의 대문자인 타자 [A], 즉 시니피앙의 집합으로 그려지는 상징적인 무의식에서, 구조화의 중심에 위치하고 있는 시니피앙이다.[노트 2]

이런 이론적 전제에서 「무의식은 하나의 〈랑가쥬 langage/[언어 활동]〉로 구조화되어 있다」라는 테제를 이해한다. 즉 라캉에게는 시니피앙의 집합 [A]가 무의식이며, 그것은 〈아버지-의-이름〉이라는 특별한 시니피앙 [∅]에 의지하여 구조화되어 있다. 그리고 증상이란 「하나의 의미작용 signification, 하나의 시니피에 signifié」(S., V: 465=5권 하:322)이며, 나아가 언어적인 무의식의 의미의 공백이다. 주체는 대문자 타자, 선행하는 랑가쥬, 출생 세대라는 기본적으로 [주어진]/소여 所与의 욕망에 종속되어 있지만 이를 알지 못한다. 분석 주체는 오직 분석에 의해 무의식에 쓰인 이런 해독 解讀 가능한 의미를 서서히 받아들이게 된다.

> 「주체가 증상의 의미를 거절하는 것에도 문제를 제기한다. 이 의미는 주체에게 명확하게 밝혀져서는 안 된다. 이 의미는 주체에 의해 인수되어야 하는 것이다」(S., I :39=1권: 상:50, 한:51).[노트 3]

밀레르는 라캉 전기를 세미나 제1권(『프로이트의 기법 이론』)에서 세미나 제10권(『불안』)까지의 시기(19953-1963)로 하여, 이 시기에 대응하는 라캉의 임상을 이론적으로 제시한다. 그는 라캉 제1임상을

'동일시 임상'이라고 부른다(Miller, 2001-02: 2002/5/15; 2002b: 10-11; 2003 b:25). 그 골자는 다음과 같다.

'동일시 임상'이란 분석 주체가 분석에서 자신의 역사를 진실이라고 여기고 이를 한 방법으로 이야기한다는 것이다. 즉 주체는 과거를 현재에 통합함으로써 역사를 재구축하는 것을 배우고, 진실로 존재하는 것을 가능하게 하는 동일시를 [잘 손질하여] 만들어 낸다. 바꿔 말하면, 임상이란 상징계에 쓰여진 증상을 해독해 이 의미에 동일시하는 것으로, 새롭게 만족해 하는 동일시를 잘 손질하여 만들어 가는 것으로 **주체의 진실**을 실현하는 것이다. 그로 인해 주체는 욕망의 주체가 되고, 스스로를 구속하던 여러 가지 소여所与에서 벗어날 수 있으며 치유로 안내받게 된다.

「역사와 승인이라는 관점만이 주체에게 무엇이 중요한지를 결정하게 할 수 있고, 그렇더라도 (…) 프로이트의 사상을 곡해하는 것은 아니라고 생각한다」(S.,I:45=1권 상:58, 한:58).

이 라캉의 전기 이론을 임상에 활용할 수 있는 형태로 조금 변형해 보자. 위의 밀레르 논의를 근거로 앞서 언급한 무의식과 증상의 정의를 고려하면 다음과 같은 '접근'을 생각할 수 있다. 분석 주체는 자신의 역사를 이야기하고, 분석가와 함께 〈파롤〉을 쌓아 나감으로써 시니피앙의 연쇄를 전개하고, 그 연쇄에 구두점을 넣어 사후적으로 의미를 산출해 간다는 것이다.

이런 작업을 통해 자신의 역사가 재구축되고 억압받던 증상의 의미가 해방된다. 그리고 거기서 분석 주체들은 「그것이 내 진실이다」라고 느끼고, 그때까지 스스로 알지 못했던 증상의 의미를 받아들일 수 있게 된다. 이는 새로이 만족스러운 동일시의 구성으로, 주이상스jouissance/향락와 함께 있던 상상적 〈팔루스〉인 주체가 시니피앙과 시니피앙의 관계로 규정되는 주체로 상징화되어, 어떤 주이상스를 체념했음을 의미한다. 욕망의 관점에서 말하면, 지금까지 어떤 시니피앙에 고착되어 있던 욕망은 다음의 시니피앙으로 이동하고, 주체는 대문자 타자 안에서 지금까지와는 다른 욕망을 가지기에 이른다.

'동일시 임상'이란 이러한 여정을 더듬어 가는 것이다. 이는 증상에 응용된 정신분석psychanalyse appliquée au Symptôme 또는 단순히 응용정신분석psychanalyse appliquée이라 불리며 증상에 대한 치유라는 출구를 제공한다(Miller, 2001a:23).

이 과정에서 **분석가**는 진실을 아는 자라는 대문자 타자의 자리에 위치하며, 주체가 해석한 것에 응답하는 해석적인 위치를 차지하게 된다. 이 위치에서 분석가는 「응」하는 **맞장구**부터 의미가 명료해진 **해석**의 폭 안에서 다양하게 응답한다. 이런 응답이 주체로 하여금 새로운 동일시를 이루게 잘 만들어가는 하나의 요인이 된다. 중요한 것은 앞서 말했듯이 분석가와 분석 주체가 공동으로 〈파롤〉을 축적함으로써 시니피앙을 연쇄해 가는 것이다. 이를 위해 분석가는 무의식의 형성물 안에 특히 인정받기 쉬운 시니피앙에 주목하고, 그것에 해석적으로 응답하고, 그에 대한 주체의 반응에서, 주체 스스로가 접목한 시니피앙이 연쇄될 수 있는지를 판단하는 과정을 반복하게 한다. 이것이 시니피앙의 연쇄를 뒤쫓아 가는 작업이다.

이 장에서 서술한 분석 주체와 분석가의 공동작업에 의해 시니피앙을 연쇄해 감으로써 주체의 역사를 재구축한다는 임상 형태는 「진정한 파롤에 의한 사후적인 주체의 역사 재구축」이라고 단적으로 표현할 수 있다. 라캉에 따르면 진정한 파롤(채워진 파롤)이란 「과거 우연한 일로 다가 올 필연성에 의미를 부여함으로써 그것들이 그러한 우연한 일을 다시 정리하고」, 「현실에는 없는 진실」(E.,: 256=1권: 350, 한:313)을 가져오는 것이다. 그것은 분석 과정에서 중요한 기능을 수행한다.

> 「분석은 진정한 〈파롤〉을 통과시키는 것을 목표로 해야 한다. 이 진정한 〈파롤〉은 주체를 다른 주체로 하여금 〈랑가쥬〉 벽 건너편에 연결하게 하는 것이다. 분석의 최종점을 규정하는 것은 주체와 진정한 대문자 타자, 예기치 못한 답을 가져오는 대문자 타자와의 궁극적인 관계이다」(S., II:287-288=2권 하:123).

이 「진정한 파롤에 의한 사후적 주체의 역사 재구축」과 앞 장에서 말해 온 「상징적 거세에 의한 주체 욕망의 실현」은 어떠한 관계에 있는 것일까.

결론을 먼저 말하면, 이 두 임상적 '접근'은 후자의 구체적 절차가 전자라는 하나의 **상징화 과정**이라고 말할 수 있다. 이런 주장은 주체의 역사와 관련된 대문자 타자를 콤플렉스의 원인이 되는 가족 [As]로 간주하여, S=주체(상상적 팔루스), a'=자녀, a=어머니, A=아버지로 L 도식에서 다시 생각해 보는 데에서 가능하게 된다. 이어서 잠깐 설명해 보자.

주체들은 여러 대문자의 타자 [As](태어난 가족이나 담론discours)에 구속되어 자신의 욕망을 실현하지 못하고 거세에 대해 애매한 태도를 취하고 있으며, 욕망의 실현을 위해서는 상징적 거세를 철저히 해야 한다. 이는 이미 서술했다. 그리고 상징적 거세를 철저히 하기 위해서 주체는 자신이 예속하고 있는 대문자 타자 [As]에 쓰인 증상의 의미(진실로서의 역사)를 찾아내는 것[AS→A→S]이 필요하다. 발견된 의미를 통해 역사가 재구축되고, 주체는 종속이라는 대문자 타자들 [As]와의 결합에서 분리되어 간다.

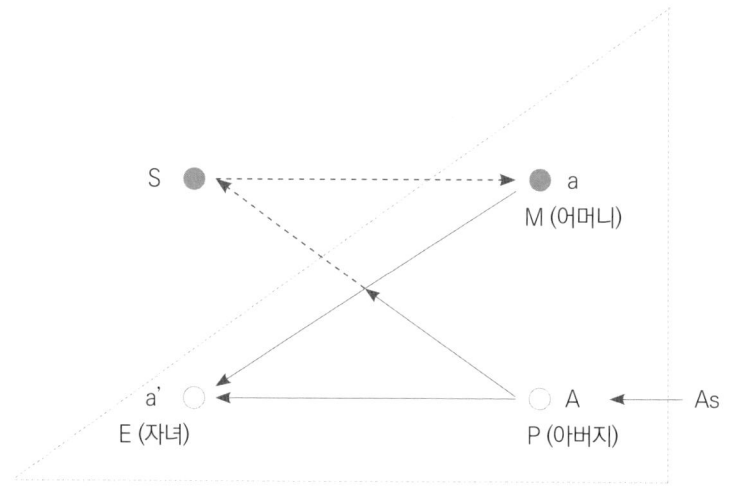

[그림 2] L 도식(S., V:157=5권 상:230)

이는 상징적 거세의 승인과 같은 의미라 할 수 있을 것이다. 오해를 두려워하지 않고 간결하게 말한다면 **주체는 증상의 의미를 아는 것으로 거세되는 것**이다. 따라서 이 의미에서는, 두 '접근' 관계를 「상징적 거세에 의한 욕망의 주체 실현」의 구체적 절차가 「진정한 파롤에 의한 사후적인 주체의 역사 재구축」이라는 하나의 상징화 과정으로 생각할 수 있다. 그래서 「진정한 파롤에 의한 사후적인 주체의 역사 재구축」이라는 '접근'을 라캉의 전기 이론에서 도출한 일반적인 '접근'으로 확실히 규정해 두고 싶다.

마지막으로, 「동일시 임상」이라고 하는 상징화 '접근'에서 주의할 점을 말해 둔다. 이는 분석가가 '자아 이상'으로 기능하고, 의미하는 내용을 명확하게 알 수 있는 해석을 제공한다면 공동 작업에 의해 잘 짜여 만들어지는 상징적인 동일시는 상상적인 차원으로 미끄러지고, 분석 주체는 분석가의 사고 형태나 자아에 상상적으로 동일시하는 경우가 있다는 것이다(3장 3절에서 상세히 서술). 이것이 사랑의 한 기능이다.

2. 내용 해석(시니피앙 연쇄 뒤따르기)

라캉 전기의 임상 모습은 「시니피앙 연쇄를 뒤따르는 것」이라는 것이 지금까지 해온 논의이다. 여기서는 이것이 어떤 행위를 가리키는지를 구체적으로 제시한다.

시니피앙 연쇄 뒤따르기에 주목하는 것은 그것이 '무의식의 형성물'이고, 이것은 저자가 추가한 라캉파 임상가에 의한 사례에서 수집한 꿈이나 말실수, 철자 바꾸기anagramme21) 등이 그 예이다. 그런데 〈철자 바꾸기〉를 무의식의 형성물 가운데 하나로 간주하는 것에 이의를 제기하는 사람이 있을지 모른다. 분명히 프로이트 자신은 〈철자 바꾸기〉는 무의식의 형성물이라고는 공언하고 있지 않았다. 그러나 무의식의 형성물인 "위트·농담"에 관한 프로이트의 논의를 경유하게 되면 〈철자 바꾸기〉도 무의식의 형성물로 볼 수 있다.

　프로이트는 '위트·농담' 기법의 총괄로서 ①압축, ②동일 소재의 이용, ③이중 의미 열거하기를 든다. ③은 ②의 이상적인 경우이며, ②는 ①의 특수 예라고 결론짓고 모든 것을 ① 압축으로 환원하고 있다(*S.E.*, Ⅷ:41-42=4권:264-265). 그리고 넓은 의미의 〈철자 바꾸기〉를 「시구詩句 속에 주제어(많은 경우 그 시의 주제와 관련이 있는 고유명사)의 발음 요소가 흩어져 [산종散種되어] 있는 현상」[노트 4](丸山, 1985:172)으로 정의할 경우, 예를 들면 '위트·농담'이 그 예의 하나인 「당신이 소개해 주신 젊은 사람은 Roux et sot(붉은 머리 바보)으로 Rousseau(철학자 루소)가 아닙니다」에서 Roux et sot가 압축되어 Rousseau가 되는 현상을 마치 〈철자 바꾸기〉라고 생각한다. 따라서 〈철자 바꾸기〉도 압축에 따른 하나의 무의식의 형성물로 간주할 수 있다.

---

21) anagramme: 철자 바꾸기라는 것은 단어의 글자를 바꾸어 원래와는 다른 의미가 되는 것

시니피앙 연쇄 뒤따르기

그럼 시니피앙 연쇄 뒤따르기의 구체적 예를 보자. 먼저 치료자가 어떻게 시니피앙에 주목하는지 세 가지 예에서 확인한다.

　처음으로 독자적인 꿈 해석 기법을 전개한 신구 가즈시게新宮一成가 다룬 어느 꿈에 대해 살펴 보자. 그는 꿈의 논리 구조에 대해 "재부재在不在 교대의 원칙"을 주창하고, 꿈에서 대상의 교대를 언어 유희가 지탱하고 있음에 주의를 촉구했다(新宮, 1988:67). 그 예로 한 여성의 꿈을 들고 있다.

> 「시골 바다 같았다. 뭍에 커다란 검은 곰이 있었다. 무서워서 나는 칼을 휘둘렀다. (곰의) 눈가에 칼이 꽂혔다. 곰이었던 것이 물에 빠져 이번에는 참치로 변했다. 그 후, 호수에 있는 것 같았다. 물에 손을 넣으니, '이제 물도 차갑고 수영할 수 없구나'라고 이야기하고 있었다. 그 후 집으로 돌아와 식사를 했다. 찹쌀떡을 굽고 있었다. 너무 타서 먹을 수 있을 것 같지 않았다」.

신구新宮는 이 꿈에서 「곰이 쓰러져 참치로 변하고, 참치를 대신해 타버린 떡이 나타났다」라는 존재와 부재不在의 전개를 〈철자 바꾸기〉의 관점에서 다음과 같이 분석하고 있다.

　「「곰クマ구마」이 떨어지고 뒤집혀 「マク마구」가 되고, 이것이 「クロ구로(검정)」가 합쳐져 「マグロ마구로」(참치)로 이어졌다. [역자: 일차적으로는 철자를 뒤집고 두 단어를 합쳤다.]「참치マグロ 마구로」는「진한 검정」으로 통하며「매우 그을렸다」는 떡의 속성으로 남아있다」(新宮, 1988:82).

이와 같이 신구新宮는 일본어 가나(仮名かな)라고 하는 소리(음音)의 단위와 단어/말이 지닌 의미의 집합에 의해 대상의 교대를 설명하고 있고, 이런 설명 방법은 확실히 시니피앙에 주목하는 것과 같은 의미이다. 이어서 보고 싶은 것은 프랑소아즈 돌토의 작업이다. 그녀는 질의 사례에서 증상과 그 구성에 관한 시니피앙에 대해 논하고 있다 (Dolto, 1984:53-55= 1994:71-75).

여덟 살짜리 남자아이 질은 요실금과 벽과 가구의 각角 angles들이 자신을 죽이려 한다는 강박관념 증상을 갖고 있었다. 그는 어렸을 때 아버지가 운전하는 차에서 사고를 당했고, 또 수영을 배우던 중 아버지에게서 도망치려다 물에 빠져 죽을 뻔한 경험을 했다. 이런 체험 후에 그는 어머니에게 늘 매달려 달라붙어 있게 된다.

프랑스가 독일에 패전한 1940년경의 어느 날, 세 살이었던 질은 그의 이름을 지어준 큰외삼촌과 어머니가 전화하고 있을 때 어머니에게 달라붙어 함께 전화박스 안에 있었다. 큰외삼촌은 질 어머니에게 런던에서 드골 장군에 합류하기 위해 이제 영국 내 앙글르테르 [Angleterre: 프랑스어로 '잉글랜드'를 의미]로 떠난다는 이야기를 했다. 그 말을 들은 어머니는 이 위험한 행위에 매우 불안해했고 또 이별을 슬퍼했다. 그리고 그녀는 아들이 누군가에게 이 이야기를 해버릴 것 같아 두려워했고, 외삼촌과의 대화 내용에 대해 아들에게 아무 말도 하지 않는/내색하지 않는 테어[taire: 프랑스어로 침묵하다, 말 안 하다]가 좋다고 생각했고, 아들이 아무것도 모르고 있기를 원했다.

돌토는 질의 요실금과 모서리[각$_{ffg}$ angles]에 대한 두려움은 이 전화박스에서 일어난 일과 그 이전 아버지와의 두 가지 사건에서 유래한다고 보았다. 「오이디프스적인 심리적 움직임이 구성되는 시기에 소년은 어머니에게 가장 소중한 두 남자인 아버지와 외삼촌에게 [심리적으로] 위협받는 강렬한 체험을 했기」 때문에 질의 '이상 자아'는 자신을 지켜주는 유일한 어른 이미지인 엄마를 향해 퇴행했고, 오이디푸스기 이전의 요도-항문기에서 충동이 신체로 적절히 처리되지 않아 문제가 생긴 것이다. 즉 충동이 활동하는 성감대가 항문으로 표상되지 않았기 때문에 항문 괄약근의 억제가 상실되어 요실금을 일으키고, 또 실금을 억제하여 발기를 일으키는 페니스로도 표상되지 않고 대신 모서리/각, 뿔로 표상된 것이다.

모서리에 대한 두려움에 관해서는 「잉글랜드 Angleterre」라는 단어가 중심 역할을 했다. 그것은 질의 무의식에 새겨진 어머니가 외삼촌과의 전화 통화에서 느낀 「슬픔과 위험을 나타내는 시니피앙」(Dolto, 1984:54=1994:74)이다. 이 증상은 어머니가 말하지 않고 「입 다물 것^{taire}」을 원했던 「잉글랜드 Angleterre」의 단어를 말할 수 없는 것(non-dit)으로, 질에게 「각/모서리 angles」라는 형태를 취하여 의식으로 회귀하여 구성된 것이며, 억압된 것이 증상으로 말하고 있는 것이다. 요약하면 「Angleterre」(잉글랜드)=「angle」(뿔/각)+「taire」(말하지 않는다)라는 형태로 외상 장면의 언어와 증상과 어머니의 욕망이 시니피앙 수준으로 연결되고 있다.

필자의 사례에서도 볼 수 있다. 시니피앙이 환자[분석 주체]의 주 호소와 결부되어 말실수로 나타났다. 남성 환자 A 씨는 최근 몇 년 사이 가족을 두 명 잃었고, 남은 어머니와 두 사람이 생활에 시달리며 우울감과 불면 증세를 보였다. 예비 면담 단계에서 「이런 상황[가족 두 사람의 죽음] 때문에 어머니를 혼자 둘 수 없다. 돌아가실 때까지 묶여 있어야 하나 생각하고 있다」라고 말하고, 함께 살기를 바라는 어머니에 대해 부정적인 말을 이어갔다. 이런 이유로 치료자는 오이디푸스 삼각형에서 어머니의 욕망에 A가 종속된 게 아닌가 생각하기 시작했다.

치료 회기가 시작되고 몇 차례 회기를 거듭하던 어느 날, A는 전날 꾼 꿈을 보고하면서 여성 등장인물에 대해 「해외로 날아다니는 羽ばたく 사람」[はばたく '하바타쿠'는 비행기가 하늘을 날다/사람이 희망에 차서 일하다의 의미]을 「해외가 꺼림직한 ハバタツ(하바다쯔) 사람」[ハバタツ(하바타쯔) 히라가나로 はばたつ로 의미가 다르다]이라고 잘못 말했다. 그것은 오이디푸스를 염두에 둔 치료자에게는 「ハハタツ 하하타쯔(母断つ, はは断つ/ははたつ)」[하바타쯔 ハバタツ를 하하타쯔 ハハタツ로 듣다. 이는 '어머니를 끊다'로 의미가 달라진다]로 들렸다. A는 그 후 십여 차례의 회기에서 어머니의 이사[引越]라는 현실적인 측면과 어머니의 좋은 면과 나쁜 면을 받아들이고자 하는 심리적인 측면 모두에서 어머니와의 거리를 두게 되면서, 돌아가신 가족 문제로 회기의 화두가 바뀌어 갔다.

이 사례에서는 「ハバタク 하바타쿠」 → 「ハバタツ 하바타츠(母断つ)」[뒷 단어만 잘못]라고 실수로 말한 것은 A가 의식하여 말하는 통상적인 의미를 떠나 무의식에 의해 가공된 새로운 의미(母断つ^{어머니-끊다})로 산출되고 있다. 그것은 회기의 초기 단계에서 이미 함께 생활하고 싶다는 어머니의 욕망과는 다른 A의 욕망을 표현하고 있던 시니피앙으로 간주할 수 있을 것이다. 그런데 여기서 이 사례를 통해 **시니피앙 연쇄에서의 예측**이라는 것에 관해 한마디 해 두고자 한다.

이「ハバタツ^{하바타츠}(ハハタツ^{하하타츠})」라는 시니피앙은 돌토 증례에서 시니피앙과 같이 환자의 〈파롤〉에 드러난 단어(Angleterre)가 증상으로 표현되어 있으며(angle), 또한 그 원인이 된 'taire'라고 말한 것은 아니지만, 환자의 〈파롤〉(죽을 때까지 어머니에게 묶임)의 의미상 연관 위에 표현된 말(母断つ^{하바타츠/어머니-끊다})이었다. 이 단계에서 이 말은 아직 A의 증상의 원인으로 시니피앙 수준에서는 결합되어 있지 않다. 그러나 정신분석이 **시니피앙의 응집 과정**이라는 라캉의 구상(4장 2절에서 상세히 서술)을 고려하면 시니피앙이 연쇄한다라는 한에서 이 'ハバタツ^{하바타츠}(ハハタツ^{하하타츠})'라는 말은 원인으로 이어져 가는 하나의 시니피앙이라고 간주하는 것이 가능하게 된다.

이와 같이 시니피앙은 응집해 간다는 것을 염두에 둘 경우, 다음에 시니피앙이 연쇄되면, 그만큼 그 방향성이 구체화되고, 사례의 전개를 예측하는 것이 어느 정도 가능해진다고 생각된다.[22] 실제로 「ハバタツ^{하바타츠}(母断つ)」라는 시니피앙은 A씨에게는 기존 어머니와의 관계가 변화돼 가는 징후를 가리키고 있었던 것이다.

---

22) 이 예측은 시니피앙 연쇄라는 가정에 기초하고, 시니피앙 연쇄가 사후적으로 확인된 것이라고 생각하면 상당한 한계가 있다는 것도 지적해 두고 싶다.

시니피앙 해석의 예

위의 세 가지 예에서 보듯이 라캉파 임상가들은 시니피앙에 주목하지만 그뿐 아니라 더 나아가 그 관점에서 '해석'도 한다. 앞에 제시한 필자의 사례에서는 치료자에 대한 동일시를 피하기 위해 시니피앙을 이용하여 해석하지는 않았으나, 국제라캉협회의 한 분석가는 분석 주체가 "다른 사람이 자신을 깨물다(mordre)"라는 꿈을 보고하였을 때 다음과 같이 해석하였다.

「vous êtes mordu(당신은 열중하고/빠져 있군요)」[노트 5]

이 분석가에 따르면, 이 해석은 「비록 그 고통스러운 성격을 부정할 수는 없다고 하지만, 분석 주체가 충분히 경험하기에 이르지 못한 열정의 표출을 확인하는」 효과가 있다고 한다(chemama, 1995:150=195:40). 이 예에서 분석가는 'mordre'(물다/깨물다嚙む)라는 동사를 과거 분사 mordu[물린, 열중한, 광적인]로 형용사적으로 사용함으로써 분석 주체가 사용하던 의미와는 다른 의미를 만들어 내고, 분석 주체에 의해 그것이 **시니피앙으로 연쇄되어 새로운 의미가 산출**될 수 있을 것이라는 판단하에 그것을 말로 해석한 것이다. 결과적으로 그것은 합당한 것이 되었다.

필자 자신의 사례도 언급해 보자. 남성 환자[분석 주체] B 씨는 방치하는neglect 기미를 지닌[방임적인] 어머니를 두고, 과식증에 시달리고 있었다. 치료 회기를 시작한 지 일년 반 정도가 지난 어느 날 B 씨와 치료자 사이에 다음과 같은 교류가 있었다.

> B: 「남에게 대접하듯 나를 위해 만들어 주면 절대 과식은 안 합니다. 이걸 연결하는 게 어떨까 싶은데…, 엄마가 밥을 안 해주고 사온 걸 먹은 후부터인가. 아무튼 무엇인지 내게는 너무 **차가웠어요**. 어머니는 불 조절을 정말 못하셔서 전자레인지에 **데우는 것**温める 아다다가루도 그렇고요. 따뜻한 밥상이란 아예 없고, 손수 만드는 것을 예전에는 그리워했지만, 지금은 그렇게 해달라고 하지는 않지만, 예전에 그렇게 생각했던 기억이 생각나네요. 편의점에서 도시락을 사 먹어도 만족스럽지 않다는 걸 이제 알았어요. **뜨거운 게**温かさ、あたたかい(아다다가이) 좋아서 그걸 계속 먹기도 하고.」
>
> 치료사: 「여러 가지 형태로 **따뜻함**을 찾고 계시네요.」
>
> B: 「그렇습니다. 그거. 정말 그래요. **따뜻함**이 있으면….」

여기서 「따뜻하다」라는 말은 어머니에 대한 요구와 관련된 시니피앙이라고 할 수 있다. 어머니는 B 씨를 대할 때는 「차갑고」, 내놓는 식사는 너무 덥혀 「뜨거운」 것이었고, B 씨에게는 「따뜻한」 식사·식탁이 결여되어 있었다. 이 경우 「따뜻하다」라는 것은 이중의 의미를 지닌다. 온도로서의 따뜻함과 동시에 사람과의 관계에서의 따뜻함이다. 이런 「따뜻함」을 찾아 B 씨는 뜨거운 것을 배에 담아두는 과식을 반복하고 있었다.

이러한 이해는 오이디푸스라는 기본을 염두에 두고 환자[분석 주체]

의 〈파롤〉에 귀를 기울임으로써 가능했다. 「따뜻함」이 어머니에 대한 사랑의 요구로 치료자 안에서 생겨났기 때문에 치료자는 이 말을 이용하여 위와 같이 해석했다. 이후 과식은 예전만큼 볼 수 없게 됐고, 사람의 따뜻함을 찾아 B 씨는 새로운 친구를 찾기 시작했다. 이는 「따뜻함」이라는 시니피앙을 해석에 사용한 것으로, B 씨 안에서 「(온도로서의) 따뜻함」이 「(분위기나 사람의) 따뜻함」이라는 새로운 의미로 기능하기 시작했음을 이야기해 준다. 이 「따뜻함」이라는 말은 증상과 그 원인이 온도라는 의미상의 연음으로 연결되어, 하나의 소리(アタタカサ^{아타타카사}[温かさ, あたたかさ 따뜻함])로 표현된 시니피앙인 것이다.

*

이상의 논의로 〈시니피앙 연쇄 **뒤따르기**追行〉라는 라캉 전기前期의 임상 형태 한 가지를 정리해 보자. 시니피앙 연쇄 뒤따르기에는 **사례 이해**와 「시니피앙 해석」(사례에 **개입하는 방법**)이라는 두 측면이 있다. 사례 이해는 이 장에서 처음에 제시 한 세 가지 예에서 보듯이, 가족 콤플렉스나 철자 바꾸기^{anagramme} • 동음이의어^{同音異議語}를 기초로 한 「문자나 말의 전이轉移」에 주목하는 것이며, 이것이 사례의 이해로 이어진다.

문자나 말의 '전이'라는 것는 프로이트가 『꿈의 해석』에서 사용한 초기 의미의 「전이」를 말하며, 임상 실천 맥락에서는 분석 주체의 무의식 속에 이미 쓰여 있는 언어적 요소가 분석가와의 **지금-현재** 관계 속에서 분석 주체의 〈파롤〉로 출현하는 것을 가리킨다. 전이에 근거를 두고 이렇게 이해하면 해석의 발판을 제공하게 된다. 후자는 앞의 예에서 확인했듯이 문자나 말의 전이를 해석의 발판으로 삼아 실제로 해석하는 것이다. 이것은 분석 주체의 〈파롤〉을 과거의 대문자 타자의 담론discours으로, 또는 그것에 포함되어 있는 말이나 문자로 이해하고, 분석 주체에게 전달하는 분석적인 행위이며, 때로는 이것이 단지 분석 주체의 말을 반복하는 것일 수도 있다.[23]

그리고 중요한 것은 〈시니피앙 연쇄 뒤따르기〉에서 사례 이해와 시니피앙 해석이라는 두 측면은 모두 '의미작용signification'의 산출과 관련되어 있다는 점이다. 사례 이해라는 면에서는 〈시니피앙 연쇄 뒤따르기〉는 어떤 말이 분석가 안에서 분석 주체가 말한 의미와는 다른 의미로 포착되고 있는 상태에 불과하다. 이 의미를 분석 주체에게 전달함으로써, 그것이 실제로 새로운 의미가 되어 분석 주체에게 작용할 가능성이 있는 것이다. 그리고 분석 주체에 의해 해석된 시니피앙이 새로운 의미작용signification을 산출할 때 그것은 하나의 분석적 행위가 된다.

마지막으로 반복되지만 다시 한번 라캉 전기의 〈시니피앙 연쇄 뒤따르기〉라는 실천 '접근'의 개요를 명확히 해 보자. 분석가가 볼 때 분석 주체인 〈파롤〉로 전이轉移된 문자나 말은 다른 의미를 떠맡고 있다. 그래서 분석가는 이 의미를 분석 주체에게 가져다주기 위해 시니피앙 해석을 하고, 그것이 적절할 경우 분석 주체에게 시니피앙이 연쇄되어, 의미가 산출된다. 이렇게 해서 분석 주체는 그 의미를 인정할 수 있게 된다.

시니피앙 해석은 지금까지 지적해 온 것처럼 주체에게 의미를 구성

---

[23] 이러한 시니피앙 해석은 고객 중심 치료법에서 '반복하기' 기법에 관한 하나의 이론적 설명이 된다고 생각한다.

하는 내용을 서술하는 분석가의 행위이다. 이 점을 감안하여 시니피앙 해석을 이후의 논의를 위해 「**내용 있는 해석**」이라고 부르기로 한다.

이상의 실천 형태는 시詩라는 텍스트 안에 그 주제어가 음소音素로 흩어져 있는 〈철자 바꾸기〉라는 현상처럼, 분석 주체의 〈파롤〉이라는 텍스트 안에 주체의 진실이나 증상, 주 호소에 얽힌 말이 시니피앙으로 이곳저곳에 존재해 활동하고 있다는 사실에 근거한다. 그리고 그것은 무의식이 하나의 〈랑가쥬langage: 언어 활동〉로 구조화되어 있기에 가능하다.

3. 사랑과 분석가의 욕망

여기서는 1절(라캉 전기와 임상 형태) 말미에 「분석가가 '자아 이상'으로 기능하고, 의미하는 내용을 분명하게 알 수 있는 해석을 한다면 공동 작업에 의해 잘 만들어진 상징적인 동일시는 상상적인 차원으로 미끄러지고, 분석 주체는 분석가의 사고 형태나 자아에 상상적으로 동일시 되는 경우가 있다」라고 덧붙여 두었던 것을 먼저 상기하기 바란다.

이는 라캉 전기에 근거한 동일시 임상에서 막다른 골목길을 형성하게 되는 2항 관계가 아니라, 그곳이 출구가 되는 3항 관계를 중시하여 시니피앙 해석을 하는 경우, 해석이 의미를 구성하는 것이라면 분석 주체는 2항 관계에 기초한 사랑 때문에 상상적으로 이 의미와 동일시해 버리는 경우가 있다는 것을 의미한다.

라캉파는 〈분석가의 욕망désir de l'analyste〉이라는 개념으로 왜 이런 일이 일어날 수 있는지를 이론적으로 설명하고 있다. 이 절은 이런 논의를 개관하고, 라캉 제1임상, 즉 동일시 임상의 문제점을 꼼꼼히 확인하고자 한다.

우리는 지금까지 자주 「a-a'」로 나타나는 2항 관계가 어떤 막다른 골목에 이르는지 살펴보았다. 그것은 분석 주체와 분석가의 자아 수준에서의 대칭적 관계 때문에 [1]감정의 교류가 일어나고, [2]그 결과 분석이 옆으로 빗나가 버리거나, [3]암시로 끝나거나, [4]분석 주체가 분석가의 자아로 동일시되기도 하고, [5]분석가가 이상으로 하는 사고 형태로 동일시하기도 한다는 점을 지적했다. 그리고 분석 주체의 자아와 분석가의 자아가 대칭성을 가짐으로써, 분석가는 이 과정에서 일어나는 [6]현상을 **이론으로 바꾸어 버리는 일**도 일어난다.

여기서 실제로 무슨 일이 벌어지고 있는 것일까. 어떻게 분석 주체는 분석가의 자아나 사고 형태에 동일시하고, 분석가는 그것을 이론으로 삼을 수 있을까. 우선 주체와 분석가의 요구와 욕망의 관계부터 고찰하고자 한다.

라캉은 이 관계를 단적으로 「한쪽의 욕망[은] 다른 쪽의 요구[이며], 한쪽의 요구[는] 다른 쪽의 욕망[이다]」(S., IX:1962/3/14)라고 서술하고, 그것을 두 개의 토러스torus [圓環面]에 의해 표시하고 있다.[노트 6]

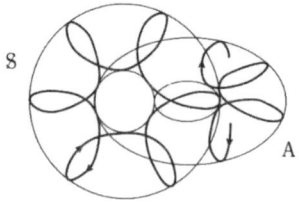

[그림 4] 종합한 순환도/토러스torus(S., IX:1962/3/21)

각각의 토러스에 의해 수직 회전하면서 토러스 중심부의 구멍을 일주하는 화살표는 **요구**를 가리키며, 이 중심부의 구멍은 **욕망**의 대상「a」를 나타내고 있다. 따라서 두 토러스의 뒤얽힘은 주체의 욕망은 대문자 타자의 요구를 대상으로 하고, 주체의 요구는 대문자 타자의 욕망의 대상이 된다는 것을 나타낸다. 다시 말해 주체는 대문자 타자의 사랑 요구를 욕망하고, 대문자 타자는 주체의 사랑 요구를 욕망한다. 두 사람은 욕망이 생겨나는 중심의 결여를 서로 사랑의 요구로 메우기를 욕망한다. 이렇게 해서 「주체의 욕망은 대문자 타자의 욕망이다」 (S., IX:1962/6/6)가 되며, 분석가의 욕망은 주체에 의해 욕망된다.

이것은 또한 '자아 이상'의 점으로 동일시하는 **상징적 동일시**와 '이상 자아'로의 동일시인 **상상적 동일시**라는 두 가지 동일시에 의해서도 설명된다.

「논란의 대상이 되는 동일시[상징적 동일시]는 거울에 비친鏡像的, 직접적인 동일시[상상적 단일화]가 아니라 그 동일시의 지지대이다. 이 동일시는 주체에 의해 선택된 대문자 타자의 영역 안 하나의 시점, 거울에 비친

鏡像的 모습 같은 동일시가 충분히 만족스러운 모습으로 보이는 한 지점을 지탱하고 있다. '자아 이상'의 지점은 주체가 거기에서 자신을 보게 되는 지점이다. 그것은 틀림없이 「타자의 눈으로 보듯이」라고 말하는 것과 같은 것이다」(S., XI:241=11권:361, 한:361)

주체는 대문자 타자인 분석가가 보기에 좋도록 자신을 자리매김하는 것이고, 그는 분석가로부터 자신을 사랑받으려고 한다. 그것은 분석가의 욕망을 욕망하는 것이다. 여기에서 우리는 분석 주체가 분석가가 원하는 생각에 상상적으로 동일시하는 계기를 볼 수 있다. 분석 주체는 분석가의 욕망에 부응하여 분석가의 자아나 사고 형태에 동일시해 가는 것이다.

분석가의 욕망에 관해 라캉은, 아브라함$^{Abraham, K.}$의 욕망은 완전히 어머니가 되는 것이며, 뉜베르크$^{Nunberg, H.}$의 그것은 신의 지위라고 말하고, 분석가의 욕망에는 「전이에 의해 분석가가 환자[분석 주체]를 어떻게 하고 싶은지가 제시되어 있을 뿐 아니라, 거기에는 또한 분석가가 환자[분석 주체]에 의해 어떤 것을 받고 싶어 하는지도 제시되어 있다」(S., XI:145=11권:208, 한:203)라고 말한다. 즉 분석가는 자신이 되고 싶은 것이 되기 위해 분석 주체를 어떤 위치에 두는 것이며, 분석가는 자신의 욕망에 따라 분석 주체를 다루는 것이다. 그리고 분석 주체는 사랑을 위해 그 욕망에 부응한다. 이렇게 해서 분석가의 욕망은 충족되고, 그는 이른바 완전한 자가 되며, 여기에서 하나의 이론을 만들어 내게 된다.

이러한 분석에서 분석가는 자신이 보고 싶은 것 이외에는 보지 않는다고 말할 수 있을 것이다. 옥덴이나 레닉도 자신들의 사례를 통해서 스스로의 욕망에 근거해 분석의 제3주체나 '자기 노출' 등의 이론을 만들어냈다고 생각해도 좋다. 그것은 상징적 동일시를 고려하지 않은 것, 그리고 분석가의 욕망에 자각적이지 못한 결과일지 모른다.

이상의 검토에서 라캉 제1임상의 문제점이 어디에 있는지를 지적할 수 있다. 지금까지 확인한 것은, 주체는 대문자 타자의 시점에서 상징적 동일시를 하고, 이 '자아 이상'의 지점을 근거로 대문자 타자에게 호감이 가는 자아를 구성하기 위해, 주체는 상상적 동일시에 의해 '이상 자아'(분석가의 자아나 사고 형태)를 도입한다. 그리고 두 개의 동일시는 항상 연동되어 작용하고 있음을 알 수 있다. 이는 다음 두 가지로 결론지을 수 있다.

첫 번째 결론은 상상적 동일시이다. 대문자 타자가 호감이 가도록 자아를 만드는 주체, 즉 분석가의 욕망을 욕망하는 주체는 분석가의 욕망을 알아야만 한다. 왜냐하면 분석가의 욕망이 수수께끼인 채로는 주체가 자신을 대문자 타자에게 호감이 가는 것으로 제시할 수 없기 때문이다. 따라서 분석가에게서 나온 어떤 것들이 그에게 명시되어 의미로 나타날 때, 욕망을 욕망하는 주체는 이 의미가 분석가의 욕망이라는 것을 기꺼이 확신하게 될 것이다.

분석 주체가 **의미를 획득하는 순간**이란 분석가가 해석의 의미를 분석 주체에게 드러낼 때이다. 해석의 의미가 출현할 때 분석 주체는 기꺼이 이에 상상적으로 동일시를 한다. 그렇다면 해석의 의미가 해독된 역사적 진실이든, 분석 주체와 분석가의 사랑에 의해 엇갈린/뒤바뀐 상상적 진실이든, 해석된 진실이 의미 수준으로 나타나는 것인 한, 환자[분석 주체]는 그것을 이용하여 분석가들에게 사랑받으려 한다.

즉 라캉 제1임상의 역사적 진실도 진실로서 제대로 기능하지 못한 채 자아를 구성하는 상상적 동일시에 이용되어, 사랑이라는 상상적 차원으로 끌려 들어간다. 이것이 라캉 제1임상의 문제점이다. 이는 단적으로 「해석은 증상에 의미라는 음식을 준다」(Lacan, 1974:193)라는 말로 요약될 수 있다. 증상은 항상 해석하라고 호소하고, 이를 요구한다. 분석 주체는 해석이 출현하게 되면 바로 그에 부응하고 사랑에 의해 분석을 정체시키려고 대기하고 있는 것이다.

두 번째 결론은 상징적 동일시이다. 분석가의 욕망을 욕망하는 주체가 역사적 진실을 사랑으로 전환시키려는 시도를 항상 한다고 해도, 주체가 어느 대문자 타자의 시점에 서 있는지를 인식하고 있는 한, 진실은 비록 한순간이라도 상징적 차원으로 출현한다. 이 진실은 시니피앙을 연쇄시켜 주체를 의미로 대리표상하고, 욕망을 환유에 의해 이동시킨다. 이것이 새로운 동일시의 구성이며, 분석이 지닌 하나의 가능한 출구이다.

상징적 동일시와 상상적 동일시는 항상 협동하여 작용한다. 이 상황에서 다른 학파처럼 분석가가 스스로의 욕망과 상징적 동일시를 무시할 때, 사랑 때문에 상상적 동일시가 전면화되고 분석은 정체되고 만다. 반대로 라캉파처럼 분석가의 욕망과 상징적 동일시에 주의를 기울인다면 상상적 동일시가 불가피하더라도, 새로운 진실에 대한 동일시로 분석을 마칠 수 있다.

    그러나 2개의 동일시가 공존하는 이상, 새로이 상징적 진실에의 동일시도 사랑에 얽매여 분석이 거기서 닫혀 버리는 것은 부정할 수 없다. 라캉 제1임상은 2항 관계라는 막다른 골목에서 출구를 제공하는 한편, 이러한 새로운 문제를 내포하고 있다고 생각된다.

[연구 노트]

[노트 1] '아버지의-이름'이 상징계(대문자 타자) 내부의 한 요소이면서도, 바로 그 상징계 전체의 근거와 법칙을 보증하는 궁극적인 보증인 역할을 하는 특수한 기표라는 의미이다. 타자를 보증하는 타자, 이 역설적인 표현을 이해하기 위해 먼저 '대문자 타자'의 이중적 의미를 알아야 한다.

(1) 대문자 타자 l'Autre, A: 이것은 언어, 법, 문화 등 우리가 태어나는 순간부터 속하게 되는 거대한 '상징적 질서'의 장소이다. 우리의 모든 말과 행위의 의미를 보증해 주는 '제삼자'의 위치이다.

(2) 대문자 타자의 결여 Le manque dans l'Autre, A: 그렇지만 라캉에 따르면 이 '대문자 타자'는 완벽하지 않다. 그 자체로는 자신의 권위를 보증할 최종적인 근거가 없다. 즉 "법은 왜 따라야 하는가?"라는 질문에 법 스스로는 최종적인 답을 줄 수 없다. 이처럼 상징계 자체의 보증인이 부재한 상태, 이것이 바로 '대문자 타자의 결여'이다. 바로 이 지점에서 '아버지의-이름'이 등장한다.

'아버지의-이름'은 상징계(대문자 타자)에 속한 하나의 기표이면서, 동시에 그 상징계 전체가 기댈 수 있는 궁극적인 보증인의 역할을 수행한다. 즉 상징계의 '결여'를 메우는 기능을 한다. 따라서 "그것은 대문자 타자 속의 대문자 타자이다."라는 말의 의미는 다음과 같다.

'아버지의-이름'은 상징계(대문자 타자)라는 시스템 '속의' 하나의 요소이지만, 바로 시스템 전체의 법칙과 진실성을 보증하는 궁극의 권위(대문자 타자)로 기능한다. 헌법은 수많은 법률 가운데 하나로 법체계 '안에' 존재한다. 그렇지만 동시에 "이 헌법은 국가의 최고 법이다."라고 스스로 선언함으로 법체계 전체를 떠받치는 최종적인 근거, 즉 '법 안의 법'으로 기능한다는 것과 같다.

'아버지의-이름'이 바로 이와 같은 구조를 갖는다는 것을 "대문자 타자 속의 대문자 타자"라는 말로 표현한 것이다.

[노트 2] "대문자 타자의 대문자 타자는 존재한다."라고 표현하는 이유는, 그것이 바로 라캉 정신분석이 해체하고자 하는 신경증적 주체의 근본적인 믿음 또는 환상이기 때문이다. 사실 라캉의 핵심 명제는 정반대로, **"대문자 타자의 대문자 타자는 존재하지 않는다**(Il n'y a pas d'Autre de l'Autre)"이다.

두 표현의 결정적 의미 차이로 먼저 이전 답변에서 다룬 표현과 지금 질문한 표현의 차이를 명확히 해야 한다.

(1) AにおけるA (A 안의 A/The Other in the Other): 이것은 '아버지의-이름'의 기능을 설명한다. 즉 불완전한 상징계(A) '안에서' 마치 최종 보증인인처럼 작동하는 하나의 장치(A)가 있다는 뜻이다. 이것은 상징계의 '결여'를 메우는 기능적이고 필연적인 땜질(stop-gap)이다.

(2) AのA (A의 A/The Other of the Other): 이는 완전히 다른 차원의 이야기이다. 상징계(A)의 진실성을 '외부에서' 완벽하게 보증해 주는 또 다른 초월적 타자(A)가 존재한다는 믿음을 나타낸다. 마치 모든 언어의 진실성을 보증하는 궁극의 '메타 언어'가 있다는 생각과 같다. 왜 '**대문자 타자의 대문자 타자는 존재한다**'라고 표현하는가? 이 표현은 라캉 자신의 주장이라기보다는 그가 분석하고 비판하는 주체의 입장을 묘사하는 것이다.

- 신경증자의 환상(The Neurotic's Fantasy). 주체, 특히 강박신경증자는 '대문자 타자'가 불완전하거나 모순적이라는 사실을 견디지 못한다. 타자가 불완전하면 법의 근거도, 진실의 기준도 흔들리기 때문에 극심한 불안을 느끼게 된다. 따라서 신경증자는 "나의 말과 행동, 그리고 이 세계의 질서를 최종적으로 보증해 주는 완벽하고 일관된 타자가 존재해야만 한다."라는 환상을 구축하여 스스로를 방어한다. "대문자 타자의 타자는 존재한다."라는 바로 이 방어적 믿음을 정확히 표현한 말이다.
- 종교와 형이상학의 입장. 이러한 믿음은 종교나 전통 형이상학의 기본

구조이기도 하다. 신(God)은 모든 의미와 율법을 최종적으로 보증하는 '타자의 타자'이다. 라캉의 정신분석은 바로 이러한 최종 보증인의 존재를 부정한다는 점에서 종교와 대척점에 선다.

라캉이 "**대문자 타자의 대문자 타자는 존재하지 않는다.**"라고 선언했을 때, 그 의미는 다음과 같다.
- 궁극적 보증인은 없다: 진실을 최종적으로 보증해 줄 존재는 없다.
- 타자는 불완전하다: 상징계(A)는 그 자체로 불완전하고 결여되어 있다. 그래서 라캉은 흔히 대문자 타자에 빗금을 그어 A로 표기한다.
- 분석의 목표: 정신분석의 목표 가운데 하나는 주체가 '대문자 타자의 대문자 타자는 존재한다'라는 자신의 근본적인 환상을 가로 지르고traversing the fantasy, 이 보증인의 부재를 받아들이게 하는 것이다. 이 최종 보증인이 없다는 불안을 회피하는 대신, 그 결여를 인정하고 자신의 욕망을 마주하며 살아가는 법을 배우는 것이 분석 과정이다.

[노트 3] 새물결판 한국어 『세미나 1권』 51쪽 "문제를 제기하는 것은 주체가 증상의 의미를 거절한다는 점이다. 이 의미는 주체에게 밝혀져서는 안 된다. 이 의미는 주체에 의해 떠맡아져야만 한다." 정신분석에서 '해석'의 역할과 주체의 '진실'에 대한 라캉의 핵심적인 입장을 담고 있다. 핵심은 분석가가 증상의 의미를 알려주는 것이 아니라, 주체 스스로 그 의미를 자신의 것으로 받아들여야만 치료적 효과가 있다는 것이다.

[노트 4] '散種されている現象'에서 산종散種은 모내기하지 않고 논밭에 직접 씨를 뿌리는 일의 의미를 지닌다. 저자의 표현이 잘 설명되지 않는다.

'단어가 처음 사용된 맥락에서 분리되어 다양하고 새로운 의미 작용을 형성하는 것'이라는 점에서 자크 데리다Jacques Derrida의 '반복 가능성'과 연결된다, 모든 단어가 원래 맥락에서 분리되어 새로운 맥락에서 반복될 수 있는 근본적인 특성을 지니고 이 과정의 필연적인 결과가 바로 다양하고 새로운 의미 작용을 형성하는 것이다.

[노트 5] mordre를 mordu로 듣고 해석 했다. mordu는 (운동이나 음악 등 무언가에) 빠져 있다는 의미이다. 어떤 사람이 자신을 깨물었다는 꿈 이야기를 어딘가에 열광적으로 빠져있다고 분석가가 해석한 것이다.

[노트 6] 토러스는 도넛 모양의 기하학적 도형으로, 라캉은 세미나 9권 「동일시」 (1961-1962)에서 주체의 복잡한 구조와 그것이 요구 및 욕망과 맺는 관계를 시각적으로 표현하기 위해 이 도형을 사용한다. 토러스의 핵심적인 특징은 가운데 구멍이 뚫린 표면이라는 점이며, 이로 인해 두 가지 종류의 원형 회전이 만들어진다. (1) **'요구'의 회전**(작은 회전): 도넛의 튜브 자체를 감싸는 작은 원형의 회전이다. (2) **'욕망'의 회전**: 도넛의 중심 구멍을 통과하는 큰 원형의 회전이다. 라캉은 이 두 회전이 토러스를 감싸고 있는 모습을 상상하며 주체의 구조를 시각화한다. 주체의 요구demande와 욕망désir이 어떻게 서로 연결되어 있으면서도 근본적으로 다른지를 보여준다. 요구(작은 회전)는 주체가 언어로 표현하는 요구들을 나타낸다. 이것들은 음식, 편안함, 관심과 같은 필요를 위해 **타자**(부모, 사회 등)에게 하는 구체적인 요청들이다.

요구는 두 가지 특징을 가진다. **반복성**, 주체는 토러스의 표면을 감싸며 끊임없이 요구를 반복한다. **유한성**, 각각의 요구는 구체적이고 한정된 대상이나 만족을 향한다. 중심 구멍을 통과하는 큰 회전은 욕망을 나타낸다. 라캉은 욕망이 어떤 특정 대상을 향하는 것이 아니라 **타자의 욕망**이라고 주장한다. 그것은 모든 요구가 충족되거나 거절된 후에 남는 '나머지'이다. 욕망의 특징은 **중심의 구멍**으로 이 구멍은 어떤 대상으로도 결코 채워질 수 없는 근본적인 결여manque를 상징한다. 이 결여가 바로 욕망의 원인이다. **끝없는 순환**, 욕망은 이 중심의 결여를 통과하는 끊임없는 회로이다. 표면에서 아무리 많은 요구가 충족되더라도, 욕망 자체는 중심의 빈 공간을 돌며 끝없이 순환한다.

요구와 욕망을 연결하는 토러스 모델의 독창성은 반복적인 요구의 회전이 바로 욕망이라는 중심의 구멍을 **만들어 낸다**는 것을 보여주는 데 있다. 타자에게 끊임없이 무언가를 요구하는 행위 자체가, 결코 직접적으로 요구할 수 없는 것(타자의 무조건적인 사랑이나 인정)을 상징하는 중심의 빈 공간을 조각해 낸다.

본질에서 토러스는 **욕망이 요구라는 구조의 중심에 있는 구멍**임을 보여준다. 우리는 수많은 요구(작은 회전)를 만족시킬 수는 있지만, 욕망의 구멍(큰 회전)은 결코 채울 수 없다. 왜냐하면 욕망은 근본적으로 특정 대상이 아닌, 결여 그 자체에 관한 것이기 때문이다.

4장
라캉 제2임상 또는 환상의 임상

지금까지 라캉의 전기 이론을 바탕으로 실천적인 임상 '접근'을 살펴보았다. 중요한 기둥은 〈아버지-의-이름(Nom-du-Pére)〉의 대문자 타자이다. 이 장은 라캉의 중기 이론에 근거를 둔 임상 접근을 검토한다. 이 작업에 해당하는 축이 〈「대상 a」〉 개념이다.

「대상 a」는 소문자 타자(autre)에서 발전해 온 개념이다. 세미나 제6권(『욕망과 그 해석』) 이후 라캉이 열정을 가지고 계속 다듬어 온 개념이다. 이 열정은 예를 들어 세미나 제9권(『동일시』)에서 소문자 타자를 「a」와 「i (a)」라는 〈마템 matème 분석소〉과 구별하고, 상상적인 「진짜와 가짜」(S., IX:1962/6/13)[24]를 구별하고, 「대상 a」를 진정한 것[진짜]으로 자리매김한다. 이후 프로이트의 한계를 넘을 수 있는 「대상 a」에 더욱 새로운 가치를 부여해 갔다고 볼 수 있다.

---

24) 이 「a」는 라캉의 이론적 구축으로 다듬어 만들어온 것임과 동시에 다양하게 변화하는, 일률적으로 상상적인 것이라고 할 수 없다. 여기서는 라캉이 그것을 '진정한 것'으로 강조하고 있다는 점에 주목해주기 바란다.

프로이트는 「끝이 있는 분석과 끝이 없는 분석」에서 남성은 「여성성의 거절」, 여성은 「페니스 선망」이라는 분석이 충돌하는 거세의 「자연의 암반(기원)」을 분석 실천의 한계로 제시했다(*S.E.*, 23:250-253= 6권:410-421, 한: 『끝이 있는 분석과 끝이 없는 분석Analysis Terminable and Interminable』, 열린책들, p.288~289).[노트 1] 이는 단적으로 남녀 모두 거세되는 것을 원치 않는다는 것을 의미한다. 프로이트에 따르면, 여성성이 원래 거세된 것이 전제된 것이라면, 남성은 여성적인 수동적 입장을 거부한다. 그리하여 남성은 수동적인 행위인 분석가가 제안하는 해석을 받아들이는 것을 회피한다. 반면 여성은 페니스 갖기를 고집하며 능동적인 남성적 태도를 취한다. 이렇게 여성도 분석가가 제안하는 해석을 받아들이지 않는다.

이런 한계는 프로이트의 욕망과 환자[분석 주체]의 욕망에 의한 사랑으로 인해 무의식이 닫힌 결과라고 라캉이 생각한 구절이 있다.

> 「프로이트의 한계란, (…) 부분 대상 「대상 a」의 기능에 관해, 분석되는 측과 분석가의 [전이의] 공시적共時的인[노트 2] 관계에서, 바로 분석되었어야 할 것에 대한 비-통각統覺(non-aperception)이었다」(*S.*, X:111).[노트 3]

사랑을 위해 분석 주체가 분석가가 표명하는 것에 동일시해 분석이 정체한다는 문제점은 동일시 임상의 문제점이다. 여기에서 〈시니피앙의 연쇄를 뒤쫓아 간다〉는 상징화 작업이 이루어지지만, 남녀 모두 "분석가의 해석에 동의하지 않는다."라는 프로이트의 생각(욕망)에 환자

[분석 주체]가 동일시해 버리는 것은 분석이 맞닥뜨리는 거세의 「자연의 암반(기원)」으로 구상되었다고 생각한다. 즉 프로이트가 제시한 한계란 라캉 제1임상의 관점에서 생각하면 상징화 분석에서 **사랑에 의한 동일시**의 한 예인 것이다.

라캉은 이 프로이트의 한계를 「대상 a」라는 개념에 의해 극복하려고 시도한다. 그것은 「대상 a」를 상징화 분석의 잔여[물]로 구상하는 것을 통해 이루어진다. 「대상 a」에 대해서는 일반적으로는 그것은 **잃어버린 대상**이며, 위니컷의 〈이행 대상[과도기 대상]〉과 비슷한 개념으로 알려져 있다(chemama, 1995:219=1995:216).

그 구체적인 출현은 젖가슴, 대변, 목소리, 눈빛이다. 이런 「대상 a」가 상징화의 잔여[물]이라고 할 때, 중요한 것은 이 대상이 「구멍의 현전現前[눈앞에 있음, 함께함presence], 공空의 현전에 지나지 않는다」(S., XI:164=11권:238, 한: 232)[노트 4]는 것이다.

이는 「대상 a」는 의미나 내실內實이 없는 공허한 대상이라는 것을 단적으로 보여주고 있으며, 이 대상이 「주이상스jouisssce/향락享樂」의 등가물로 기능할 수 있는」(S., XVI:248) 현실적인 것[실재계]이기 때문이다. 라캉 이론에서 〈의미작용signification〉은 시니피앙의 연쇄/이어짐連接에 의해 은유적으로 산출된다는 것에서 알 수 있듯이, 의미는 상징계에 의해 보증되고 있지만 현실적인 것[실재계]인 「대상 a」는 의미가 부여되지 않는 대상이며, 상징화라는 분석 과정에서 주체가 상징계에서 아무리 의미를 찾아도 의미를 부여할 수 없는 점으로 남는 것이다. 라캉을 인용해 보자.

「시니피앙의 장소場에서 〈대문자 타자〉를 따르기 때문에 **주체는 나눗셈의 몫으로 표시**된다. 주체는 〈대문자 타자〉의 영역에서 시니피앙의 일차적 표시/기표trait unaire에 의해 표시된다. (…) 어떤 잔여가 있고, 그것은 나눗셈·분할의 의미에서의 잔재이다. 이 잔여, (…) 그것은 「a」인 것이다」(S., X: 37).[노트 5]

이처럼 「대상 a」는 상징화 분석에서 잔여라는 지위를 지닌다. 라캉에 의해, 〈파롤〉의 효과로 〈대문자 타자〉 안에서 실현되는 주체는 「자신의 절반에 지나지 않는다」(S., XI:172=11권:250, 한:250). 주체 잔여의 나머지 절반은 상징화의 분석이 아니라 「자기 자신으로부터 영구히 상실되어 버린 부분의 탐구」(S., XI:187=11권:274, 한:272), 즉 「대상 a」의 분석에 의해 실현된 것이다.

그렇다면 중기 이론을 바탕으로 「대상 a」를 중심으로 한 분석이란 어떤 것인지를 검토해 보자. 논점을 선점해 미리 말하면 이런 분석이란 하나의 논리에 따라 〈파쎄passe〉라는 전형적인 종결이 제공되는 실천 활동이며, 이것이 라캉 제2임상에서 나타난다.

1. 라캉 중기와 그 임상 형태

라캉 중기 이론에서 어떤 임상 형태를 도출할 수 있는지를 검토한다. 라캉의 전기 이론에서 임상 접근을 〈대문자 타자〉에서 시작했듯이, 이번에도 이를 검토하며 시작한다.

라캉의 중기 이론에서 중요한 것은 〈대문자 타자〉는 존재하지 않는다는 것이다. 엄밀히 말하면 「대문자 타자의 대문자 타자는 존재하지 않는다」이다. 라캉을 인용해 보자.

> 「여기서 문제가 되는 결여[S(A)]는 우리가 이미 대문자 타자의 대문자 타자는 존재하지 않는다고 말로 정식화한 것이다. (…). (…). 이는 시니피앙의 집합에 대한 1(-1)의 고유성에 의해 상징될 수 있다」(*E.*:818-819=Ⅲ권:330-331, 한:402).[노트 6]

라캉 전기에서는 「대문자 타자의 대문자 타자는 존재한다」이고, 후자의 〈대문자 타자〉는 〈아버지의 이름 [$\emptyset$]〉이다. 라캉 중기는 시니피앙의 집합을 중심으로 떠받치고 있다. 이 후자의 〈대문자 타자〉는 존재하지 않는다. 즉 〈아버지-의-이름(Nom-du-Pére)〉이 일반적으로 배제되어 있다. 이 배제된 〈아버지의 이름〉 대신 시니피앙의 집합 [A]를 떠받치는 것은 「존재의 보여주기(semblant)」(*S.*, XX:87)로서의 「대상 a」이다. 「배제의 일반화된 양태가 포함하는 것, $\emptyset x$의 기능이 포함되는 것은, 주체에게는 정신증뿐 아니라, 모든 경우에서, 어떤 이름이 없는 것, 언어를 끊는 것 〈현실적인 것/실재계〉가 존재하고 있다는 것이다」(Miller, 1993a:7).

「만약 〈대문자 타자〉에게 진실라고 불리는 것의 일관성이 어떤 방법으로도 보장받지 못하고 어디에도 없게 되면, 그것은 어디에 있는 것인가. 있다고 하면, 진실, 나아가 일관성은, 〈소문자 타자〉[「대상 a」]의 이 기능이 그것을 책임지고 떠맡고 있는 것이다」(*S.*, XVI:1968/11/13).

이 후자의 인용을 좀 더 알기 쉽게 설명해 보자. 이는 시니피앙이 아닌「아마도 실질적인 것substantiel으로서의 주이상스의 한 요소이다」(Miller, 1999b:17).「대상 a」가 시니피앙 연쇄로서의 〈대문자 타자[A]〉에 편입되어 있는 것으로, 라캉 전기에서는 〈대문자 타자〉 안에서 발견되었던 진실이나 의미는 보증되지 않게 된다. 그렇지만「대상 a」가 존재의 겉모습으로 기능하고, 시니피앙 위에서 논리적 일관성을 지탱하는[떠받치는] 것에 의해, 진실이나 의미는 마치 〈대문자 타자〉 안에 확실히 존재하고 있는 것처럼 보인다. 또한「대상 a」가 이처럼 겉모습으로 기능하여 무의식은 마치 하나의 환상처럼 제시된다.

이는 다른 말로 하면, 대문자 타자 [A]는 〈알고 있다고 가정된 주체 sujet supposé savoir/subject supposed to know〉이며, 라캉 중기에서「무의식은 상정된 앎知이다」라고 정식화할 수 있다. 즉 이 시기의 라캉에게 무의식에 쓰여 있어야 할 진실이나 의미, 나아가 무의식 자체는 상정된 것일 뿐 아니라, 그것들은 환상인 것이다.

밀레르Miller, J.-A는 라캉 중기를 세미나 제11권(『정신분석의 네 가지 기본개념』)에서 세미나 제21권(『속이지 못하는 자들은 방황한다』)까지의 시기(1964-1974)로 구분하고, 이 시기에 대응하는 라캉 제2임상을「환상의 임상」이라 부르고 있다(Miller, 2001-02:2002/5/15;

2002b:11; 2003b:25).

이는 환상을 횡단하고, 충동에 직면하는 것을 말한다. 환상이란 주체가 주체의 분할을 덮어 가리고, 자신의 욕망이 무엇인지 알고 있다고 상상하게 한다. 그러나 환상의 횡단traversée edu fantasme으로 주체는 공쑬[텅빈]「대상 a」와의 **만남**을 통해서, 〈대문자 타자〉와는 결여에 의해서만 관계를 지닌다는 점을 체험하고, 그의 욕망에 대한 확신이 흔들리며, 이 경험으로 인해 환상은 실추되고[무너지고] 주체는 해임된다.

> 「그 작용에서 정신분석 주체를 지탱해 온 욕망이 해소되어 버리면, 그는 마지막에는 더 이상 욕망의 선택, 즉 욕망의 잔여 [「대상 a」]를 격상시키고 싶은 생각은 들지 않게 된다. 이 잔여[물]란 그의 분할을 늘 결정하는 것이고, 그의 환상을 실추시키고[무너뜨리고], 주체인 그의 지위를 해임한다」(A.E. :252).

이것이 밀레르가 말하는 '환상의 임상'에 관한 이론적 설명이다. 그러면, 이런 밀레르의 논의를 원용해, 라캉 중기 이론을 임상에 사용할 수 있는 형태로 변형해 보자. 이 작업의 이론적 기반은, 〈아버지-의-이름(Nom-du-Pére) [Ø]〉 대신에「대상 a」가 시니피앙의 집합 [A]을 떠받치고, 진실을 지체 없이 보증한다는 것이다. 그리고 이런「대상 a」의 기능이 라캉 전기의 임상적 '접근'을 어느 정도 변경시킨다. 즉 진실의 장소場인 〈대문자 타자〉 [A]는「대상 a」라고 하는 공쑬[텅 빈] 대상에 의해서 겉치레가 되고, 진실은 픽션fiction이 된다.

「〈파롤(parole: 말하는 말, 구두 언어)〉, 파롤은 진실이라고 불리는 것으로 위치를 규정한다. 내가 강조하는 것은 (…) 진실이 가진 픽션의 구조, 즉 허구의 구조이다. 정말로 즉시 이렇게 말할 수 있다. "나는 거짓말을 한다"라고 말할 때, 바로 이 경우에만 진실은 절반이 아니라 온전한 진실을 말하는 것이다」(Lacan, 1971-72a:1971/11/4).

라캉 중기에는 '상정된 앎'인 무의식 또는 환상인 무의식에서 진실은 확정되지 않는, 시니피앙 연쇄 위에 진실이 여러 개 존재할 수 있다는 의미에서, 거짓말로 여러 개의 진실이 존재하게 된다. 그것은, 분석 주체 측에서 말하면, 여러 개의 시니피앙을 열거하는 것으로 대응한다. 즉 「이것이 나의 진실이다」를 여러 번 되풀이하는 것이다. 이런 분석 주체의 행위가 중기 임상 형태의 골격이다. 요컨대, 전기의 '접근'과 마찬가지로 분석 주체와 분석가는 시니피앙의 연쇄를 뒤쫓아 가지만, 중기에는 그것을 **셀 수 없이 반복**하는 것이다. 이러한 무수한 시니피앙을 하나둘 열거하는 방법을 더 구체화하기 위해 '환상의 임상' 종결 부분에 대한 이론을 좀 더 자세하게 살펴보자.

시니피앙을 하나 둘 열거해 그 연쇄를 쫓아가는 작업은 언젠가는 종결을 맞이한다. 분석의 종결이란 주체가 환상을 전복하고 횡단해 가며, 오이디푸스적 배치를 갖는 근본/근원 환상fantasme fondamental[25]을 구

---

25) 근본/근원 환상fantasme fondamental이라는 것은 프로이트의 원/원초적 환상 Urphantasien을 계승한 개념이다. 프로이트는 「정신분석입문」(1916-17)에서 그 구체적 예로 '부모 성교의 목격, 어른에 의한 유혹, 거세하겠다는 위협'(*S.E.*, XVI:369=1권:304)을 열거한다.

성하는 지점에 자리 잡기 마련이다. 이 근본 환상의 구성이란 「시니피앙의 배열에 불과하다」(S., XIV:1967/6/21). 환상이 반복되면서 〈주이상스^{jouisssce}/향략^{享樂}〉는 압축되고, 「대상 a」가 떠오르는 사태를 가리킨다. 하나둘 열거되는 시니피앙이 환상을 구성하고, 그에 의해 시니피앙이 〈주이상스〉를 메워가는 한, 메워질 수 없는 것으로서의 「〈주이상스〉의 지점 (…)이라 부를 수 있는 것 외에 아무런 지위도 갖지 않는」(S., XIV:1967/1/25) 「대상 a」가 상징계에서 실질적인^{sbstantiel} 한 요소로 드러나게[떠오르게] 된다. 간단히 말하면 상징적인 모든 시니피앙이 실재계의 「대상 a」를 둘러싸고 떠오르게 하는 것이다. 밀레르를 인용해 보자.

> 「주체가 (리비도 투자/備給^{cathexis}를) 포기하는 그 순간, 동시에 리비도 집중은 언제나 수축하고, 응축^{condensation}하며 농밀해지고 떠오른다. 주체가 그것을 포기하는 그 순간, 동시에 주체는 이 리비도의 몫/분량이 얼마나 스스로의 운명을 방향 잡으며, 자신의 세계를 지탱하고 있었는지 깨닫게 된다.
>   이것이 바로 우리가 주체의 근본 환상의 구성이라 불리는 바로 그것이다. 점차 밀도가 높아지고 단단해지며 나아가 뼈가 형성되는(골화^{骨} $_{化}$ ^{osification}) 형태를 갖는 이 리비도 응축은 라캉이 「대상 a」라고 부르며 조작하는 것을 분석가들에게 가르치고자 시도했던 것이다(Miller, 1989:50).[노트 7]

이 과정을 도식화하면 [그림 5]와 같다.

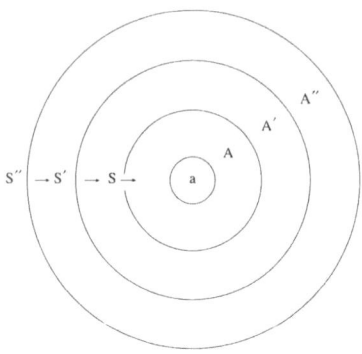

[그림 5] 시니피앙에 의한 〈주이상스〉의 응축(S., 16:1969/3/26)

이런 형태로 「대상 a」와 **만난** 주체는 이 공호[텅빈] 대상이 시니피앙 연쇄의 의미작용signification을 '무-의미'[의미 없음]로 변환하는 것을 경험한다. 여기서 주체는 〈대문자 타자〉(알고 있다고 가정된 주체)가 허구/픽션에 불과하다는 것을 깨닫고, 「분석가는 내 분석 작업에 과연 얼마나 관여했을까」라고 회의함과 동시에 스스로 환상의 원인을 알지 못하는 존재를 기각하는 존재가 되어, 주체라는 지위를 해임당하게 된다. 이때 분석 주체와 분석가는 양자 모두 공호[텅빈] 대상이 아닌 「대상 a」에 관계하는 것이다. 한쪽은 욕망의 대상으로서의 「대상 a」로, 다른 쪽은 찌꺼기로서 「대상 a」에 관계한다.

「이 탈존재(dés-être) 안에서, 〈알고 있다고 가장된 주체〉가 비본질적인 점이 밝혀지고, 이에 따라, 다가올 미래의 정신분석가는 자신과 자신의 이름이 어떤 시니피앙으로 환원될 것을 각오하고[알아차리고], 욕망의 본질인 아갈마[대상a]에 몸을 바치는 것이다」(A.E.:254).[노트 8]

「분석의 종결이란, 〈알고 있다고 가정된 주체〉가 실추하는 것과 이 주체가 이「대상 a」의 출현으로 환원되는 것에 있다. (…). 〈알고 있다고 가정된 주체〉, 즉 분석가의 관점에서 보면 정신분석 주체와 함께 환상적으로 그 부분을 연기하고 있는 자는 분석가이며, 그는 분석의 종결에서 더 이상 이 잔여[「대상 a」] 이외의 아무것도 아니라는 것을 견디기에 이르는 것이다」(S., XV:1968/1/10).

논의가 좀 추상적인 감이 있기에 여기서 근원 환상에서 주체가 공[텅빈]「대상 a」와 **만난다**는 분석의 종결 부분을 분석 주체의 경험을 더듬으며 다시 기술해 보도록 하겠다.

근원 환상은 주체가 〈대문자 타자〉를 완전하게 한다는 오이디푸스적 환상이다. 따라서 거기서 주체는, 자신의 존재가 결국은 결여되어 있을 수밖에 없는 〈대문자 타자〉의 완전함을 위해 자신의 존재가 기능하고 있다는 것을 깨닫는다. 즉 분석 주체는「나는 〈대문자 타자〉를 위해 존재하고 있던 대상이었던 것이다」라고 깨닫는 것이다. 이것은 다른 식으로 말하면 자신의 인생을 방향 지었던 〈주이상스〉의 잔여에 대한 고착을 아는 것이기도 하다. 이러한 통찰을 통해 분석 주체는「나는 이 환상에 사로잡혀 삶을 살아온 것이다」라고 실감하며, 그러한 환상을 실추시키기에 이른다. 이렇게 해서 주체는 〈대문자 타자〉의 욕망을 욕망하지 않게 되고, 〈대문자 타자〉로부터 떨어져 나간다. 주체의 욕망은 여기서부터 「대상 a」에 근거한 향락적인 색조를 띤 욕망이 되어 갈 것이다.

이런 과정을 환상의 횡단$^{traversée\ du\ fantasme}$이라 부르며, 이런 특징인 환상의 임상은 하나의 논리에 따라 〈파쎄^{passe}〉라는 출구를 제공하고 이를 순수 정신분석$^{psychanalyse\ pure}$이라 부른다(Miller, 2001a:23). 이는 또한 「대상 a」의 분석, 더 정확하게 말하면 「대상 a」를 순환하는 분석이라 말할 수 있다.

분석 주체가 이 과정을 따라갈 때 분석가는 〈알고 있다고 가정된 주체〉의 위치에 있다. 분석가가 해석할 때 의미하는 내용이 명시적인 해석을 주체에게 제시하면, 사랑에 의해 분석이 하나의 진실로 멈춰버릴 수 있다. 그렇게 되면 주체는 시니피앙을 열거하는 것을 멈추고, 환상을 횡단해 근원 환상을 구성할 수 없게 되고, 분석은 실제와 반은 같고 반은 다른/의심스러운^{疑似的} 종결을 맞이하게 된다.

이런 사태를 피하고자 분석가는 의미를 부여하지 않는 해석, '무-의미'한 해석을 한다. 주체들에게 스스로의 것이 되도록 환상을 반복하게 한다. 그러한 해석으로는 예를 들어 의미를 공백인 채 두는 회기의 일단락, 즉 〈회기 끝내기^{scansion}〉 또는 해석할 수 있는 곳에서 굳이 해석하지 않는 〈침묵^{silence}〉을 생각해 볼 수 있다. 이를 중기 이론으로 인도하는 구체적인 '접근'으로서 상정하고 이후 논의를 진행해 보자.

2. 공백을 둔 해석(회기 끝내기^scansion와 침묵)

앞에서는 라캉 중기의 임상 형태란 〈회기 끝내기^scansion〉와 〈침묵^silence〉 등 의미를 구성하지 않는 해석에 의해 시니피앙이 무수히 열거되는 것이라고 논의했다. 이 절에서는 〈회기 끝내기^scansion〉와 〈침묵〉이라는 해석은 구체적으로 어떤 행위를 가리키는지를 살펴보겠다.

〈침묵〉은 분석가가 말하지 않는 것을 가리킨다는 것은 쉽게 이해할 수 있다. 그렇지만 회기를 종료 시간 전에 끝내는 것을 의미하는 〈회기 끝내기^scansion〉 행위는 어딘지 모르게 수수께끼로 가득 차 있고 불분명한 인상을 임상가들에게 계속 심어왔다. 그래서 먼저 이 〈회기 끝내기^scansion〉의 이론적인 배경을 간단히 설명하고 이어서 실례를 소개한다. 그리고 〈침묵〉에 관해서도 구체적인 예를 제시한다.

논리적 시간

〈회기 끝내기^scansion〉는 「논리적 시간과 예상된 확실성의 단언: 새로운 소피즘^sophism」[노트 9](*E.*:197-213=1권:261-285, 한:277~299)이라는 논문에서 그 이론적 기초를 볼 수 있다. 라캉은 그것을 하나의 우화를 이용해 설명하고 있다.

> 교도소장은 세 명의 죄수 가운데 한 명을 석방하기로 하고 시험을 치렀다. 먼저 흰색이 세 장, 검은색이 두 장으로 구성된 다섯 장의 둥근 종이

를 죄수 등에 하나씩 붙인다. 그리고 부착된 등판을 서로 봐도 되지만 이를 이야기해서는 안 된다는 조건이다. 마지막으로, 이런 상황에서 자신의 둥근 판이 어떤 색인지를 처음으로 논리적으로 설명한 자를 석방할 테니 그럴 준비가 되면 문 입구로 와 주었으면 좋겠다고 말한다.

위의 글 안에 그 해답도 제시되어 있다. 다음이 그 해답이다.

「나는 흰색이다. 그 이유는 다른 두 사람이 흰색이고 내가 검은색이라면 그들은 분명 이렇게 추론할 수 있을 것이다. 『내가 검은색이라면, 이미 한 명은 자신이 흰색이라는 것을 금방 알고 바로 나가버린다. 그래서 나는 검은색이 아니다』. 그래서 둘 다 자기가 흰색이라고 확신하고 같이 나가버릴 것이다. 그들이 그렇게 하지 않는 것은 내가 그들과 같은 흰색이기 때문이다. 그 때문에 나는 결론을 말하기 위해 문 앞으로 왔다」.

이 같은 결론에 도달하기 위해서는 세 가지 시간이 있다고 라캉은 말한다.

첫째, 주시注視[응시]의 순간(instant du regard: 비인칭적 주체·주어). 이것은 두 장의 흑색에 직면하면 **사람**은 백색임을 안다는 것. 둘째, 이해를 위한 시간(temps pour comprendre: 상호 불확정된 주체·주어). 이것은 만약 자신이 검은색이라면, 자신이 보고 있는 두 장의 흰색은 머지않아 **서로**가 흰색임을 알게 될 것이라는 점이다. 셋째는 결론을 내리는 시점(moment de conclure: 결단断言의 주체·주어)이다. 그것은 나에 의해 고찰된 이들 백색에 대해 그들 또한 나보다 일찍 자신의 색깔을 깨닫지 못하도록, **나는** 서둘러 내가 백색임을 단정하려 한다는 것이다.

그리고 소장에게 설명하러 갈 때 망설이는 대수롭지 않은 중지의 시간에 〈회기 끝내기〉scansion라는 이름이 주어질 수 있다. 이 같은 논리적 시간에는 다음 두 개의 〈회기 끝내기〉가 있다. 첫 번째 〈회기 끝내기〉는 세 죄수가 서로를 힐끗 쳐다보며 잠시 머뭇거릴 때이다. 두 번째 〈회기 끝내기〉는 움직이기 시작한 죄수는 동시에 또 두 사람이 움직인 것을 보기 때문에 다시 한번 자신이 검은색이 아닐까 의심하여 행동을 정지하고, 그에 따라 다른 두 사람도 동시에 행동을 정지할 때이다.

이러한 〈회기 끝내기〉를 포함한 논리적 시간은 타자를 매개로 해서 「나」가 주체·주어가 되는 결론에는 결국 어떻게 해서라도 도달하지 못하기 때문에 「나(je)」의 탄생에도 대응하고 있다.[노트 10] 라캉은 이 논리에 따라 통시通時적인 시간과 공시共時적인 시간뿐 아니라 재촉/안달(hâte 또는 précipitation)이라는 시간을 도입하여, 정신분석에서 〈회기 끝내기〉를 함으로써 「나」를 석출析出[기체, 액체에서 고체를 분리]하는 것을 논한 것이다. 일반적으로 〈회기 끝내기〉scansion는 분석 주체의 〈파롤parole〉에 구두점을 찍고, 그에 따라 소급적으로 〈의미작용signification〉을 산출하는 것을 가리킨다. 이에 따라 가능한 〈회기 시간 단축séance courte/질분법〉 회기는 「분석적 개입과 해석의 가장 효과적인 방법」(S., VI:1959/7/1)으로 알려져 라캉파에서는 중요한 기법의 하나가 된다.

<회기 끝내기scansion>의 예

〈회기 끝내기scansion, 스코시온〉의 이론적 배경을 확인한 마당에 이제 그 구체적인 예를 살펴보자. 여기에서는 필자가 다룬 사례도 포함하여 두 가지 예를 들어 둔다.

첫 번째 예는 프로이트의 대의학파(ECF)에 소속된 피에르 스크라빈Pierre skriabine에 의한 것이다. 그는 자폐증인 동생을 잃은 젊은 남성 분석 주체와의 회기에서 다음과 같은 〈회기 끝내기/스코시온〉를 진행했다.

> 남자 분석 주체(이하 P): 동생이 죽은 밤에 셋이 이야기를 했거든요.
> 스크라빈(이하 S): 세 명이라고요.
> P: 네, 그렇습니다. 세 명입니다. 부모님, 누나, … 나를 세는 것을 잊어버렸습니다!
> S: 그렇네요, 맞아요.
> 이렇게 말하며 회기를 끝낸다(〈회기 끝내기scansion〉).

스크라빈은 이 〈회기 끝내기〉가 「죽은 동생에 대한 의존 관계에 있는 주체를 유지하고 있는 동일시에 관한 (분석) 작업을 개시했다」고 언급한다(skriabine, 2004:112). 분석 주체가 자신이 의미를 부여하지 못하는 말실수를 한 시점에서 분석가에 의해 회기를 일단 끝냈다. 그로 인해 이 남성 환자[분석 주체]는 셀 수 없는 사라진 주체와 죽은 동생과의 동일시를 암시적으로 분석가에게 지적받았고, 이 동일시를 분석해 가기 위한 단초를 마련하게 되었다. 이것은 곧 동생과의 동일시에서 멀어져 가는 방향으로 나아갈 것이다.

필자가 작업한 사례에서 여성 환자 C 씨는 활동적인 아버지와의 문제는 정리되었다며 회기에서 아버지를 그다지 직접적으로 언급하지 않았다. 그러나 그녀와 관련된 여러 남성에 관해 많은 이야기를 했다. 이 회기에서 무의식적인 양성 전이陽性転移에 관한 조작을 간략히 설명하면 다음과 같다.

C 씨는 회기 초반에는 옛 애인 이야기를 하며「그의 철학은 뭐든 모두 받아들인다」라고 말했다. 이후 회기에서 중고생 시절에는「그것이 없으면 내가 나답지 않은 핵(신념이라고 하는 형태로)을 항상 선생님으로부터 얻으려고 했다」며, 대학에서는 좋아하는 선생님의 강의에서 모범 답을 내는 우등생이었다고 이야기했다. 그리고, C 씨는 현재 상사로부터 조언을 받으면 보호받고 있다는 느낌을 갖게 되었다고 한다. 이런 이야기를 나누던 어느 회기에서 C 씨는 치료자에게「연애 감정을 품고 있다」라고 고백한다. 그간의 회기 과정을 통해 C 씨에게 사랑의 형태란 지위가 높은 남성의 신념을 욕망하고, 그것을 받아들여 사랑받는 모양이며, 이것은 〈대문자 타자〉가 보기에 좋고 바람직한 존재가 되고자 하는 욕망을 욕망하는 관계라고 치료자는 생각하고 있었다.

이 경우 치료 상황에서 〈대문자 타자〉인 치료자가 '이상 자아'로 올바른 의견이나 해석을 말하는 것은「선생」인 치료자가 신념을 부여하는 것이고, C 씨는 지금까지처럼「우등생」으로서 그것을 받아들여 치료관계는 사랑에 빠져들고 무의식은 닫히게 될 것이라 생각했다. 그래서 치료자는 「그동안 분석 관련 책을 읽거나, 말할 화제를 생각해 와서, 상대방이 원하는 대로 여기에서도 우등생이었던 것 아니냐?」라고 개입했다. 이어진 회기에서 C 씨는 「오늘은 감기에 걸렸어요. 빨리 끝내주실 수 없겠습니까?」라고 말하며, 업무상의 남성, 아버지 등의 이야기를 통해 치료자에게 느끼는 고통과 거절, 분노를 이야기하는 것 같아 치료자는 「거절보다는 상대방의 소망을 모르기 때문에 고통스러운 것이 아니냐?」라고 해석하고, 그 지점에서 회기를 즉시 끝냈다(〈회기 끝내기〉).

치료자는 이와 같은 해석 외에는 이전과 마찬가지로 의미를 부여하는 해석은 거의 하지 않겠다는 자세를 유지하며, 더 적극적으로 의미를 구성하지 않는 해석으로 대응했다. 이후 C 씨의 사랑에 대한 요구는 연애 관계에서 친구 관계로 변화한 것으로 보였다. 예를 들어, 정신분석을 배우는 친구에게 「친구니까 솔직하게 답해줘도 좋고, 감정을 드러내도 좋다」, 직장 내 인간관계에 대해 「인간미 있게 대응해 줬으면 좋겠다」라고 말하는 등, 전이 형태로 치료자에게 더 인간적인 관계를 요구하는 것으로 나타났다.

이 장면에서 치료자는 많은 해석을 하기보다는 C 씨의 〈대문자 타자〉의 욕망을 욕망하는 경향을 지적하고 회기를 일단락 지어 무의식적 양성 전이라는 사랑 때문에 치료자가 하는 어떤 말에 C 씨가 동일시해 치료가 정체되는 것을 회피할 수 있었다고 생각했다. 그에 따라 주체는 한층 더 자기 자신의 의미 탐구를 위해 나아갈 수 있다. 이상이

〈회기 끝내기〉의 예시이다.

침묵의 예

파리정신분석협회(SPP)의 조이스 맥두걸Joyce McDougall은 라캉에게 분석 받던 남성 환자[분석 주체]를 분석으로 맞이했다. 그는 라캉과의 분석에서 〈회기 끝내기〉를 당한 장면이 납득이 안 된다고 말한다. 그 장면은 다음과 같다.

> 남자 환자: 아, 안 돼요. 그건 전에 말했듯이 재미없어요. (7분 가까운 침묵). 마지막으로….
> 라캉: 오늘은 여기까지입니다. (〈회기 끝내기〉)

이 남성 환자[분석 주체]는 이런 주고받음을 맥두걸에게 말하며 「어쨌든 나는 『마지막으로』 이야기를 이어가려 했는데」라고 불만을 토로했다.

맥두걸은 라캉의 침묵과 〈회기 끝내기〉에 대해, 환자[분석 주체]가 '마지막으로'라고 말할 수 있게 된 것은 다양한 생각이 머릿속에 떠오른 7분간의 시간이 있었기 때문이라고 지적한다. 「라캉은 『당신의 '마지막으로'라는 말/단어는 당신과 함께 그 말/단어를 당신에게 가져다주는 것을 가능하게 하는 것이다』라고 말하고 싶지 않았을까?」 (Mcdougall, 2004:142)라고 그 환자에게 묻고 있다. 환자[분석 주체]

는 침묵하는 동안 여러 가지 의미를 헤아리고 있었던 것이다.

아래 침묵의 예는 라캉파 오리엔테이션 학파(Escuela de la Orientacion Lacaniana(EOL), 1992)에 소속된 아르헨티나의 분석가 차미소Chamizo, M. I.의 사례이다(chamizo, 1987:117-120). 여기서는 분석가의 침묵을 통해 환자[분석 주체]가 자기 증상의 의미를 찾는 과정이 기록되어 있다.

젊은 남성 환자는 이전 분석가에게 여성 분석가와 분석하라는 말을 듣고 그녀를 찾아왔다. 이 남성 환자는 "뭔가를 하고 있을 때 다른 일을 해야만 한다."라는 생각에 괴로워하고 있었다. 이를테면 아내와 사이가 좋은데도 헤어져야 한다는 생각이 들기도 한다. 그러나, "지금 하지 않은 것은 다른 생에 하게 될 것이다."라는 전생 윤회설이란 신념 때문에, 실제로 그는 그런 생각에 사로잡혀도 행동으로 옮기지 않았다. 이 환자[분석 주체]는 아침에 일어났을 때 여자가 되는 느낌을 갖게 되거나, 페니스를 가진 어머니와 성관계를 갖는 꿈을 꾸고 몽정했던 꿈을 이야기하다가, 어느 날 분석가에게 「선생님이 말할 때 『입 다물어』라고 소리치고 싶어요. 선생님이 말하는 것이 원인이 아니라 원인은 내 안으로 침입해 들어오는 선생님의 목소리 때문이에요」라고 말했다. 분석가는 심사숙고 끝에 침묵하기로 했다.

그 후의 회기에서 이 환자[분석 주체]는 여성에 얽힌 이야기를 연이어 들려주었다. 한 번은 여성의 속옷을 입고 싶은 충동에 사로잡혀 옷을 입고 자위행위를 하고 침울해진 일, 또 처음으로 여성을 집에 데려

왔을 때 흥분하기 위해 어머니의 드레스를 입혔던 일을 이야기했다. 또 다른 때는 처음으로 젊고 아름다운 여성 동료에게 고백했지만 거절 당했는데, 그 여성이 자신을 싫어하는 것이 아니라 좋아했지만 그것을 인정할 용기가 없는 것이라는 등의 이야기를 했다.

어느 날 환자[분석 주체]는 분석가가 자신의 페니스를 살짝 건드린 다는 묘한 감각을 느꼈다. 그것은 에로틱한 느낌이 아니라 편안하고 애정이 가득한 느낌이었다. 그는 「아내는 가끔 저를 흥분시키기 위해 만지곤 해요. 움찔하거든요」라고 말한 뒤, 어릴 때 남자 친구와 자위행위를 하고 있는데 어머니가 들어와 흥분했는지 확인하기 위해 손으로 바지 앞을 잡아당겼다는 에피소드를 떠올렸다. 그는 「항상 나는 공격해 오는 사람에게 호감을 갖고, 존경받으려고 노력해요. 『너는 남자를 좋아하지, 저주받은 녀석아』라는 속삭임으로 공격받는 거지요」라고 말했다. 그러면서 좋아하는 여성 앞에서 자신이 느끼는 것은 어머니가 나에 대해 느끼는 것이라고 주장하며, 어머니는 여러 차례 「딸아」라고 말실수를 하며 자기에게 말을 걸었다고 말했다. 이후 신체의 이상한 감각은 사라졌고 여성 옷을 입고 싶은 충동도 사라졌다.

이런 경과를 차미소는 분석가의 존재와 연결된 침묵이 결정적이었으며, 침묵이 전이를 확립하게 하고 시니피앙적 전개의 가능성을 열었다고 설명했다. 침묵이란 분석 주체의 담론^{discours} 안에 이전 과거에 존재했던 것의 인용이며, 〈파롤^{parole}〉로 연결되지 않은 〈랑가쥬$^{langage:\ 언어\ 활동}$〉의 구조에 존재한다고 한다. 그녀에 따르면, '딸아'라는 시니피앙이 이해되는 것은 여기서 다의으로 기능한 침묵 속에서이며, '딸아'라는 어머니의 말실수로 환자[분석 주체]의 〈디스크루discours 담화, 말 주고받음〉 속에 나타난 시니피앙이기 때문이다(chamizo 1987:120). 다시 말해 분석가의 침묵에 의해 전이로서 '딸아'라는 말이 분석 상황에 출현하고, 통상적인 의미와는 다른 주체 고유의 의미로 주체에게 이해됨으로써, 주체는 이 '딸아'라는 어머니의 말에 대한 동일시에서 벗어나게 되는 것이다.

*

이상과 같은 논의에서 〈회기 끝내기〉나 〈침묵〉이라는 라캉 중기 이론에서 도출되는 구체적 개입 방법을 정리해 보자.

이 개입 방법은 지금까지 검토해 온 예를 보면, 주체에게 새로운 〈의미작용signification〉을 산출하는 것과 주체를 어떤 동일시에서 벗어나게 하는 두 가지 기능이 있다. 즉 주체는 자신이 행하는 행위나 말하는 내용이 지금까지는 깨닫지 못했던 의미를 지니고 있음을 깨닫거나, 그로 인해 지금까지 주체가 그렇다고 생각했던 의미의 동일시에서 해방되기도 한다.

스크랴빈Skriabine의 예는 자신을 헤아려 세는 것을 잊어버린 분석 주체에게 의미 모를 행위가 나타난 시점에서 즉시 〈회기 끝내기〉를 해 분석 주체는 동생과의 동일시를 생각하게 이끌었고, 이 과정은 동생과의 동일시에서 벗어나는 방향으로 나아갔다.

필자의 사례는 전이 과정에서 반복적으로 발견되는 의미(주체는 같은 의미라고 생각하지 않는 의미)를 해석하며 〈회기 끝내기〉를 통해 환자[분석 주체]는 그 의미에 대한 동일시에서 해방되어 사랑의 질이 변화했다.

맥두걸의 예(라캉의 예)는 〈침묵〉 속에서 분석 주체가 다양한 의미를 산출하는 점을 지적했다. 또한 분석 주체는 〈회기 끝내기〉에 의해 회기가 끊겨 중단된 것에서 새로운 의미를 찾으려 한다. 마지막 차미소의 사례도 〈침묵〉 속에서 분석 주체는 다양한 의미를 산출하며, '딸아'에서 새로운 자신의 의미를 발견하고, 딸로 대표되는 여성에 대한 동일시에서 벗어나 멀어지게 되었다.

〈회기 끝내기〉와 〈침묵〉은 모두 주체에게 의미를 전달하지 않는 분석가의 행위라는 의미에서 전달할 내용이 결여한 「공백을 지닌 해석」이다. 이런 해석에 의해 주체는 하나의 진실로 동일시되어 거기서 끝나지 않고, 계속해서 시니피앙을 하나하나 열거해 나가는 방향으로 나가게 된다.

3. 해석의 스펙트럼

지금까지 라캉 전기와 라캉 중기에서 라캉 제1임상과 제2임상의 구체적 방안을 〈시니피앙 연쇄 뒤따르기〉라는 큰 틀이 있고, 이를 위해 시니피앙 해석이나 〈회기 끝내기〉, 〈침묵〉이라는 해석을 사용한다는 점을 논의해 왔다. 라캉 전기에서 진실은 시니피앙 연쇄에서 보증되고, 라캉 중기에는 시니피앙 연쇄에 「대상 a」가 포함되어 진실이 여러 개 존재한다. 또는 진실이 환상으로만 보증된다는 것도 이미 알았다. 그렇다면 시니피앙 연쇄 위에서 해석은 정신분석의 진행에 어떻게 관여하는가. 이 의문을 검토해 보고, 해석 관점에서 지금까지 논의한 내용을 요약한다.

프로이트는 외상(라캉의 '진실'이라 할 수 있다)이 비록 환상일지라도 「이들의 분석 조작[노트 11]은 환상을 진실로 간주하는 **소박한** 신뢰에 넘쳤던 지금까지의 분석 조작과 완전히 동일하게 진행될 것임에 틀림없다」(*S.E.*, 17권:50=9권:387-388)고 생각했다.

라캉은 「대상 a」가 포함된 시니피앙 구조인 〈대문자 타자〉가 〈알고 있다고 가정된 주체〉로 지금까지와 변함없는 절대적인 〈대문자 타자〉처럼 기능한다고 주장하며 프로이트와 같은 입장에 선다. 즉 변하지 않는 프로이트의 분석 조작을 라캉은 해석이 의미에서 무의미까지를 관할한다고 계승한다.

구체적으로 분석 주체와 분석가는 해석을 활용해 절대적인 〈대문자 타자〉 밑에 있는 진실을 해독하고, 〈알고 있다고 가정된 주체〉로 환상을 구성한다. 나아가 환상 안에 숨어 있는 향락적인 「대상 a」를 따라잡을 수 있다. 다음 그림을 바탕으로 이런 해석의 기능을 검토한다. [그림 6]은 해석이란 분석 과정에서 의미를 이루는 것에서 무의미로 향하는 것으로 점차 변화해 간다는 것이다.

먼저 역사적 진실에서 해석은 의미 수준에서 기능한다. 즉 증상을 해독하고 진실(증상의 의미)이 드러나게 한다. 이 과정이 라캉 제1임상이다. 그러나 주체가 예속되어 있는 〈대문자 타자〉는 한 명이 아니라

[그림 6] 시니피앙 연쇄 위에서 해석의 작동

여러 명의 〈대문자 타자〉를 열거하는 과정에서 해석은 어느덧 환상으로 변화해 갈 수밖에 없을 것이다. 어디까지가 **역사적 진실**이고 어디까지가 **구성된 환상적 진실**인지는 엄밀히 구분할 수 없다. 특히 둘 다 시니피앙 구조를 공유하고 있는 이상 둘 사이의 경계선은 존재하지 않을 것이다. 이 점에서 라캉파의 환상을 검토해 보자. 근원 환상, 「대상 a」와 해석의 관계에서 생각하면 도움이 될 것이다. 라캉은 프로이트가 제시한 「매 맞는 아이」라는 환상을 환상의 전형이라고 본다.

> 「『매 맞는 아이』는 전형적인 사례이다. 『매 맞는 아이』는 그 위에 제거가 불가능한 시선 외에는 아무 것도 없는 것이 배회하고 날아다닌다는 점을 제외하면 시니피앙의 연쇄 이외에는 아무것도 아니다. 즉 『아이가 매 맞는다』가 되는 것이다.」(S., XIV:1967/6/21).

이 한 문장을 생각하면서 먼저 프로이트의 「매 맞는 아이」라는 환상을 확인해 보자.

프로이트는 「매 맞는 아이」라는 환상의 변화를 여성 환자를 대상으로 검토하고, 그 변천을 세 단계로 보여준다(S.E., XVII:184-186; 189-191=11권:12-13, 16-18). **첫 단계**에서 그 환상은 「아버지가 내가 싫어하는 아이를 때리는」 것이며, 이는 아버지가 사랑하는 것은 나뿐이라는 것을 의미한다. **두 번째**는 「나는 아빠에게 매를 맞는다」로 변화한다. 이 환상은 마조히즘적인 성적 흥분을 불러일으키며 자위행위를 통해 만족을 매개하는 것이다. 그리고 이 환상은 원칙적으로는 무의식에 머물러 있으며, 분석을 통해 비로소 재구성되는 것이라고 서술한다. 마지막 **3단계**는 「교사가 아이들을 때린다」로 변한다. 이것은 아버지를 대리하는 교사가 자신의 대리인인 다수의 아이들을 때린다는 것을 의미한다. 이 의미는 여전히 마조히즘적인 성질을 지니고 있다.

프로이트는 남성 환자의 분석을 통해 여성 환자의 환상과의 차이를 지적하는데,「**구타 환상은 양쪽의 경우 모두 아버지에 대한 근친상간적 구속에서 비롯된다**」고 결론짓는다(S.E., 17권:198=11권:24). 소년의 「나는 엄마에게 얻어 맞는다」는 환상에는 「나는 아빠에게 얻어 맞는다」는 무의식적인 전 단계가 존재하는 것이다.

라캉이 위의 환상이 전형이라는 것은, 「매 맞는 아이」에서 무의식에 머무르는 제2단계 이외에, 주체는 응시眼差하는 「대상 a」가 되고, 「나」는 환상의 무대에는 존재하지 않기 때문이다. 예를 들어, 「교사가 아이들을 때린다」에서 「나」라는 주어・주체는 이 글 속에 등장하지 않고, 주체는 존재하지 않는 주체 [S]로서 하나의 글 속에 출현한다. 주체는 글 속에 존재하지 않는다는 시나리오로 그 안에서 자신을 드러내는 것이며, 환상이란 시니피앙 구조를 바탕으로 한 시나리오이다.

> 「환상이 욕망을 지탱[한: 지지대]한다. (…) 주체는 끊임없이 갈수록 복잡함의 정도를 더해가는 시니피앙 집합과의 관계 속에서 욕망하는 것으로 스스로를 지탱하고 있다. 이 점은 주체가 몸에 걸치고 있는 시나리오라는 형태로 잘 파악할 수 있다. 시나리오 속에서 많은 적든 어느 정도 그것을 식별 가능한 주체 [S]는 어딘가에 있으며, 더는 진정한 모습을 드러내지 않는 〈대상 [a]〉와의 관계에서 분열되고, 분할되어, 통상적으로 이중화되어 있다」(*S.*, XI:168=2권:245, 한:243).

다시 말해 시나리오라고 하는 환상 속에서 주체 [S]와 「대상 a」는 분열하면서도 공존한다. 이 점은 이하의 인용에서 분명하다.

> 「〈대문자 타자〉에 속한다고 지칭한 두 항, 시니피앙의 가로 막대선에 의해 표시된 주체(S)의 빗금 친 [S]와 조작의 잔여인 「대상 a」라는 두 용어는 이렇게 표현할 수 있다면 같은 편에 있는 것이다. (…) 둘 다 모두 〈대문자 타자〉 편에 있다. 내 욕망을 지탱하는[지지대인] 환상은 환상의 전체성에서, 〈대문자 타자〉의 편, 즉 [S]와 [a]편에 있다」(*S.*, X:1962/11/21).

환상은 〈대문자 타자〉에서 떨어져 있으면서도 연결되어 있는 [S]와 [a]로 구성되어 있으며, 주체의 분할$^{\text{division du sujet}}$을 덮고 있다. 환상이라는 지지대에서 주체는 「〈대문자 타자〉의 결여, 구멍을 메우고 (…) 다가오는 「대상 a」를 자신이 지탱하고 있다」고 착각한다(S., IX: 1962/5/23). 즉 자신의 욕망을 알고 있다고 믿어버리는 것이다. 이런 논란에서 라캉은 환상을 [S◇a]라는 〈마템mateme 분석소〉에 의해 응축된 형태로 제시한다.

이렇게 나타나는 환상과 해석의 관계를 생각해 보자. 결론적으로 환상에서도 해석은 의미 수준에서 기능할 수 있다. 즉 환상은 주체가 제출하는 분석 소재 전체에서 해독될 수 있다. 그것은 앞의 「매 맞는 아이」와 같은 환상에서 프로이트가 제시한 것이다.

근원 환상에서 해석은 의미 수준에서 기능하지만 이것은 이 환상을 해독하는 것이 아니라 구성하는 것이 된다. 바꾸어 말하면, 그것은 해석에 의해 보이는 결과로서 하나의 구성이다. 근원 환상은 여러 환상이나 증상의 근원에 있는 오이디푸스적 배치에 해당한다. 이 생각을 더욱 밀고 나가면, 근원 환상이란 주체가 〈대문자 타자〉와의 관계를 유지하기 위해 스스로를 「대상 a」로 삼는 구조 그 자체, 또는 〈대문자 타자〉가 「대상 a」로 주체를 삼키는 형태이며, 환상의 마템 [S◇a] 그 자체라고 생각한다.

이어서 「대상 a」를 생각해 보자. 환상에 포함되는 「대상 a」는 이 장의 처음에 말했듯이 공空[텅빈] 대상이며 시니피앙 연쇄 상에 한 요소로 들어가면서도 의미를 지니지 않는다. 따라서 해석은 「대상 a」를 직접 지목할 수 없다. 즉 해석은 의미 수준에서는 기능할 수 없다. 해석은 시니피앙의 열거라는 수단으로 현실계[실재계]를 메우고, 간접적으로「대상 a」를 떠오르게 한다. 열거된 시니피앙은 「대상 a」를 둘러싸고 추출[고체로]한다. 라캉이 「해석은 욕망의 원인을 대상으로 한다」(A.E.:473)는 것은 이런 의미이다. 근원 환상과 「대상 a」 및 해석의 관계를 밀레르는 명료한 형태로 말하고 있다.

> 「근원 환상의 구성은 해석이 증상의 줄거리를 만드는 데에 한정되고, 엄밀히 말해 해석에 의존한다. 해석이 주±-시니피앙의 집합, 무리를 열거하는, 또는 해석이 주체에게 그것을 열거하게 한다. 이로부터 〈의미작용 signification〉이 산출되는데, 이런 사실에서 해석은 증상의 줄거리를 만든다. 증상이 해석되는 리듬에서, 즉 증상 진실의 모든 효과가 그 효과를 결과로 가져오는 S_1으로 점차 연결되는 리듬에서 근원 환상의 구성은 만들어진다. 이것에 의해「대상 a」는 떠오르는 것이다. 즉 환상은 탈이상화된다」(Miller, 1998a:15)

그러면 마지막으로 현실계[실재계]에 관해 이야기해 보자. 현실계[실재계]는 이제 시니피앙과 아무런 관계를 지니지 않는다. 왜냐하면 「현실계[실재계]는 의미를 지니지 않으며, 의미를 배제하는 한에서만, 스스로를 수립한다」(S., 23권:65)라고 하기 때문이다. 여기서 해석은 의미를 갖지 않고, 기능하지 않는다. 해석은 「대상 a」와의 **만남에** 의해 순간적으로 현실계[실재계]를 건드리는 데 그치게 될 것이다.

이상과 같이 해석은 점차 의미를 발견하는 것에서 무의미를 출현시키는 것으로 변모하게 된다. 이런 주장을 볼 수 있는 라캉의 두 인용으로 이 절과 장을 마치도록 하겠다.

「물론 해석은 어떤 방향으로도 향하는 것이 아니라 단지 하나의 시니피앙 계열을 가리키는 것일 뿐이다. 그러나 실제로는 시니피앙 중 어느 쪽에 주체의 장이 놓이느냐에 따라 주체는 다양한 장소를 차지할 수 있다」(S., XI:189=11권:279, 한:275).[노트 12]

해석은 시니피앙 연쇄에 따라 역사적 진실을 열거하고, 환상이라는 시나리오 속에서 다양한 형태로 나타나는 주체를 확인한다. 외상의 의미를 포착하는 오이디푸스적 배치를 가진 근원 환상을 구성하고, 환원 불가능한 시니피앙, Ø로 표시되는 주이상스[향락]의 시니피앙을 출현시킨다. 해석은 〈의미작용 signification〉의 맞은편, 의미 밖으로 향해 나아가는 것이다.

「해석은 하나의 환원 불가능한 시니피앙을 출현시키는 효과를 갖는다. (…) 해석은 모든 의미에 열려있다는 의미는 아니다. (…) 그건 어떤 해석이라도 상관없다는 것이 전혀 아니다. 그것은 의미 있는 해석이며, 그것이 결여일 수 없다. 그러나 그렇다고 해도 주체가 도래하는 데 필수 불가결한 것은 이 〈의미작용 signification〉이 아니다. 필수 불가결한 것은, 주체가 도대체 어떤 - 무의미하고, 환원 불능하고, 외상적인 - 시니피앙에, 자신이 종속되어 있는지를 이 시니피앙의 건너편에서 보는 것이다」(S.,11권:226=11권:338, 한: 332).[노트 13]

[연구 노트]

[노트 1] 한글본 「두 성에서 공통적으로 나타나는 것은 거세에 대한 저항이다. (…) 남성에게서는 여성성에 대한 거부로, 여성에게서는 남근 선망으로 나타나는 이 거세 콤플렉스와의 싸움에서 소진되고 만다. … 우리는 분석 활동의 궁극적인 바닥, 즉 **생물학적 암반**에 도달한 것이다.」

'암반'은 땅을 팔 때 더는 파고 들어갈 수 없는 단단한 기반 바위 층을 의미한다. 프로이트는 이 비유를 통해, 정신분석적 작업(해석과 통찰)을 통해 아무리 파고 들어가도 더는 심리적인 분석이 불가능한 **궁극적인 한계 지점**이 존재한다는 의미이다. '생물학적'으로 번역한 한글본은 해부학적 성 차이를 바꿀 수 없는 생물학적 사실에 뿌리박고 있다고 보았다.

[노트 2] 공시적共時的 synchronic(반대, 통시적通時的 diachronic): 언어학자 소쉬르의 용어, 언어는 시대와 더불어 계속 변화하지만 시간의 흐름이나 역사적인 변화를 고려하지 않고, 어떤 대상을 한 시점에서 일정한 구조를 갖는 시간으로 기술하는 것을 의미한다.

[노트 3] '프로이트의 한계'란 라캉이 프로이트를 비판하는 것이 아니라, 그의 이론이 멈춰 선 지점을 지적하고 있다. 프로이트는 전이, 즉 환자가 과거의 중요한 인물(주로 부모)과의 관계를 분석가에게 반복하는 현상을 발견했다. 이것은 위대한 발견이었다. 그렇지만 라캉에 따르면, 프로이트는 그 전이 현상 **안에서** 진짜로 작동하고 있는 핵심 메커니즘을 끝까지 개념화하지 못했다.

'전이의 공시적synchrone' 관계란 프로이트는 전이를 주로 **과거의 반복**(역사)으로 보았다. 그렇지만 라캉은 전이가 단순히 과거의 재현이 아니라, '지금 여기'에서 분석 주체와 분석가 사이에 실시간으로 벌어지는 **공시적인 관계**임을 강조한다. 분석가는 단순히 과거 아버지의 대역이 아니라, 이 현재의 관계 속에서 어떤 특정한 '자리'를 차지하게 된다. '바로 분석'되었어야 했던 것 「대상 a」의 기능이다. 이 점이 라캉의 핵심적인 통찰이다. 프로이트가 놓친 것, 즉 전이 관계의 한복판에서 분석되었어야 했던 것은 바로 「대상 a」의 기능이다. 「대상 a」는 실제 대상이 아니라, 주체의 욕망을 일으키는 원인이 되는 상실된 대상의 '나머지' 또는 '잔여물'이다. (예: 젖가슴, 배설물, 시선, 목소리)

전이와 「대상 a」는 전이 관계 속에서, 분석 주체는 무의식적으로 분석가를 바로 이 「대상 a」의 자리에 위치시킨다. 분석 주체의 사랑이나 미움(전이 감정)은 분석가라는 한 개인을 향하는 것이 아니라, 분석가가 점유하게 된 '욕망의 원인'이라는 그 빈자리를 향하는 것이다. 따라서 라캉에게 분석의 핵심 과제는 "당신은 나에게서 당신의 아버지를 보고 있군요."라고 말하는 것을 넘어, "지금 이 관계에서 당신은 나를 당신 욕망의 원인(「대상 a」)으로 삼고 있으며, 그 구조가 바로 당신의 욕망이 작동하는 방식입니다."를 분석하는 것이다.

'통각apperception'은 단순히 '본다'는 것을 넘어, 그 의미와 구조를 완전히 인식하고 파악하는 것을 의미하는 철학적 용어이다. 따라서 '비-통각Non-apperception'이란 프로이트가 전이라는 현상은 분명히 목격했지만, 그 현상의 진짜 엔진 역할을 하는 「대상 a」의 구조적 기능을 이론적으로 깨닫거나 파악하지는 못했다는 의미이다. 마치 현상은 보았지만 그 원리를 설명하는 방정식을 찾아내지는 못한 것과 같다.

결론적으로, 이 문장은 "프로이트는 환자가 분석가에게 과거를 반복한다는 것(전이)은 알았지만, 그 반복의 '지금 여기'에서 분석가가 환자의 '욕망의 원인(「대상 a」)'이라는 자리를 차지하게 되며, 바로 그 관계 자체를 분석하는 것이 핵심이라는 점까지는 파악하지 못했다. 이것이 프로이트의 한계이다."라는 라캉의 정교한 비판이자 자신의 이론적 진일보를 선언하는 구절이라고 할 수 있다.

[노트 4] 한글판은 "(프로이트가 말했듯이) 어떤 대상에 의해서든 메워질 수 있는 빈 구멍, 공백의 현존일 뿐이다."

'구멍의 현전, 빈 구멍의 현전'은 「대상 a」의 상징계에 뚫린 구멍, 즉 '결여' 그 자체이다. 그렇지만 이 결여는 그냥 '없는 것'이 아니라, 어떤 구체적인 형태를 통해 자신의 존재를 드러낸다. 이를테면 「대상 a」로서의 **젖가슴**은 영양을 공급하는 실제 유방이 아니다. 그것은 주체가 어머니와의 합일 상태에서 분리되면서 영원히 상실한 것, 즉 주체 안에 생긴 '구멍'을 상징하는 흔적이다. 「대상 a」로서의 **눈빛/시선**은 내가 보는 눈이 아니라, 내가 볼 수 없는 곳에서 나를 보고 있다고 느껴지는, 시각의 장에 뚫린 '빈 곳'이다. 가장 좋은 비유는 화석이다. 화석은 공룡 그 자체가 아니다. 화석은 공룡이 사라진 '빈 곳'에 다른 물질이 채워져 만들어진, '부재의 물질적 현전presence of an absence'이다.

마찬가지로, 「대상 a」는 우리가 잃어버린 원초적 만족의 대상 그 자체가 아니라, 그 대상이 사라진 '구멍' 또는 '빈 곳'이 우리의 현실 속에서 구체적인 형태로 출현(현전)하는 것이다. 따라서 주체가 「대상 a」와 마주친다는 것은 어떤 꽉 찬 대상을 만나는 것이 아니라, 자신의 존재에 뚫린 근본적인 '결여' 그 자체를 물질적인 형태로 마주하는 경험을 의미한다.

[노트 5] 나눗셈의 은유. **나눗셈의 주체: 대타자** 나눗셈을 실행하는 주체, 즉 나누는 수는 '대문자 타자'이다. 이는 '기표의 장', 즉 언어와 법으로 이루어진 상징세계를 의미한다. 아직 언어를 배우기 전의 원초적 존재는 이 '대타자'라는 질서 속으로 들어가면서 분할division을 겪게 된다. 나눗셈의 몫으로새겨진다.

나눗셈의 결과 (1) - 몫: 주체(S)와 일자적 기표: 나눗셈의 결과로 나오는 '몫quotient'이 바로 '주체(S)'이다. 주체는 언어(대타자)에 의해 정의되고 표상될 수 있는 부분이다. 이 표상은 한 표시, '일자적 기표trait unaire'라는 최초의 기표로 이루어진다. 이는 마치 신체에 찍는 낙인처럼, 주체에게 "너는 ○○○이다."라고 정체성을 부여하는 최초의 이름표와 같다. 그렇지만 이 이름표는 주체의 존재 전체를 담아내지 못하고, 단지 상징계 안에서 그를 대리할 뿐이다. 어떤 잔여가 있으며 그것은 'a'이다.

나눗셈의 결과 (2) 나머지는 「대상 a」: 나눗셈이 항상 그렇듯, 완벽하게 나누어 떨어지지 않고 거의 '나머지remainder'가 생긴다. 이 나머지는 '일자적 기표'라는 이름표로 포획되지 않은, 상징화를 거부하고 남겨진 원초적 존재의 일부이다. 언어의 세계로 편입되면서 상실된 이 조각, 이 '나머지'가 바로「대상 a」

이다. 이는 의미를 부여할 수 없는 실재의 찌꺼기이며, 주체는 평생 이 잃어버린 자신의 일부를 되찾기 위해 그 주위를 맴돌게 된다. 이것이 바로 「대상 a」가 '욕망의 원인'이 되는 이유이다. 결론적으로, 이 문장은 주체의 탄생이 다음과 같은 나눗셈의 과정임을 보여준다.

(원초적 존재) ÷ (대타자/언어) = 몫 (기표로 대표되는 주체, $)+ 나머지 (욕망의 원인, 「대상 a」).

주체는 언어의 세계에 자신의 자리를 얻는 대가로, 자신의 일부(「대상 a」)를 영원히 상실하게 되며, 이 상실의 흔적이 바로 욕망을 추동하는 엔진이 된다는 라캉의 근본적인 사상을 담고 있다.

[노트 6] '타자의 결여'와 기호 '(-1)' 이 문장은 라캉이 말하는 '상징계의 근본적인 불완전성'을 수학적 기호를 통해 형식화하려는 시도이다.

(1) 문제의 핵심: 대타자의 결여 (A): "여기서 문제시되는 결여는, 우리가 이미 대타자의 대타자는 존재하지 않는다고 말하며 정식화했던 것이다." 여기서 말하는 '결여lack'는 단순히 무언가가 없는 상태가 아니다. 이것은 '대문자 타자', 즉 언어와 법의 체계 자체에 내재된 구조적인 구멍을 의미한다.

"대타자의 대타자는 존재하지 않는다": 이 말은 상징계(대타자)의 진실성을 외부에서 최종적으로 보증해 줄 또 다른 초월적 보증인('타자의 타자')이 존재하지 않는다는 뜻이다. 언어 체계는 그 자체로 완벽하지 않으며, 스스로의 근거를 온전히 제시할 수 없다. 이처럼 상징계는 필연적으로 불완전하고 결여되어 있다(라캉은 이를 빗금 친 타자 A로 표기한다).

(2) 결여의 기호 (-1): "이것은 기표 집합에 고유한(-1)에 의해 상징될 수 있다." 라캉은 이 상징계의 근본적인 결여, 즉 '보증인의 부재'라는 구조적 특징을 '(-1)'이라는 기호로 상징화한다. 왜 하필 '(-1)'인가?

수학에서의 (-1): 수학에서 음수(-1)는 그 자체로 존재하는 것이라기보다는, 뺄셈이라는 연산을 통해 생겨난 개념이다. 특히, 제곱근 $\sqrt{-1}$ (허수 i)은 실수 체계 안에서는 존재할 수 없는 '구멍'이지만, 바로 이 불가능한 지점을 도입함으로써 복소수라는 새로운 차원이 열리게 된다.

　　라캉 이론에서의 (-1): 마찬가지로, 상징계에 있는 '(-1)'이라는 결여는 단순한 흠이 아니다. 그것은 상징계가 전체로서 완벽하게 닫히는 것을 불가능하게 만드는 구조적인 구멍이다. 그리고 바로 이 '구멍'이 있기에 그 안에서 주체의 욕망이 생겨날 공간이 마련된다. 만약 상징계가 완벽하다면 주체는 그 안에서 질식하고 말 것이다.

　　결론적으로, 이 문장은 다음과 같이 정리할 수 있다. "언어의 세계(대타자)는 그 자체로 불완전하며, 이 구조적 결여('타자의 타자의 부재')는 (-1)이라는 기호로 표현될 수 있다. 이 (-1)이라는 '구멍'은 상징계의 결함이 아니라, 오히려 주체가 욕망하는 존재로서 출현할 수 있게 하는 필수적인 조건이다."

[노트 7] '환상의 횡단'과 「대상 a」의 출현과 관련해 밀레르는 이 글에서 정신분석의 막바지에 일어나는 결정적인 과정, 즉 '환상의 횡단 traversing the fantasy'의 순간을 묘사하고 있다.

　　포기와 응축의 역설: 분석이 깊어지면, 주체는 자신의 삶을 지탱해 온 익숙한 환상이나 증상에 대한 리비도 투자(애착, 집착)를 포기하게 된다 céder. 이것은 마치 의지하던 것을 놓아버리는 것과 같아 큰 상실감을 동반한다. 그렇지만 역설적이게도, 그 순간 리비도는 그냥 사라지는 것이 아니다. 오히려 이전까지 주체의 삶 전체에 산만하게 diffuse 퍼져 있던 에너지가 한 점으로 수축하고 응축하여 condense 단단한 핵(核)으로 떠오른다. 밀레르는 이 과정이 점차 단단해져 "뼈처럼 굳어진다(骨化)"라고까지 표현한다.

　　깨달음, 내 삶의 진짜 주인: 주체는 바로 이 '포기'의 순간에 비로소 깨닫게 된다. 방금 전 응축되어 나타난 저 단단한 리비도의 알갱이, 저것이야말로 지금까지 자신의 모든 운명을 비밀리에 조종하고(運命を方向づけ), 자신의 현실 세계 전체를 배후에서 지탱하고 있던(世界を支えていた) 진짜 주인이었음을 알게 된다.

근본 환상과 「대상 a」: 근본 환상이란 주체가 이 단단한 핵과의 관계를 맺는 무의식적인 기본 시나리오, 이것이 바로 '근본 환상'이다. "나는 OOO할 때만 저것을 얻을 수 있다."와 같은 형태이다. 또 「대상 a」는 환상의 중심에 있는, 뼈처럼 굳어진 리비도의 응축물, 이것이 바로 라캉이 「대상 a」라고 명명한 것이다. 「대상 a」는 주체의 주이상스(향락, jouissance)의 핵심이자 욕망의 원인이다.

결론적으로, 밀레르는 분석의 목표가 단지 의미를 해석하는 데 그치는 것이 아니라, 주체가 자신의 삶을 지배해 온 환상의 구조를 깨닫고, 그 핵심에 있는 단단한 실재, 즉 「대상 a」와 대면하게 하는 데 있음을 보여준다. 그리고 분석가의 역할이란, 주체가 이 위험하고 단단한 「대상 a」를 다룰 수 있도록 돕는 고도의 기술임을 강조하고 있다.

[노트 8] 아갈마($ἄγαλμα$)는 고대 그리스어로, '귀중한 장식품', '보물', '신상神像' 등을 의미한다. 라캉은 이 용어를 플라톤의 『향연』에서 가져와 정신분석의 핵심 개념으로 발전시켰다.

플라톤의 『향연』 속 아갈마: 『향연』에서 알키비아데스는 소크라테스를 못생긴 외모를 가진 '실레노스 조각상'에 비유한다. 이 조각상은 겉보기에는 볼품없지만, 그 안을 열면 눈부시게 아름다운 신들의 조각상, 즉 '아갈마'가 숨겨져 있다고 말한다. 알키비아데스는 소크라테스의 볼품없는 외모 속에 지혜라는 눈부신 '보물(아갈마)'이 숨겨져 있다고 믿고 그를 사랑하게 된다.

라캉의 아갈마 = 「대상 a」: 라캉은 세미나 8권 『전이』에서 이 비유를 사용하여 전이의 구조를 설명한다. 분석가 = 소크라테스/실레노스 조각상: 분석 주체는 분석가라는 평범한 인물 안에 자신의 욕망에 대한 비밀을 풀어줄 귀중한 보물, 즉 '아갈마'가 숨겨져 있다고 믿고 그에게 전이 사랑을 보낸다. 아갈마 = 「대상 a」는 분석 주체가 분석가에게 있다고 믿는 신비로운 보물이기에, '아갈마'의 정체는 바로 라캉이 말하는 「대상 a」, 즉 '욕망의 원인'이다.

결론적으로, 아갈마는 전이 관계 속에서 분석 주체가 분석가에게 있다고 가정하는, 자신의 욕망을 일으키는 신비롭고 귀중한 대상을 의미한다. 분석의 목표는 분석가가 이 '아갈마'를 가지고 있지 않음을 깨닫게 하고, 분석 주체가 자신의 욕망의 진짜 원인(대상 a)과 대면하도록 돕는 것이다.

아갈마(Agalma)에 헌신하기: 자신의 존재를 비운 분석가가 궁극적으로 헌신해야 할 대상은 바로 '아갈마', 즉 '욕망의 본질'이다. 분석가는 자신이 아는 지식을 전수하는 사람이 아니라, 분석 주체의 욕망 핵심에 있는 이 '아갈마'가 드러나고 작동하도록 돕는 조력자가 되어야 한다.

[노트 9] 라캉에게 소피즘sophism은 이중적인 의미를 지닌다. 긍정적으로는 **주체의 결단을 통해 진리에 도달하는 논리적 과정**을 보여주는 모델이며, 부정적으로는 **진실을 가리는 기만적인 궤변**을 의미하는 비판적 용어이다.

〈긍정적 의미: 진리에 이르는 논리적 모델〉 라캉에게 소피즘은 단순히 틀린 주장이 아니라, 역설적인 논증을 통해 주체가 자신의 위치를 깨닫고 **결단**을 내리게 만드는 구조를 가리킨다. 이것이 가장 잘 드러나는 것이 그의 유명한 「**논리적 시간**」 에세이에 나오는 '죄수들의 우화'이다.

이 우화에서 죄수들은 다른 죄수들의 행동(또는 부동)을 관찰하며 자신의 상태를 추론한다. 그들은 "만약 내가 검은 원반이라면, 저들은 즉시 행동했을 것이다. 그렇지만 그들이 행동하지 않으니, 나는 검은 원반이 아니다."라는 복잡한 상호주관적 추론을 거친다. 이 과정의 핵심은 객관적인 증거가 아니라, 타인의 행동과 나의 결단 사이의 관계 속에서 '예상된 확실성'을 통해 진리에 도달한다는 점이다. 주체는 "내가 서두르지 않으면 타인이 먼저 답을 말할 것이다!"라는 불안 속에서 결단을 내린다. 이처럼 소피즘은 라캉에게 **시간과 행위**(act)**를 통해 진리가 구성되는 과정**을 보여주는 중요한 논리적 모델이다. 이는 분석 과정에서 환자가 갑작스러운 깨달음을 통해 자신의 진실을 받아들이는 순간(스칸션)과 구조적으로 동일하다.

〈부정적 의미: 기만적인 궤변〉 동시에 라캉은 이 용어를 비판적인 의미로도 사용한다. 그가 보기에 프로이트의 발견에서 벗어난 다른 정신분석 학파들(특히 자아심리학)의 주장은 **소피즘**, 즉 **궤변**에 해당한다.

그는 이들 학파가 '건강한 자아', '현실 적응'과 같은 개념을 내세우며, 프로이트가 발견한 무의식의 근본적인 진실, 즉 주체의 분열과 욕망의 문제를 회피하고 있다고 비판한다. 이러한 이론들은 겉보기에는 그럴듯하지만 실제로는 무의식의 진실을 가리고 환자를 기만하는 '소피즘'이라는 것이다.

요컨대, 라캉은 소피즘이라는 단어를 통해, 한편으로는 진리가 논리적 추론과 주체적 결단을 통해 구성되는 과정을 긍정적으로 설명하고, 다른 한편으로는 진실을 외면하는 다른 이론들의 기만적인 논리를 비판하는 이중적인 용법을 구사한다.

[노트 10] 여기서 「나」는 일상적이고 의식적인 '나'인 반면 「나(je)」는 정신분석 과정에서 비로소 출현하는 '무의식의 주체'를 가리키는 라캉의 전문 용어이다.

[노트 11] 분석 조작分析操作: 일본 문헌에서 보이는 이 표현은 'analytic operation'으로 이해된다. 즉 정신분석가가 분석 과정에서 수행하는 모든 기술적인 행위를 포괄한다. 조작操作은 일상적인 부정적 의미의 '속임수'가 아니라, 기계를 다루거나 수술하는 것처럼 전문적 절차에 따라 다루고 처리한다는 중립적이고 기술적인 의미이다. 따라서 '분석 조작'이란 해석, 침묵, 질문, 회기 중단등 분석 주체의 무의식을 다루기 위해 분석가가 의도적으로 사용하는 모든 구체적인 기법과 절차를 총칭하는 용어이다. 'operation'이라는 단어는 '조작'이라는 단어가 가진 '단순한 기법technique'을 넘어, 목적을 가진 체계적인 절차라는 능동적이고 전문적인 뉘앙스를 잘 담아낸다.

[노트 12] 한국어 본과 내용이 달라 별도로 첨부한다. "물론 해석은 모든 의미에 열려 있지 않다. 그것은 아무것이나 될 수 없다. 그것은 단 하나의 기표 계열만을 가리켜야만 한다. 그렇지만 사실상 주체는 자신이 어느 기표 아래에 자리 잡는가에 따라 다양한 장소를 점유할 수 있다."

[노트 13] 의미의 저편에서 주체가 마주해야 하는 것은 바로 자신의 존재를 근본적으로 규정한 하나의 시니피앙이다. 이 특징은 (1) 무의미하다: 이 시니피앙은 그 자체로는 아무 뜻도 없다. '사랑', '아버지'처럼 풍부한 의미를 담고 있는 단

어가 아니라, 주체의 운명에 낙인처럼 찍힌 순수한 기호일 뿐이다. (2) 환원 불가능하다: 다른 어떤 의미로도 해석되거나 대체될 수 없는, 주체의 존재를 이루는 단단한 핵이다. (3) 외상적이다: 주체가 언어의 세계로 들어오면서 자신의 일부를 상실하게 만든, 근원적인 분열의 상처(외상)가 바로 이 시니피앙에 응축되어 있다. 또 '종속^{assujetti}'되었다는 것은, 주체(sujet)가 되는 것이 바로 이 무의미한 기표의 법칙에 종속되는 과정이었음을 깨닫는 것이다.

5장
분석 경험 전면에 위치한 침묵

침묵은 동서양을 불문하고 옛부터 매우 가치 있다고 여겨왔다. 고대 그리스 시인 핀다로스Pindaros는 '침묵은 인간이 지닌 가장 우수한 지혜이다'라고 말한다. 정신분석은 비교적 짧은 학문이지만 침묵에 가치를 부여했고, 라캉은 이를 중시한 사람 가운데 한 명이다.

> 「나는 침묵한다. (…).
> (…) 정신분석가는 주체에게 어떤 것도 제공하지 않는다. (…).
> 그렇지만 분석가는 스스로 존재를 부여한다는 것으로 주목받을 것이다. 그러나 내가 생각하는 것은, 먼저 분석가의 존재라는 것은 분석가가 경청한다는 데에 그 함의가 있는 것에 불과하다. 또 분석가가 경청한다는 것은 〈파롤〉의 조건에 지나지 않는다」(E.:617-618=3권:47-49, 한:725).[노트 1]

이런 라캉의 논란으로 라캉파 사람들은 〈침묵〉을 높이 평가하며 좋든 나쁘든 침묵을 지킨다. 실제로 라캉파 분석가는 연年 단위로 침묵하고 있다거나, 어떤 라캉파의 분석가는 첫 면접에서조차 한마디도 하지 않았다는 등의 이야기가 있다. 그렇지만 그렇게까지 침묵하고 있는 것은 도를 넘는 현상이다.

라캉 자신은 가끔 말을 주고받던 모습도 있었고, 처음 몇 회기는 매우 따뜻하게 응대했다. 실제로는 이런 태도와 함께 침묵이 많은 시간을 차지했었다는 것이 사실에 가깝다.

라캉은 침묵을 중시했을 뿐 아니라 자아의 강화나 통합이라는 치료 이론에 이의를 제기했다. 자아심리학이나 대상관계론과 다른 입장에 서서 자아의 해체로 주체가 산출되는 것을 중요시한 인물이다. 치료 이론에서는 프로이트가 「자아와 이드」에서 언급한 「방치된 대상에 대한 집중/비급備給 cathexis이 침전한 것」으로 이루어진 자아 형성의 동일시(S.E., XIX:29= 6권:277)의 반대 과정이 매우 중요하게 된다. 밀레르는 이 동일시의 반대 과정을 동일시를 용해시킨다・해소한다는 의미에서 탈동일시désidentiflcation라 부른다(Miller, 1984:37; 2002a:23; 2003b:25).

이 장은 침묵이 이런 탈동일시의 기능을 갖는다는 점을 논한다. 필자가 침묵을 중심으로 개입한 사례를 조금 상세하게 제시하고 이를 검토한다. 탈동일시라는 개념은 3장이나 4장의 1절에서 언급한 「동일시를 피하는 것」이나 4장의 2절에서 논한 「동일시를 떠나는/벗어나는 것」을 포함한 개념이다. 작업 전에 먼저 정신분석에서 〈침묵〉이 어떻게 논의되어 왔는지 간단하게 짚어보자.

1. 정신분석에서 침묵

〈침묵〉은 정신분석과 정신분석적 심리치료 경험에서 전면에 자리 잡은 현상이지만 정신분석 역사상 그만큼 크게 주목받지 못했다. 이는 〈침묵〉이 발화한다는 긍정적인 행위가 아니라 아무 말도 하지 않는 부정적인 행위라 현대적인 과학론 – 긍정적 개입으로 치료 효과가 있는지 판단하는 직선적인 인과율에 근거한 결정론 – 의 관점에서 효과를 평가하기 어렵다고 여겨져 왔다. 그러나 100여 년의 역사를 지닌 정신분석에서 〈침묵〉은 다양한 입장에서 이야기되었다.

프로이트는 환자[분석 주체]의 〈침묵〉에 대해 「저항」과 「함묵緘默 [말하지 않음]과 관련된 죽음 충동」의 두 가지 점을 지적했다.[26] 그 후 환자[분석 주체]의 〈침묵〉에 관한 다양한 논의가 있었다. 하나는 리비도 발달 관점에서 논의한 산도르 피렌체Ferenczi, S.(1916)와 칼 아브라함Abraham, K.(1919)과 페니켈Fenichel, O.(1928)이다. 이들은 〈침묵〉과 항문 성애를 결합시켰다. 즉 말을 억누르는 것과 대변을 모아 두는 것은 동질이다. 또한 플리스Fliess, R.(1949)는 구순기, 항문기, 요도기의 각 수준에 따른 침묵에 대해 말했다. 이외에 국소론의 관점에서 글로버Glover, E.(1955)나 제이콥 알로우Arlow, J.(1961)가, 초자아나 이드의 기능과 관련

---

26) 'Weitere Ratschläge zur Technik der Psychoanalyse: II. Erinnern, Wiederholen und Durcharbeiten', *G.W.*, 10, 126; 'Remembering, Repeating and Working-Through (Further Recommendations on the Technique of Psycho-Analysis, II)', *S.E.*, 12, 147. 「기억하기, 되풀이하기 그리고 훈습하기」, 『끝낼 수 있는 분석과 끝낼 수 없는 분석』, 이덕하 옮김, 도서출판 b, 2004.

하여 〈침묵〉에 대해 말했다. 레벤슈타인Loevenstein, R. M.(1961)과 그린슨 Greenson, R. R.(1961), 젤리그스Zeligs, M. A.(1961)는 〈침묵〉을 의사소통으로 간주했다. 예를 들어, 그린슨은 〈침묵〉이 침묵 대상과의 동일시일 가능성을 시사했고, 젤리그스는 외상 체험을 가진 분석 주체들의 〈침묵〉은 행동화acting out라고 논했다.

의사소통이라는 〈침묵〉 논의의 연장선상에서 환자[분석 주체]의 〈침묵〉에 대한 분석가의 내적 반응을 이용할 것을 권장하는 입장이 있다. 칸Khan, M.M.R.(1963)은 이를 통해 환자[분석 주체]의 외상 체험을 이해할 수 있다고 한다. 브로스Blos, P. Jr.(1972)는 이것이 환자[분석 주체]의 환상을 파악하는 데 도움이 된다고 말했다. 미나가와 구니나오皆川邦直(1985)는 역전이를 통찰해 환자[분석 주체]를 공감적으로 이해할 수 있음을 보여줬다. 그린버그Grinberg, L.(1995)는 역전이 및 투사적 동일시 반응은 경계성 환자[분석 주체]들의 침묵을 인식하는 중요한 도구라고 주장했다.

환자[분석 주체]의 침묵에는 이처럼 많은 논의가 있지만 분석가의 침묵에 관한 논의는 그리 많지 않다. 라이크Riek, T.(1926)는 「서로 이어진 연결된 언어는 그것을 말하는 사람에게 소급적[역추적]인 효과를 낳는다」며 언어의 중요성을 강조하면서도 「분석가의 침묵은 그 반응을 강화한다」라고 〈침묵〉에 가치를 부여한다. 또 분석가의 침묵을 '듣는 것'이라는 긍정적인 측면을 처음으로 추려냈다.

이 라이크의 주장과 궤를 같이한 논의가 곳곳에서 보인다. 예를 들어, 나슈히트Nacht, S.(1964)는 환자[분석 주체]와의 비언어적 관계에서 발생하는 〈침묵〉은 말하는 것이 효과적으로 작용하기 위해 필수적인 통합의 힘을 가진다고 주장했다. 도이 다케오土居健郎(1995)는 〈침묵〉을 통한 경청 없이는 정신분석을 할 수 없다고까지 주장했다. 또한 사바디니Sabbadini, A.(1992)는 분석가가 〈침묵〉하고 환자[분석 주체]의 침묵을 듣는 것이 〈침묵〉의 이해로 이어진다고 논했다.

라캉도 「분석가의 긍정적 침묵」에 무게를 두었다. 그는 프로이트의 저항과 죽음 충동이라는 〈침묵〉의 논의를 「〈파롤parole〉 없는 〈디스크루discours [담화]〉」와 「대상 a」로 바꿔 읽는다. 라캉의 이 구상을 근거로 라캉파에서는 침묵이 매우 중시되고 있다. 「〈파롤〉 없는 디스크루」에 기초해 줄리안Julien, P.은 「억압된 것의 회귀 없는 억압은 존재하지 않는다. 그래서 침묵하는 것은 말하는 것이다」라고 말한다(Julien, 2004:108). 무스타파 사푸앙Safouan, M.은 「분석가의 〈침묵〉은 공통의 디스크루를 넘어선 곳에 있는 개인적인 〈파롤〉에 자유로운 영역을 부여하는 것이다」라고 제시한다(Safouan, 2004:230). 이들은 각각 환자[분석 주체]의 〈침묵〉과 분석가의 〈침묵〉에 관해 언급한다. 상호주체성intesrsubjectivié에 중점을 두는 이 학파는 환자[분석 주체]와 분석가는 하나의 주체를 함께 추적해 나가는 것이며, 때때로 그들 사이에는 공유되는 체험이 일어난다. 이 체험은 〈침묵〉에서도 마찬가지이다. 환자[분석 주체]의 〈침묵〉에 분석가가 침묵으로 응답함으로써 일어나는 〈침묵〉 존재 방식의 하나이다.

나지오Nasio, J.-D.는 「대상 a」에 의거해 「전이성 침묵」이라는 개념을 제기하고, 라이크Riek, T의 흐름에 맞춰 「분석가에 의한 긍정적 침묵」에

공헌했다(Nasio, 2001[1987]: 246).

그러면 임상 소재를 제시해 〈침묵〉이 탈동일시 기능을 한다는 점을 논의해 보자. 이 작업은 위의 「분석가에서의 긍정적 침묵」이라는 논의의 연장선상에 의치한다.

2. 사례 D.

사례는 환자의 프라이버시 보호를 위해 개인을 특정할 수 있는 정보는 수정하고 최소로 필요한 부분만을 서술하여 배려했다. 경과 보고는 사례 시작 1년의 기간으로 한정한다.

환자 소개

환자는 20대 여성 회사원 D 씨. 그녀는 신경증을 치료하고 싶다고 호소하며 치료사가 근무하는 심리상담 기관을 찾아왔다. 증상으로는 이인증離人症[노트 2]과 우울, 유아 퇴행, 과식이 확인됐다. 이인증은 「내가 없다」는 호소부터 「주변 소리가 멀리서 들린다」거나, 「눈앞이 평면이 되어 현실성이 없어진다」는 식의 표현까지 다양한 형태로 표명되었다. 의사 Q(남성)로부터는 광장공포증, 기분 저하 장애dysthymic disorder 진단을 받았고, 의사 R(남성)로부터는 신경증 진단을 받았다.

D 씨는 첫째 딸로 동생과 함께 평범하다고는 할 수 없는 부모 밑에

서 자랐다. 아버지에게 학대받았고, 어머니는 그녀를 돌보지 않았다. D 씨는 유치원 때부터 고등학교에 올라갈 때까지 괴롭힘/왕따를 당했고 10대에 낙태를 경험했다. 대학 졸업 뒤 취직하고 바로 결혼했지만, 남편 역시 폭력적이었다. 남편의 폭력에 신변의 위협을 느꼈고, 중학교 시절부터 신세를 지던 과외 선생님 P(남성)의 설득으로 이혼했다. 이 이혼을 계기로 위의 증상이 나타났다.

회기 경과

■ 제1기(제1회~제6회): 예비 면접

D가 말하는 '신경증'이란 '자기 자신'에 대한 감각을 갖지 못하는 것, 무엇이든 너무 많은 고민으로 기분이 우울해지고 답답한/무거운 느낌이 드는 것이다. '자기' 감각/느낌에 대해서는 「남의 기대대로 응답하는 느낌, 그 사람을 위한 내가 된다」, 「당장 그 자리에서는 하는 말이 달라진다」라고 호소했다. 이런 증상에 얽힌 이야기를 듣다 보면 「유아 퇴행도 보이고」, 「정기적으로 과식도 한다」는 점에서 심각한 문제들이 이야기되었다.

    지금까지 세 명의 상담자가 있었다. 첫 번째는 옛 가정교사 P 씨다. 제멋대로 구는 '세 살짜리 아이가 된다는 말'을 듣고 '유아 퇴행'이란 말은 P 씨가 해준 말이다. 이혼 문제를 접할 때는 주 4회나 상담했고 나와 회기를 시작한 현재에도 「P 선생님 덕분에 이혼할 수 있었다. [선생님] 없었으면 살 수 없다」라고 극단적 의존을 보였다. 그렇지만 이후 「억지로 설득당해 이혼했다」라며 P 씨를 '탈가치화'하는 한편, 「선생님을 상담치료 선생님으로 정했습니다」라고 치료자를 치켜세우는 발언을 했다.

두 번째는 가장 먼저 찾아간 정신과 의사 Q 씨다. Q 씨와는 약물요법과 심리치료를 4년간 지속했고, 의존하던 첫 2년간은 주 2회로 만나 답답함이 줄어드는 체험을 했다.

세 번째는 다른 정신과 의사 R 씨이다. R 씨에게는 무서운 느낌으로 잘 맞지 않았다며 「선생님은 그에 비해 상냥한데, 그와는 안정되는 느낌이 없어요. 지금처럼 이런 식으로 자기 이야기를 들어준 적이 없었다」라고 말하며 R 씨와 치료자를 대비시켰다.

치료자는 D 씨가 「그 사람을 위한 자신이 된다」고 말한 점이나, '유아 퇴행'이라는 단어가 다른 사람에게 기원을 둔 말이라는 점, 가정교사 P 씨나 의사 Q 씨에게 의존하는 것이 확인됨에 따라 앞으로 일어날 무의식적인 양성 전이[27]를 피하고, 치료자의 〈디스크루 discours 담화, 말 주고받음〉가 동일시 대상이 되지 않도록, 한 번의 회기에 한두 번 정도만 개입했다. 특히 과외교사 P 씨, 의사 Q 씨, 의사 R 씨가 화제가 되었을 때는 〈침묵〉으로 응답했다.

---

27) 프로이트는 「전이의 역동성에 대하여」(1912a)[한: 『끝낼 수 있는 분석과 끝낼 수 없는 분석』. 이덕하 옮김. 도서출판b, 2004]에서 전이를 양성[긍정적] 전이와 음성[부정적] 전이로 나누고 양성[긍정적] 전이를 의식적인 양성[긍정적] 전이와 무의식적인 양성[긍적적] 전이로 나누고 있다. 그리고 무의식적인 양성[긍정적] 전이와 음성[부정적] 전이가 저항적인 전이가 되고, 의식적인 양성[긍정적] 전이는 치료에 효과적인 전이가 된다고 논하고 있다.

이 무렵 D는 「신비로운 남자가 노엘ノエル이라고 말」하는 꿈을 보고 했다. 이 남자에 대해 「물水・나무木・녹색緑이 섞인 듯한 분위기였고, 사람 같지만 싫은 느낌은 들지 않았다. 감정 같은 건 없는 것 같다」라고 연상했다. 치료자는 '신비로운 남자'란 D 씨가 무슨 말을 해도 설교나 조언하지 않는, 지금까지 상담해 온 남자와는 다른 치료자를 가리킬 것으로 생각했다. 또한 그렇게 일반적으로 사용되지 않는 노엘이라는 말/단어에 주의를 기울였다. 그 말/단어의 시니피앙에 주의를 해보니, 노엘ノエル[일본어로는 のえる(노에루)]은 에르노エルノ(得る얻다 의[の])와 결합되어[28] 치료자로부터 무언가를 '얻고 싶다'는 D의 요구를 표현하는 것처럼 느껴졌다.

치료자는 D 씨에게 다양한 증상이 있지만 이전 정신분석 심리치료 경험으로 증상이 변화했다는 점을 들어 정신분석 심리치료는 해 볼 만하다는 점, 타인에게 맞추려는 경향이 강하다는 점 등에서 대면이 아닌 형태[카우치 사용]의 정신분석 심리치료가 좋을 것 같다는 두 가지를 전달했다. 또 타인의 생각과 가치관을 받아들이는 것과 '과식'이 관계있을지 모르기에 자신의 생각과 감각을 이해하는 것을 목표로 삼을

---

28) 현재 필자는 일본어에 있어서의 〈철자 바꾸기anagram〉에 대해 음소의 수준보다, 가나[한자 일부를 따서 만든 일본 특유의 음절문자] 수준에서 일어날 가능성이 크다고 생각하고 있다.

  [역자] '노엘'을 일본어는 '노에루' 로 밝음하고 이를 가타카나로 표시하면 'ノエル'가 된다. 이를 히라가나로 바꾸며 〈철자 바꾸기anagram〉를 할 경우 에르노エルノ, 히라가나로 'えるの'가 되고, 가타카나로 '得る の'가 된다. 得る는 '얻다'이다. 즉 '얻고 싶다'는 무의식 소원인 '得る の' [무엇인가 ~(대상)을 얻다를 〈철자 바꾸기anagram〉를 통해 'のえる'로 은폐해 '노엘'이라는 등장인물이 꿈에 나타난 것이다.

것을 D 씨에게 제안했다. 주 1회 50분의 자기 비용으로 카우치를 이용한 정신분석 심리치료 계약을 체결했다.

■ 제2기(제7회~제20회): 분노

D 씨는 어머니를 닮은 직장 동료 여성에게 「젊은 사람을 무시하는 자격도 없는 그저 아줌마」라는 불평을 시시콜콜 회기마다 반복해 쏟아냈다. 불평이 점차 분노의 감정으로 바뀌면서 그 여성의 해고를 요구하며 팩스를 상사에게 보내는 행동에 이르렀다. D 씨는 「솔직히 자기 마음에 든 대로, 생각한 대로 말해서 분노를 풀 수 있었다」라며 어느 정도 만족한 표정을 지었다.

치료자는 거의 개입하지 않고, 침묵을 지킨다는 방침을 바꾸지 않은 채 D 씨의 말에 귀를 기울였다. 그런 치료자의 태도에 그녀는 「선생님과 있으면 어떻게 하면 좋을지 모르겠네요. 이런 생각은 난생 처음 같아요, 맨 얼굴로 마주하게 되니 무슨 말을 해야 할지 모르겠네요. 그러나 귀중한 경험이었어요. 지금까지는 사람들의 기대에 부응하면 된다고 생각했는데요」라고 대답했다.

어느 날 D 씨는 임신하는 꿈을 꾸고 10대에 겪은 낙태를 치료자에게 말해야 한다고 느꼈다. 지금까지 누구에게도 말한 적이 없는 비밀로 그것을 **아우스**ア゙ウス[독일어 auskratzen, 자궁에서 긁어냄. 낙태, aus(밖으로)+kearzen(세게 긁음)]라는 단어로 표현했다. 그녀는 이 의학 은어에 대해 「그 말이 저한테는 딱 맞기 때문」이라고 말하며, 뭔가 거리끼는 게 있는 듯했다. 그녀의 과식이나, 남이 하는 말이나 시키는 말을 금방 받아들이는 경향이 머리에 떠올랐다. 치료자는 시니피앙의 관점에서 아우스ｱｳｽ를 아ｱ, 수우ｽｳ(あぁ！ 吸うすぅ/수유)[아! (공기)들이 마시다/(유동식) 먹다]로 받아들였다.[노트 3]

그렇지만 이런 관점의 해석은 그 시점의 문맥과는 벗어나 있었기에 보류했다. 그동안의 분노에 대한 보고와 연계하여 「일상생활에서도 정말 하고 싶은 말은 많지만, 못하는 말이 많고, 이것은 먹으면서도 한편으로 배에 쌓아두는 과식처럼 보인다」라고 해석했다. D 씨는 별다른 반응은 보이지 않았다. 아버지에 관해서도 그녀는 학대받은 경험을 이야기하면서도 학대한 후에는 다정하게 대해주셨다, 나를 특별히 귀여워했다고 말하며 아버지의 나쁜 면을 좋게 말하는 것으로 상쇄했다.

어느 날 D 씨는 치한과 마주친 이야기를 하며, 남성에게 마음대로 당해 온 이야기를 털어놓았다. 그녀는 후배 남성이나 전철에서 우연히 만난 중년 남성, 전 남편 등에게 강간당한 일을 열거했다. 이후 함께 식사한 남자와 어쩔 수 없이 하룻밤을 묵는 등 마음대로 당하는 사건을 실제로 보여주었다. 치료자는 이런 남성 이야기를 하는 것이 아버지를 비난하고 있다고 생각하여, 「아버지에게도 학대받고 마음대로 당했었군요」라고 개입했다. 그녀는 「어!? 아버지에게는 제멋대로 당했다기보다 그냥 무서웠을 뿐이에요. 두들겨 맞고 피가 나고 뜨거워져서 아프지 않게 되는 거죠. 그 후에도 흥분 상태가 되고」라고 답했다. 치료자는 시기상조라는 생각과 함께 왠지 모르게 뭔가 오이디푸스적인 낌새를 느꼈다.

P 씨에 대해서는 탈가치화가 진행되어 「의존하는 마음은 없어졌다」고 D 씨는 말했다. 치료자는 그렇게 말함으로써 지금까지 P 씨에게 받았던 것처럼 나에게 어떤 조언을 해달라는 것 같았지만, 굳이 아무 말도 하지 않고 지나쳤다. 그 후로 D 씨는 P 씨에게 지금까지 들어왔던 말을 매번 반복하며, 마치 P 선생님은 나에게 이런 말을 해준다는 듯이 이야기했다. 예를 들어 「P 씨는 『어머니는 D 씨를 낳은 후에, 할머니에게 D 씨를 빼앗겨 이상해졌던 것/미쳐버린 것은 아닌지』라고 이야기했다. 나도 그렇게 생각한다. P 씨가 말한 것은 쉽게 머리에서 떠나지 않는다」라고 말했다. 그렇지만, 이 시기에 그동안 P 씨에게 붙였던 「선생님」이라는 경칭은 생략하고 그냥 P라고 부르는 것이 치료자에게는 인상적이었다.

이런 침묵을 중심으로 한 주고받음/대화 속에서 과식 증상은 사라지거나 재발하기를 반복했다.

■ 제3기(제21회~제31회): 증상이 조금 나아짐

어느 회기에 D는 「중년 아저씨에게 상담^{counselling}을 받고 있다. 그 상담사가 곤란해 하는 옆에서 선생님은 알 것 같은 얼굴을 하고 있다. 나는 『정말 영문을 모르겠는데』라고 생각한다」는 꿈을 보고했다. 이때 「선생님의 페이스^{pace}를 알 수 없어요, 선생님은 투명 인간이고 여자인지 남자인지, 어떤 사람인지 모르기 때문에, 그래서 자신을 만나러 와 있다고 생각한다」, 「내 자신이 어떤 사람이 되고 싶은지 잘 모르겠다」라고 그녀는 말했다. 이 꿈과 이어진 그녀의 말은 『선생님은 알고 있지 않아 아무 말도 하지 않는 것이고, 아무 말도 하지 않기에 나도 나에 대해 모르는 것이다』라며 치료자의 침묵에 대한 모종의 곤혹스러움을 표명한 것처럼 보였다.

P에 대한 이야기는 변함없이 계속되었지만, 점점 P와 관련한 이야기는 적어지고 R에 대한 이야기가 나오기 시작했다. 「R 선생님은 사실 저는 아프지 않고 아프게 하고 있다고 말씀하셨습니다」, 「P가 말한 것에 영향을 받아 병에 걸린 것 같다고 생각한다」라고 D는 말해, P를 완전히 탈가치화하고, 그 가치를 R에게 부여하는 것 같았다. 또 R의 이야기를 전후로 치료자가 등장하는 꿈을 몇 개 보고했다. 예를 들어 아래와 같은 꿈이다.

「나와 선생님이 한 방에 있다. 섹스하고 있고, 나는 수동적이다. 선생님의 어머니 같은 사람이 외치는 소리에 선생님은 나간다. 그때 나는 애교 넘치는 웃음을 웃는다. 나는 『왜 정신분석에 섹스가 필요할까』라고 생각한다」.

치료자는 D에게 성관계는 제멋대로 당하는 것이고, 꿈속에서 수동적으로 있는 것이 그것을 증명하는 것으로 생각했다. 또 그렇게 여의치 않으면 섹스=회기는 중단되고 버림받을 것이라는 불안을 느끼고 있을 것으로 생각했지만, 여기서도 침묵을 유지해 대상이 P에서 R이나 치료자로 옮겨가는 대로 내버려두었다.

이런 경과를 통해 과식은 보이지 않게 됐고 우울증이 경쾌해지기 시작했다. 이어 「이혼은 남에게 의지하지 말고 스스로 결정할 걸 그랬다」,

「자신을 모르지만 억지로 남에게 맞추지 않아도 된다. 혼자 즐거운 일을 하려고 한다」, 「목소리가 들리게 됐다」라고 그동안 듣지 못했던 발언들이 있었다. 그러나 아버지에 대한 태도에는 변화가 없었다. 「미움은 없습니다. 아버지가 했던 학대에는 관심이 없어요」라고 D는 말했다.

■ 제4기(제32회~제50회): 부모의 사랑 문제

치료자가 어떤 꿈의 요소에 대해 연상을 요청하자 D는 내 요청을 '잘못 듣기'[실수]를 했다. 장사(商売ショウバイ(쇼바이))에 대한 연상으로 그녀는 'ショウガイ(쇼가이, 生涯) 평생 용서하지 않겠다, 평생 잊지 않겠다」고 말한 것이다.[노트 4] 그리고 그녀는 천천히 어제 썼다는 쪽지 한 장을 꺼냈고, 거기에는 『자신의 문제는 평생 지속될 것인가』라고 써 있다고 치료자에게 설명하고, 「선생님이 내 안에 들어와 있을까 생각했다」라며 잠시 침묵했다. 이후 「선생님이 다 알고, 컨트롤 당하는 게 두려운 느낌」이라고 말했다. 치료자는 그녀를 자신의 생각을 따르게 하는 아버지나 P, R 같은 인물 가운데 한 명이 되어 있을 것으로 생각했지만, 말을 하면 D를 컨트롤하는 대상이 되기 쉽다고 생각해 해석하는 것을 아꼈다.

이 무렵 P의 이야기는 사라졌다. 그리고 R에 대해서는 「R 선생님은 『지성知性을 지니고 병을 고친다』라고 말하고 있지만, 마음으로 보려고 한다」고 말했다. 이처럼 D가 R과는 다른 생각을 스스로 밝힌 이후 R도 화제에 오르지 않게 됐다.

어머니에 대해 D는 아버지처럼 나쁜 면도 말하지만 사랑받았다고 생각하는 등의 좋은 면을 말하며 나쁜 면을 인정하고 싶지 않은 듯한 발언을 이어갔다. 그러나 이 시기에 동생이 결혼하게 되고 그녀는 부모님, 특히 어머니가 매우 열심히 준비를 돕는 것을 보면서 부모님의 사랑을 받고 있다는 생각이 흔들리기 시작했다. 그것은 「아버지도 어머니도 병으로 고통받아 죽지 않을까」나 「어머니를 죽이고 싶다」는 표현에서 보듯 강한 미움으로 변해갔다. 「엄마가 뭘 해줬으면 좋겠다고 생각하지 않는다」, 「업혀본 적 없는 아이는 어부바를 하고 싶다고 생각하지 않아요」. 어머니 부재라는 느낌을 갖고 자랐기 때문이라는 D의 말이 치료자에게는 하나의 결론처럼 들렸다. 그렇지만 아버지가 D에게 뭔가를 하면 어머니가 그녀를 라이벌처럼 화를 낸다는 에피소드에서 오이디푸스적인 문제가 아직 가로놓여 있는 것 같기도 했다.

이러한 부모님의 사랑을 둘러싼 화제로 전개되던 어느 회기에서 D는 다음과 같은 꿈을 보고했다. 「두 살쯤 된 여자아이가 목욕하러 들어왔는데, 아이를 싫어하는 나였지만 귀엽다고 생각했다」. 그 옆에서 「어릴 때 손발이 움직이는 게 신기하고, 내가 존재한다는 걸 잘 몰라서. 그렇지만 이제 두세 번 그런 생각을 안 하고, 걸으면 피곤하다거나 감정을 느낄 수 있게 됐다」라는 발언에서 보듯이 자신의 몸과 마음을 느끼기 시작했다. 「성악에 도전하고 싶다」, 「자신을 좋아해 주는 사람이 있을지도 모른다고 생각했다」, 「노래를 부르고 있자니 설렌다」, 「자신의 생각을 자연스럽게 말할 수 있게 되었다」라고 그녀 안에서 무엇인가 바뀌기 시작한 것 같았다.

3. 침묵의 탈동일시 기능

사례 D에서 치료자인 필자는 D가 다른 사람에게 쉽게 의존해 버리는 것, 그녀가 다른 사람의 말이나 담론에 동일시되어 버리는 것에 대한 우려로 침묵했다. 여기서는 이 침묵을 우울이나 유아 퇴행, 과식 같은 증상보다 이인증에 얽힌 자기 자신이라는 감각을 중심으로 네 가지 관점에서 검토해 나간다. 아울러 이 네 가지 관점의 침묵은 처음에 드는 세 가지가 마지막으로 언급하는 하나의 침묵으로 수렴해 가게 된다는 점을 논점의 흐름으로 먼저 언급한다.

듣는 것을 가능하게 하는 침묵

본 사례에서 D는 치료자의 침묵을 지금까지 없었던 특수한 '들어주는 경험'으로 파악하고 있었다. 그녀는 「지금까지 내 이야기를 이렇게 들어준 적이 없었고」, 「그냥 있는 그대로의 나 자신과 마주하게 되니 무슨 말을 해야 할지 모르겠다. 그렇지만 귀중한 체험」으로, 「여기에는 나를 만나러 온다고 생각한다」라고 말했다. 그것은 **자신의 말이 경청받는 경험**이면서 동시에 **자신의 말을 듣는 경험**이다.

자신의 말이 대화 상대에게 들리기 위해서는, 대화 상대가 침묵 상태에 있는 것이 전제가 된다. 정신분석은 원래 '침묵을 요구'하며 시작된다. 프로이트의 치료를 받던 '에미 폰 N'은 '항상 심문하는 것은 아니다, 내가 말하고자 생각하는 것을 말하게 해 주었으면 한다'라고 말했으며(*S.E.*, II:63=7권:38), 대화 치료라는 말을 생각해 낸 '안나 O'는 자신이 말하는 것이 중요하다고 생각했다(*S.E.*, II:30=7권:162). 그리고 분석 주체인 파롤에 대해 분석가는 침묵을 유지하고 귀를 기울인다. 이것이 분석 주체의 **자유연상**과 분석가의 '**고르게 떠 있는 주의**'[노트 5]를 양대 축으로 정신분석의 기본 설정이다. 분석가의 침묵은 분석 주체의 파롤을 듣는 것을 가능하게 하는 것이다.

그런데 라캉은 정신분석에 상호주체성intersubjectivite[29]이라는 개념을 도입하여, 두 인간 사이에 일어나는 것과 관련된 상호주관성intersubjectivity이 아니라 두 주체 사이에 일어나는 사건과 관련된 상호주체성을 강조했다.[30] D는 자신의 이야기를 침묵하며 귀 기울이는 치료자라는 설정 자체에 가치를 인정했을 뿐 아니라, 자기 자신의 말을 듣는 행위 그 자체에서 가치를 발견했던 것 같다. 그녀는 ⁽¹⁾침묵이라는 공간 속에서 무언가를 말하고, ⁽²⁾그 말을 스스로 듣고, ⁽³⁾다시 말하는 작업을 체험하고 있는 것이며, 이는 ⁽⁴⁾말한 주체와 말하는 주체의 변증법이다. 분석가의 침묵을 통해 분석 주체는 자신의 파롤을 듣는 것이 가능해진다.

29) 사이나 상호 '간(間)'을 뜻하는 inter라는 접두사와 주어나 주체라는 의미의 sujet에서 파생한 '주관성'이나 '주체성'을 의미하는 subjectivité라는 말로 이루어진 단어이다.
30) 라캉에게 주체란 지금까지 몇 차례 언급했듯이 생물학적 개체나 코기토와 같은 실체적 주체가 아니다.
  [역자] 차이는 관계를 구성하는 항의 개수에 있다. 일반적인 정신분석의 '상호주관성'이 두 주체 간의 2자 관계에 초점을 맞추는 반면, 라캉의 '상호주체성'은 반드시 언어와 법이라는 제3의 요소(대문자 타자)가 개입하는 3자 관계라는 점이다.

이와 같이 정신분석에는 **이중적인 의미**로 들을 수 있으며, 그것은 분석가의 침묵으로 가능하게 된다.

안아주기 효과를 갖는 침묵

발린트Balint, M.는 침묵 관련 문헌에는 자주 등장하지 않지만, 그는 침묵 연구에서 이렇게 말한다. '분석 주체의 침묵'에는 ①공포를 품은 공허한 침묵 ②우호적이고 몽상으로 빠지게 유혹하는 침묵 ③1차 사랑의 조화로운 상호 침투적 혼합상태調和的揮然体 harmonious interpenetrating, mix-up의 재건/재창조를 시도하는 침묵이 있다.[노트 6] ②의 경우에는 분석가의 해석은 부적절하고, ③의 경우 분석 주체가 기저 결손 영역과 창조 영역에 있는 경우에는 해석이나 간섭은 금기이다(Balint, 1992 [1969]:175-176 =1978:229-230).[노트 7]

그렇다면 D는 어떤 침묵을 체험하고 있었을까. 확실히 분석가의 침묵을 차가운 침묵으로 느끼고 ①과 같은 침묵을 체험하는 분석 주체도 있겠지만, D는 오히려 ②나 ③과 같은 침묵을 체험하고 있었다고 생각된다. 그것은, 자주 자신이 말한 것을 부정하고 다시 의미를 부여하고 있었던 점이나, 「선생님은 다정하고, [그렇기 때문에 내 안의] 불안정함이 드러나는 느낌이 들어요. 지금까지 나의 이야기를 이런 식으로 들어 준 적이 없어요」라는 발언에서 추측할 수 있다. 그리고 이런 자신의 말을 **지지하는 침묵**의 경험을 통해, 그녀는 지금까지 누구에게도 말하지 않았던 낙태 이야기를 할 수 있었을 것이다.

치료자의 침묵은 발린트가 「치료자가 현전現前하는 것이 가장 중요하다」라고 주장하는 가치, 즉 분석 주체와 분석가가 일종의 상호 경험으로의 퇴행을 관용할 수 있는 환경(Balint, 1992[69]:177-179=1978: 231-233)을 지닌 것으로 보인다.

발린트는 이런 자신의 구상을 비온Bion, W.의 컨테이너container/컨테인드contained[담아주기/담아내기]와 같은 구상으로 보았다(Balint, 1992[69]:168=1978:219). 오코노기 게이고小此木啓吾는 치료 구조의 정신적 기능 가운데 하나로 도널드 위니컷D., Winnicott의 안아주기 환경holding environment을 거론하며, 컨테이너와 중첩시키고 있다(小此木, 1990: 29). 그리고 랭스Langs. R(1992)는 안아주기 기능이라는 관점에서 침묵은 매우 중요한 개입이라고 주장한다.

이런 사실에서, 안아주기 기능에는 침묵이 큰 역할을 하고 있다. 그런데 치료 구조론 관점에서 라캉이 진행하던 짧은 회기séance cours에는 안아주기 기능이 부족한 것 아니냐는 의문이 제기될 수 있다. 그러나 안아주기 기능에 침묵이 큰 역할을 한다는 점을 볼 때 라캉은 변동하는 짧은 회기 시간에 [오히려] 침묵에 의한 안아주기 기능을 충분히 작동시켰다고 생각할 수 있다. 실제로 라캉의 침묵은 분석 주체를 지탱하고 있던 경우가 많았던 것으로 보인다. 다음과 같은 증언을 부언해 둔다. 「그의 침묵은 결코 나를 불안하게 만들지 않았다. 왜냐하면 그것은 부재의 침묵이 아니었기 때문이다」(Winter, 2004:244).

전이의 전제가 되는 침묵

오코노기 게이고는 위에 언급한 치료 구조론의 정신적 기능으로, 구조는 분석 주체의 내면세계를 투사하는 대상이라고 말한다. 이는 분석 주체가 자신의 내적 세계의 모습을 전이를 통해 분석가나 분석 구조에 투사하는 것을 의미한다.

D는 침묵하는 치료자를 '투명 인간'이라고 여러 차례 표현했다. 이는 탈인격화된 치료자를 묘사한 것이다. D의 전이 환상을 더 순수하게 비추는 거울로서 치료자가 기능하고 있었음을 말해주는 것이다. 이렇게 투사된 것 가운데 하나가 치료자와의 성관계 꿈이다. 이는 과거에 의존했으나 회기에서는 거의 언급되지 않는 의사 Q, 탈가치화되어 가는 가정교사 P라는 맥락을 고려할 때, 치료자가 피하려고 애써온 무의식적인 양성 전이의 표현이다. 이는 치료자의 충분한 침묵으로 명확히 표출된 D의 히스테리성 전이 환상을 단적으로 보여주는 것이다. 아마도 이것은 아버지와의 관계에서 출발해 무의식적으로 남성을 유혹해서 성립되는 「자신을 마음대로 하는 남성」으로의 전이다. 전 남편을 경유하여 「선생님」이라는 칭호를 가진 치료자를 포함한 남성들에게 전개된 전이일 것이다.

이처럼 침묵하며 전이를 지나치게 해석하지 않는 입장에 대응해, 해석을 한다는 입장도 있을 것이다. 프로이트는 전이를 충분히 기다렸다가 해석한다고 말했다(S.E., 12권:139; 144=9권:103, 107, 한: 『정신분석학 근본개념』, 열린책들, 112).[노트 8] 클라인파는 해석할 때 그런 치료 동맹은 필요하지 않다고 대체로 생각한다(Sandler, Dare, & Holder, 1992[73]:28=2008:26). 이는 해석 시기에 관한 논란 면에서는 양극단이다. 그러나 돌토가 분석 주체의 환상에 분석가의 환상을 혼합해서는 안 된다고 말한 것처럼(Dolto, 1984:26-27=1994:32-33), 라캉파는 분석 주체의 전이 환상을 명확하게 하고 이를 전개시켜가기 위해 적극적인 해석(분석가의 전이 환상)을 자제하는 추세다.

사례 D에서 전이 환상이 충분히 표출되기 전과 후에도 치료자가 위에서 설명한 관점에서 해석을 했다면, 부정적인 경향이 강한 무의식적인 양성 전이가 출현했을 것이다. 그러면 회기는 '선생님'에게 관찰된 D의 남성과의 관계 방식 일반으로 회수되었을 것이다. 그 결과 치료자의 말은 더 쉽게 D의 동일시 대상이 되어 치료는 정체된다. 왜냐하면 라캉의 사고 방식을 토대로 하면, 해석에 의해 새로운 의미작용 signification이 산출되기도 하지만 해석이 명확한 의미를 담고 있는 경우, 사례의 개별성에 따른 차이는 있겠지만 새로운 '의미작용'은 상상적 동일시 대상이 되어 분석은 그 이상의 전이적인 전개를 보지 못하고 정체되어 버리는 경우가 있기 때문이다.

분석 상황에서는 분석가 파롤이 - 분석가의 전이 환상을 분석 주체의 그것에 혼합하는 행위 - 분석 주체의 전이 환상을 흐리게 한다. 또 전이 환상의 전개를 방해하여 분석을 정체로 이끈다. 이 두 가지 가능성이 있으면, 분석가는 해석을 포함해 무언가를 말하려 할 때 침묵이라는 선택지를 항상 고려해야 한다.

탈동일시 기능을 가진 침묵

D는 치료자의 침묵으로 「선생님과 함께 있으면 어떻게 해야 할지 모르겠어요. 이런 식으로 생각하는 것은 태어나서 처음이네요. 본연의 나 자신을 마주하게 되니까, 무슨 말을 해야 할지 모르겠어요. (…) 지금까지는 사람들의 기대에 부응하면 된다고 생각했습니다만」, (…) 「선생님의 페이스가 뭔지 모르겠다고나 할까…. 선생님은 투명인간 같아서 여자인지 남자인지 어떤 성격인지 모르겠어요. 여기는 나 자신을 만나러 온다고 생각해요」라는 말에서 볼 수 있듯, 치료자를 공백으로 계속 경험했다.

여기서 라캉과 밀레르에 의한 동일시와 탈동일시 논의를 원용하여 이 '공백으로서의 치료자'라는 경험의 가치를 생각해 보자.

이들이 논의하는 것은 분석 주체가 동일시를 넘어 충동 관계를 경험하는 사태이다. 이를 일반적으로 환상의 횡단 traversée du fantasme 이라고 한다. 동일시는 「a」(소문자의 타자)와 「I」(자아 이상)의 **중첩**으로 나타나고, 탈동일시는 「a」와 「I」의 **차이**로 나타난다. 라캉은 이렇게 말한다.

> 「「a」를 분리하는 버팀목이 되기 위해 분석가는 이 「I」와 자신의 동일시라는 이상화에서 실추失墜 déchoir되지 않으면 안 된다 [전락轉落해야만 한다(새물결)]」(S., XI:245=11권:368, 한: 362).[노트 9]

이를 실행하는 단서는 다음 한 문장이다.

「정신분석가의 욕망이 - 이것은 하나의 x로 남아 있는데 - 모든 동일시의 흐름을 거스르는 한에서만, 분석 경험 속에서 주체의 분리를 매개, 동일시라는 차원이 그 경험 속에서 넘어설 수 있게 된다/극복이 가능하게 된다」(S.,: XI:246=11권:369, 한:363).

이 논의를 바탕에 두고 치료자의 침묵을 배경으로 D에게 일어난 치료자의 **공백** 경험은 분석 주체가 분석가의 욕망이 x라고 느끼는 구체적인 표현이라고 생각할 수 있다. 부연하자면 먼저 앞의 두 인용문을 평이하게 바꿔 설명해 보자.

전자는, 욕망의 원인인 대상 [a]와 모종의 '이상 자아' [I]를 탈동일시하기 위해서는, 분석가는「I」와 동일시해 분석 주체에 대한 하나의 이상이 되어서는 안 된다고 말한다. 후자는 분석가의 욕망이 x로 남으면 탈동일시로 향한다고 서술하고 있다. 이 두 문장은 모두 탈동일시에 관한 것이다.「분석가는 분석 주체의 이상이 되지 않도록」「분석가의 욕망을 x 그대로 둔다」라고 읽을 수 있다. 그리고「분석가의 욕망 x」라는 표현에 대해 x를 방정식에 등장하는 미지의 대수代数로 간주한다는 가정을 도입해 보자. 이 도입은 다음 라캉의 인용을 고려한 결과이다.

「정신분석가의 욕망이란 그의 발화행위énonciation이며, 이 발화행위는 바로 그곳에서 분석가의 욕망이 x의 위치에 도달함으로써만 이루어질 수 있을 것이다. 이 x 그 자체에 의해 그 해답이 정신분석 주체에게 그의 존재를 넘겨주고, 그 가치가 스스로에게 $-\varphi$이라고 표식을 찍는다. 그 표식은 거세 콤플렉스에서 분리해야 할 팔루스 기능으로 표시되는 개구(開口)부 또는 전(前)성기적 관계에 가까운 기능 아래에서 승인되는 대상에 의해서 그 개구부를 막는 것을 위한 「a」이다.(A.E, : 251)

앞에 기술한 바와 같이, 이 인용에 있는 「$-\varphi$」이란 상상적 팔루스가 음화화된 것이며, 「a」는 겉치레이며, 공/텅빈 대상이며 상상적 팔루스가 양화화된 것이다. 따라서 그것들은 주체에게는 수수께끼로 남는 것이다. 이와 같이 x를 수수께끼의 대수라고 간주하는 가정을 도입하여 D의 치료자 공백 경험을 생각하면, 이 경험은 치료자가 자신의 생각이나 의도, 욕망을 표명하지 않고 침묵함으로써 치료자의 욕망이 D에게 수수께끼로 남아 있는 상태라고 이해할 수 있다.

이런 경험에서 D의 경과를 살펴보자. 먼저 그녀는 P, Q, R의 욕망에 따른 자신의 모습을 잘 모르는 상황에서 분노를 느끼는 과정을 거쳐, 조금씩 P, Q, R과 같은 '자아 이상'에서 벗어나 멀어지게 된다. 이어 치료자에게 무의식적인 양성 전이를 보이지만, 치료자의 침묵으로 인해 치료자에게 상상적으로 동일시할 수 없게 되고, 더욱 「a」와 「I」가 분리되어 탈동일시가 진행되면서 자신의 생각을 갖게 된다. 그리고 이 장의 앞 절에 기술한 경과의 마지막 시기에는 P, Q, R과 같은 대문자의 타자들의 욕망에서 벗어나 자기 자신의 신체나 기분을 느끼면서 자신의 욕망에 눈을 뜨기 시작했다.

이를 [그림 5]의 「시니피앙에 의한 향락의 응축」(4장 1절 참조)으로 생각하면, 그것은 치료자의 침묵에서 분석 주체가 시니피앙을 열거하고, 스스로 의미를 산출하고, 이에 따라 대문자 타자 [A]가 동심원의 중심으로 향해 이동해 가는 사태이다. 이러한 탈동일시 과정이야말로 치료자의 침묵으로 인해 D에 일어난 치료자의 공백 체험의 가치이다. 분석가의 의도나 욕망이 수수께끼[미지未知/알 수 없음]로 있으면 분석 주체는 동일시하는 대상 [a]를 찾을 수 없다. 분석가는 하나의 '자아 이상' [I]로서 분석 주체에 앞서 모습을 드러내지 않는다. 분석가의 욕망이 수수께끼 x로 머물기 위해서는 분석가는 그의 생각이나 의도를 분석 주체에게 전하지 않는 것이 하나의 방책이 될 것이다. 이것이 곧 분석가가 침묵하는 것의 의미이다. 분석가의 침묵에 의해 분석 주체는 분석가를 미지의 대상으로 경험하고, 분석가로 대표되는 대문자 타자를 이상으로 삼지 않고, 탈동일시로 향해간다.

D는 치료자의 침묵에 따라 먼저 자신의 파롤을 듣는 기본적인 분석적 체험을 했다. 그리고 이 침묵에서 그녀는 두려움 등 강한 부정적인 감정으로 인해 치료에서 탈락하지 않고, 안기는 체험을 했고, 나아가 치료자들의 해석 제공이 적음으로 상상적인 동일시가 일어나기 어려워지면서 전이 환상은 더욱 순수하게 전개되어 갔다. 이렇게 최종적으로, D는 여러 대문자 타자(자아 이상)로부터 떨어져 나갔다. 이것은 [1]듣는 것을 가능하게 하는 침묵, [2]안아주기 효과를 갖는 침묵, [3]전이의 전제가 되는 침묵이라는 세 가지 침묵 위에 이루어지는 [4]침묵의 탈동일시라는 기능이다.

[연구 노트]

[노트 1] 한(725:8) "나는 침묵한다. 모두 내가 환자에게 상처를 준다고 한다. 그가 우선 상처받고 그리고 나 또한 마찬가지다. 왜 그럴까?" (…) "분석가가 그에게 줄 다른 아무것도 없기 때문이다. 그러나 이 없는 것$^{ce\ rien}$조차도 분석가는 그에게 주지 않는다. 그편이 더 낫다. 바로 이 때문에 이 없는 것에 대해 사람들은 분석가에게 진료비를 낸다. 이는 대체로, 그렇지 않다면 그것이 값나가지 않으리라는 것을 잘 드러내주는 것이다." (한 726:18)

[노트 2] 정신분석에서 이인증離人症은 주체가 자기 자신으로부터 분리되거나 소외되어, 마치 자신의 생각이나 신체가 낯설고 비현실적인 것처럼 느끼는 신경증적 증상을 말한다. '이인증^{dépersonnalisation}'이라는 용어는 프랑스의 철학자이자 시인인 루도빅 뒤가$^{Ludovic\ Dugas}$가 1898년 논문에서 처음 사용했다. 'dé-(분리, 박탈)'와 'personne(인격, 개인)'의 합성어로, 말 그대로 '자기 자신으로부터 분리됨'을 의미한다. 뒤가는 이 용어를 만들었지만, 이를 정신분석의 중요한 개념으로 발전시킨 학자는 폴 페데른$^{Paul\ Federn}$이다. 프로이트의 제자로, 이인증을 자아^{ego}의 경계가 약화되어 리비도(정신적 에너지)가 자아로부터 빠져나갈 때 발생하는 현상으로 설명했다.

[노트 3] 필자는 의학 은어 '아우수'를 일본어 표기 '아ア, 수우スウ'라는 시니피앙으로 연상하고, 히라가나로 'あぁ！吸うすう(수우)'로 연쇄를 전개해 나가고, 분석 주체의 숨겨진 의미를 '吸うすう(수우)' '들이마시다, (유동식) 먹다'의 '의미'를 연상한다.

[노트 4] 장사를 의미하는 'ショウバイ(쇼바이)'를 생애라는 의미의 ショウガイ(쇼가이)'로 '잘못 듣기'라는 무의식적 실수를 하고 이후 이 단어를 기반으로 연상을 한다. 일본어 '쇼바이(商売)'는 하나의 단어로 넓은 의미를 갖지만, 한국어는 이를 '상업(商業)'과 '장사'라는 두 단어로 구분하여 사용한다. 가장 큰 차이는 **규모와 격식**에 있다.

[노트 5] evenly-suspended attention 프로이트 전집 *S.E.* 12권, 「정신분석 치료를 행하는 의사에게 주는 권고(Recommendations to Physicians Practising Psycho-Analysis)」 논문의 111. 환자가 지켜야 할 기본 규칙인 '자유 연상free association'에 상응하는, 분석가가 지켜야 할 기본 규칙이다.

환자가 검열 없이 마음에 떠오르는 모든 것을 말해야 하듯, 분석가는 환자의 이야기 중 특정 부분에 의식적으로 집중하지 않고 모든 것을 동등한 가치로 들어야 한다는 것이다.

분석가는 "이것이 중요할 것이다."라고 미리 판단하거나, 특정 사실을 기억하려고 애쓰거나, 이론에 맞춰 환자의 말을 들으려 해서는 안 된다. 그 대신, 자신의 기억과 기대를 모두 비우고, 자신의 무의식이 환자의 무의식과 직접 소통하도록 내버려 두는 수용적인 듣기 상태를 유지해야 한다. 프로이트에 따르면, 분석가가 의식적으로 무언가에 집중하는 순간, 그는 자신의 기대와 편견이라는 필터를 통해 환자의 말을 들을 수밖에 없게 되어, 정작 중요한 무의식적 단서를 놓치게 될 위험이 있다.

〈Gleichschewebende Aufmerksamkeit〉이다. 이 용어는 Gleich(동일한, 한결같은, 평평한), schweben(둥실둥실 떠있다/날고 있다/불안정하게 존재하다/문젯거리가 미결인 채로 있다)라는 의미의 단어와 Aufmerksamkeit(주의, 관심, 집중력, 배려, 친절)의 다양한 의미가 결합되었다. 이를 모두 살려 **복합적인 의미**를 구성해서 표현하며 이 용어를 이해하기 위해 연상해 본다.

분석가는 상대에게 필요한 '주의/관심/배려/친절'을 필요한 만큼 적절히 제공하게 된다. 기본 태도는 '한결같이, 동일하게 배분해 제공'하는 자세를 취한다. 그러나 현실에 살아 있는 사람과 마주하고 있는 동안에는 '둥실 떠 있듯 하며, 불안정하고 (이야기 내용이) 미해결인 것 같은 느낌'(schweben)을 지니고 있게 된다. 이 모습은 자유 연상 내용에 일일이 반응하기보다는 내용 전개의 완성을 기다리듯 거리를 두거나, 때로는 자유연상의 동일 평면의 장에서 떨어진 듯 떠올라 정지해 있는(hovering) 모습이 현실적이다. 이렇게 의미를 나열하고 연결해 이해하면 임상 현장에서 경험의 발전과 활발한 연상이 가능하고 복합적 의미가 들어온다. 이런 진동(oscillation)을 모두 포함하여 표현하면 〈한결같이 고르게 '배분된↔떠 있는' 주의와 배려〉이다.

분석가는 분석 주체가 하는 말에 고르게 관심을 배분하고 있으며 점차 동일 평면에 있기보다는 발코니에서 내려다보듯 거리를 두거나, 공중에 조금 떠 있는 상태(상승)로 이동할 수 있다. 물론 다시 내려(하강)와 관심과 배려를 고르게 분배한다. 즉 움직인다면 수직적 움직임이다. 이때 수평적으로 자신의 고르게 분배된 관심이 좌우로 흔들리는 것(swaying)은 분석 주체의 작용, 분석가 내면의 작용이기에 이는 '행위 안에서의 성찰', '행위 직후'(회기 직후)의 성찰 소재가 된다. 자기 안에서 올라오는 불안은 물론 환자(분석 주체)가 보이는 반응에 한결같이, 고르게 자신의 주의(집중)와 배려(마음)를 적절한 관심으로 반응하여 침해하지 않게 움직인다. (역자의 논문 프로이트의 'Der Einfall' 연구(2023), 113. 참조)

[노트 6] 세 상태는 다음과 같다.

- Harmonious(조화로운): 주체와 대상(엄마) 사이에 갈등이나 분리가 없는 평화로운 상태
- Interpenetrating(상호침투적인): '나'와 '너'의 경계가 불분명하여 서로가 서로에게 스며든 상태
- Mix-up(혼합 상태): 주체와 대상이 분화되지 않고 뒤섞여 하나로 느껴지는 융합의 상태

이 세 단어를 조합한 표현을 발린트가 말하는 '일차적 사랑primary love'의 상태로 정의한다. 이는 아이가 자신과 엄마(또는 세계)를 구분하지 못하고 완벽한 하나됨을 느끼던 가장 원초적인 관계를 의미한다.

[노트 7] 〈재창조의 시도로서의 침묵〉 이 개념은 발린트의 '기저 결손basic fault' 이론과 깊이 연결된다.

기저 결손과 침묵의 기능: '기저 결손'을 가진 환자들은 어린 시절 이 '조화로

운 혼합 상태'가 너무 이르거나 트라우마적으로 깨진 경험을 가지고 있다. 이들에게 분석 중의 침묵은 저항이나 공백이 아니라, 상실했던 그 원초적인 합일 상태를 분석가와 함께 재현하고 재건하려는 적극적인 시도이다. 환자는 말 없는 공간 속에서 분석가와 조용히 함께 머무르며, 안전한 하나됨의 느낌을 통해 자신의 근본적인 결함을 치유하고자 한다.

해석이 금기인 이유: 발린트는 이 세 번째 유형의 침묵 속에서 분석가의 해석이나 개입은 '금기contraindication'라고 말한다. 만약 분석가가 "당신은 나와 합쳐지고 싶은 소망 때문에 침묵하는군요."라고 해석하는 순간, 그 행위는 환자를 다시 '너'와 '나'로 분리시키는 말이 된다. 이는 환자가 회복하려는 '경계 없음'의 상태를 파괴하고, 과거의 상처(분리)를 반복하는 결과를 낳을 수 있다. 따라서 분석가는 침묵을 존중하며 그저 함께 존재해 주는 것이 중요하다.

[노트 8] "We must wait until the disturbance of the transference has been resolved…"

"우리는 전이의 혼란이 해결될 때까지 기다려야만 한다…"

「전이에 대한 역동성The Dynamics of Transference」

The Standard Edition of the Complete Psychological Works of Sigmund Freud(S.E.), Volume 12, p.139 열린책들, 한:9권『정신분석학의 근본 개념』112쪽

정신분석가가 언제 '해석'이라는 결정적인 개입을 해야 하는지에 대한 프로이트의 중요한 임상적 지침이다.

프로이트는 이 부분에서 분석이 시작되면 환자가 분석가에게 강력한 감정(사랑이나 적대감)을 느끼는 전이 현상이 필연적으로 발생한다고 설명한다. 이 전이는 치료의 가장 강력한 동력이지만, 동시에 가장 큰 저항이 되기도 한다. 환자는 과거의 문제를 이야기하는 대신, 분석가와의 현재 관계에 모든 관심을 쏟으며 무의식적인 저항을 보인다. '전이가 해결될 때까지 기다려라.' 이러한 상황에서 프로이트는 분석가가 섣불리 환자의 문제에 대해 해석해서는 안 된

다고 경고한다.
- 성급한 해석의 위험: 전이가 강하게 형성되기 전에, 즉 환자가 분석가와 충분한 신뢰 관계(라포)를 맺기 전에 해석을 하면, 환자는 그 해석을 지적인 정보로만 받아들이거나, 자신을 비난하는 것으로 느끼고 강력하게 저항할 수 있다.
- 기다림의 중요성: 따라서 분석가는 환자가 자신에게 충분히 강한 전이를 형성하고, 그 전이가 분석을 방해하는 '저항'으로 작용하는 순간까지 기다려야 한다. 환자가 "선생님 때문에 아무 생각도 나지 않아요!"라고 말하는 것과 같은 전이 저항이 명확해졌을 때, 비로소 분석가는 "당신이 지금 나에게 느끼는 감정은 사실 과거의 중요한 누군가에게 느꼈던 감정의 반복입니다."라고 해석할 수 있다.

[노트 9] 이 문장은 분석의 마지막 단계에서 분석가가 반드시 겪어야 하는 '**주관적 박탈**subjective destitution' 과정을 설명한다.

1. **분석가의 초기 위치: 이상화된 'I'**: 분석 과정에서 분석 주체는 분석가를 '알고 있다고 가정된 주체'로 여기며 사랑과 지식의 대상으로 삼는다. 이때 분석가는 분석 주체에게 완벽하고 이상적인 자아(I, 자아 이상)의 자리에 놓이게 된다.

2. **필연적인 '실추**déchoir'**: 그렇지만 분석이 종결에 이르려면, 분석가는 바로 이 **이상화된 자리에서 반드시 떨어져 나와야**(실추/전락)' 한다. 분석 주체는 분석가가 완벽한 존재가 아니며, 자신의 욕망에 대한 답을 가진 사람이 아니었음을 깨달아야 한다. 분석가는 분석 주체의 사랑과 지식의 대상에서, 그저 평범하고 결여 있는 한 인간으로 전락해야 한다.

3. **'a의 분리를 위한 지지대'가 되기**: 분석가가 이처럼 '쓸모없는 존재'처럼 전락할 때, 역설적으로 가장 중요한 역할을 하게 된다.
   - 분석 주체는 더는 분석가에게서 자신의 '대상 a(욕망의 원인)'를 찾지 않게 된다.

- 이 '실추'를 통해 분석 주체는 분석가라는 인물로부터 자기 환상의 핵심인 **「대상 a」를 분리**해 낼 수 있게 된다.
- 이때 분석가는 더는 이상적인 모델이 아니라, 분석 주체의 가장 내밀한 「대상 a」가 떨어져 나오는 과정을 묵묵히 지지하고 견뎌주는 '지지대' 또는 '잔여물'이 된다.

요컨대, 분석의 끝은 분석가가 분석 주체에게 무언가를 '주는 것'이 아니라, 오히려 자신의 모든 권위와 이상적 이미지를 '박탈당하고 버려짐'으로써 완성된다. 이 '분석가의 실추'야말로 피분석자가 비로소 분석가 없이 자신의 욕망과 대면하며 살아갈 수 있게 하는 결정적인 조건인 것이다.

6장
공시적인 것으로 존재하는 두 개의 임상

라캉 전기 이론은 동일시 임상 실천이다. 그 모습은 시니피앙 연쇄를 뒤따라가며 시니피앙 해석을 시도한다. 라캉 중기 이론은 환상의 임상 실천이다. 그 모습은 〈회기 끝내기^{scansion}〉나 침묵을 활용한다. 앞 장은 라캉파의 해석 중 침묵을 사례 검토를 통해 살폈다. 분석가의 침묵이 탈동일시 기능을 수행한다. 「분석가의 욕망 x」를 「분석가의 침묵」으로 구체화해 침묵과 탈동일시를 연결시키는 작업이다.

이런 논의에 따라 라캉의 동일시 임상과 환상 임상의 관계를 검토하고, 라캉파의 개입 한 가지를 결론 내리고자 한다. 이를 위한 순서는 다음과 같다.

먼저 「대상 a」에 내재한 충동적 무의식을 검토한다. 이어 이 「대상 a」에 주목해 두 임상을 정리한다. 그리고 이 작업에서 확인되는 「대상 a」와 전이의 관계를 바탕으로 전이의 관점에서 두 임상을 고찰하고,

프로이트의 전이 이론을 라캉적으로 재구성한다. 마지막으로 두 임상의 문제점과 해결책을 검토하여 두 임상의 관계를 총괄한다. 그러면 먼저 「대상 a」가 대문자 타자의 결여에 거주하는 구조로 드러나는 충동적 무의식을 확인하는 작업부터 시작하자. 이런 무의식으로 두 임상 사례를 정리하는 준비 단계가 될 것이다.

1. 충동적 무의식

라캉은 자신의 학설에서 보이는 지성화知性化나 충동[노트 1]이 무시된다는 비판에 대해 '충동적 무의식'을 제시하는 것으로 답한다. 구체적으로는 「대상 a」를 활용하여 무의식적 부분 충동에 성이 삽입되어 있음을 명확히 한다. 이를 위해 그는 무의식을 **대문자 타자**의 영역과 **주체**의 영역으로 배분하고, 소외aliénation와 분리séparatio[노트 31]라는 두 연산opératio[노트 32]에 의해 주체(무의식)의 구성을 기술한다. 소외와 분리는 두 가지로 나뉘어 있는데, 분리로 완성되는 일련의 연속된 과정 속의 두 연산을 가리킨다. 순서대로 각각을 살펴보자.

소외란 주체가 첫 번째 시니피앙과 두 번째 시니피앙에 의해 표상 대

---

31) 이 장에서 논하는 '분리séparation'는 앞 장에서 언급한 '분리'와 환상과 관련한 동일한 개념이다. 자세한 것은 다음 절을 참조할 것
32) 여기서 연산opération이라는 것은, 분석 과정에서 주체가 대문자 타자에게 의존하면서 실현하게 될 때 이루어지는 논리적인 조작을 말한다.

리되고, 두 번째 시니피앙이 주체인 아파니시스$^{aphanisis\ 消失/消滅}$33)라는 효과를 산출하는 것이다. 즉 주체는 대문자 타자 영역에서 의미 주체로 출현하는 한편, 다른 곳에서 아파니시스라는 무의식의 주체로 출현한다. 소외는 이런 주체의 분할$^{division\ du\ sujet}$을 야기하고 소멸에 중점을 둔 용어이다.

> 「소외는 이 **벨**(vel)34)에 있다. 이 벨은 (…) 주체에게 분할 안에서만 출현하도록 결정되어 있다. 이 분할이란, 한편으로 주체는 시니피앙에 의해 만들어진 의미로 출현한다면, 다른 한편으로는 **아파니시스**로 출현한다고 말해도 충분히 정식화될 정도의 분할을 말한다」(S., XI:191=11권:281, 한: 278).[노트 2]

---

33) 아파니시스$^{aphanisis\ 消失/消滅}$란 존스$^{Jones,\ E.}$에 의해서 정신분석에 도입된 것이다. 당시 존즈는 이것을 욕망이 소거되어버리는 것을 경험하는 공포라고 생각한다. 라캉에게 그것은 주체의 소실^{fading}을 의미한다.

   [역자] 한국어 번역본에서는 '주체의 소멸^{消滅}'로 번역된다. 문맥에 따라 '사라짐' 또는 '소실^{消失}'이라는 단어로 번역되기도 하지만, 주체의 존재가 기표의 효과에 의해 구조적으로 사라진다는 의미를 가장 잘 담고 있는 용어는 '소멸'이다.

34) vel이라는 것은 프랑스어의 '~가 ~가'를 의미하는 말이다.

   [역자] '벨(vel)'은 라틴어로 '또는(or)'을 의미하지만, 라캉은 이를 단순한 양자택일이 아닌 '강요된 선택'을 설명하기 위해 사용한다. 가장 유명한 예는 "네 목숨이냐, 돈이냐!(Your money or your life!)"이다. 여기서는 주체에게 주어진 선택은 "의미냐, 존재냐?"이다. 의미를 선택하면 주체는 언어의 세계 안에서 자신을 표현하고 의미를 부여받으며 살아갈 수 있다. 즉 사회적인 주체로 존재할 수 있다. 그 대가로 존재(être)를 잃는다. 그렇지만 언어(기표)가 나를 대리하는 순간, 내 순수한 존재는 그 기표 뒤로 사라져 버린다. 이것이 바로 아파니시스, **주체의 소멸**이다.

[그림 7]은 세미나에 게재된 그림으로 이해를 위한 보충 설명으로 추가했을 것이다. 이는 소외를 주로 '주체의 분할'이라는 관점에서 나타냈다. [그림 8]은 소외를 존재(주체)와 의미(대문자 타자)의 관계를 바탕으로 하는 합집합으로 나타낸 것이다.

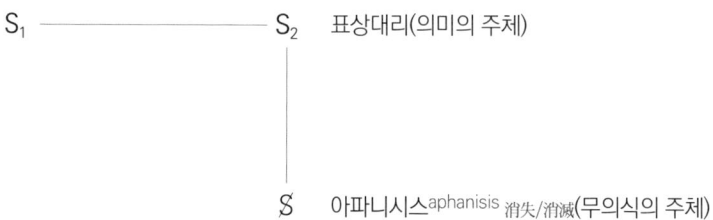

[그림 7] 소외에서 주체의 역할(S., 11:180=11권:264)

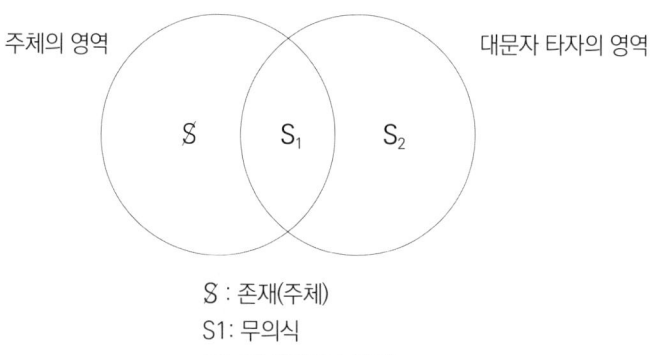

S : 존재(주체)
S1: 무의식
S2: 의미(대문자 타자)

[그림 8] 소외의 합집합(S., 11:192=11권:283)

분리란 소외에 대한 응답이며, 분리를 통해 주체는 소외로부터 회귀/귀환의 길을 찾게 된다. 분리라는 용어는 라틴어의 se pasre(스스로 만들어 낸다)를 고려한 주체의 산출을 말하기 위해 선택된 것이다.[35] 주체는 어떻게 소외에서 회귀하고 산출되는가. 라캉에 따르면 분리는 두 가지 결여의 중첩에 의해 나타난다. 이 두 가지 결여를 검토하여 분리를 생각해 보자. 라캉에서 두 개의 인용을 가져온다.

「주체가 하나의 결여와 마주치는 것은 대문자 타자 안에서, 즉 대문자 타자가 자신의 담론으로 주체에게 행하는 통고 안에서이다. 대문자 타자 담론의 간극 속에서 아이의 경험에 다음과 같은 명백히 간파되는 시련이 발생한다. 『그는 내게 이 말을 하고 있다. 그렇지만 그가 원하는 게 뭘까?』

여러 시니피앙을 분할하지만 바로 시니피앙 구조의 일부를 이루고 있는 이 간극은 내가 다른 곳에서 환유라고 부르는 것의 자리이자 거처가 있는 곳이다. (…). 대문자 타자의 욕망은 주체로서 무엇인가 잘 받아들여지지 않는 것 속에서, 대문자 타자의 담론의 여러 결여로 파악된다. 아이들의 모든 "왜?"는 (…) 어른을 시험하는 것이다. 즉 "왜 그것을 나에게 말하는 것인가?"라는 물음은, 어른의 욕망이라는 수수께끼를 토대로 항상 반복적으로 호출되는 것이다.

그런데 이 사로잡힘에 대답하기 위해 주체는 (…) 선행하는 결여, 즉

---

35) 라캉은 다음과 같이 언급하고 있다. 'Separare(프랑스어, 분리하다)는 separere(프랑스어, 스스로를 만들어 내다)로 끝난다.'(*E.*:843=3권:368)

자기 자신의 소실을 그 답으로 한다. 그는 이 소실을 대문자 타자 안에서 발견된 결여의 지점으로 위치시킨다」(S., XI:194=11권:286-287, 한:285~286).

「분리를 통해 주체는 소외적 본질로서의 시니피앙적 연결화라는 원초적 커플, 이 커플의 약점을 말하자면 발견한 것이다. 이 두 시니피앙의 간극에야말로 욕망이 가로지르고 있고, 욕망은 대문자 타자 디스크루/담론의 경험 안에서 주체의 표식을 달기 위해 제출되어 있다. 주체가 관련된 최초의 대문자 타자는 이 경우 어머니이다. 주체의 욕망이 구성되는 것은 어머니가 말하거나, 일러주거나, 의미로 나타내는 것의 반대편이나 이쪽에 어머니의 욕망이 있는 한에서이며, 이 욕망이 알려주지 않는 한에서이고, 요컨대 이 결여의 지점에서인 것이다. 주체는 속임수가 없는 것은 아니라는 과정, 근본적인 비틀림을 보여주지 않는 것이 아니라는 과정을 통해, (…) 최초의 지점으로 돌아가는 것이다. 최초의 지점이란 주체의 결여 그 자체라는 점, **아파니시스**라는 결여 지점이다」(S.,11: 199=11권:294-295, 한:292)[노트 3]

이 두 인용에서 첫 번째 결여는 시니피앙과 시니피앙 사이의 틈에 있는 대문자 타자의 욕망임을 알 수 있다. 그것은 「대문자 타자의 담론/디스크루의 간극」이나 「환유의 자리・거처」(최초 인용의 단선 방점 부분), 또는 「시니피앙의 원초적 커플의 약한 점」이나 「욕망 결여의 지점」(나중의 인용 물결 밑줄 부분)으로 이야기된다. 따라서 이 결여는 간결하게는 대문자 타자의 결여라고 부를 수 있다. 그리고 이것은 마템(mathémes: 분석소)에 의해 「S_1-S_2」라고 표기될 수 있다. 이는 엄밀히 말하면 두 시니피앙 사이의 가로 선(-)을 가리킨다.

또 하나의 결여, 즉 주체의 결여는 「앞서는 결여, 자기 자신의 소실, 최초의 점(…) 주체의 결여 그 자체의 점, 주체의 **아파니시스**라는 결여의 점」(두 인용의 이중 밑줄 부분)이라고 기술되어 있다. 여기에서 '주체의 결여'란 아파니시스라는 주체의 소멸이라고 결론지을 수 있다. 이것은 [그림 7]과 [그림 8]에서 나타낸 「S」이다. 그러나 이것이 주체 결여의 최종 결론이라고 할 수는 없다. 라캉을 보자.

> 「주체가 간극〈대문자 타자의 욕망: 「S_1-S_2」〉에 놓이게 되는 것은 자신의 소멸을 통해 주체가 대문자 타자 안에서 창출하는 결여 「S_1-S_2」의 형태를 취한 자기 자신의 결여 「S」이다. (…) 그러나 주체가 이렇게 구멍을 메우는 것은 주체가 대문자 타자 안에서 만나는 갈라진 틈 「S_1-S_2」가 아니다. 그것은 먼저 자신의 부분 가운데 하나인 구성요소적 상실이라는 균열 [a]이며, 이를 통해 주체는 스스로가 두 부분으로 구성되어 있음을 알 수 있다. 거기에는 뒤틀림이 존재한다. 이 뒤틀림^{torsion}에 의해, 분리는 소외로부터의 회귀^{retour}를 표현하는 것이다. 즉 주체는 자기 자신의 상실 [a]과 **함께** 연산$_{演算}$을 수행하는 것이며, 이 상실이 주체를 그 출발점으로 되돌려 보내는 것이다」(*E.*:844=3권:369, 한:435~436).

이처럼 단순히 「S」이라고 할 수 없는 주체의 결여에 관해서는 「앞서는 결여, 자기 자신의 소멸」이나 「최초의 지점 (…) 주체의 결여 그 자체의 점, 주체의 **아파니시스**라는 결여의 점」이라는 문구(206페이지의 두 인용의 이중선 밑줄 부분)에서 「앞서는 결여」나 「주체의 결여 그 자체의 점」에 주목함으로써 그것을 라캉이 신화처럼 말한 「오믈레트omelette」이나 「라멜라lamella」[노트 4](S., XI:179-180=11권:263-264, 한:261~262)라는 불사의 무성생물이 지닌 리비도로서, 또는 유성 생물이 잃어버렸다는 리비도로서 또 그 리비도의 대리 또는 그것과 등가인 것으로, 요컨대 「대상 a」로 생각할 수 있다. 이 주장을 뒷받침하는 두 인용을 차례로 살펴보자.

「이 결여 〈대문자 타자의 결여〉는 또 하나의 결여를 반복하게 된다. 또 다른 결여는 선행하는 현실적 결여이며, 살아있는 생명의 도래로, 즉 유성생식으로 자리매김해야 할 결여이다. 현실적 결여란 살아있는 것이 유성有性의 길을 통해 생식할 때 생명으로서 자기 자신으로부터 잃어버리는 것 [a]이다.」(S., XI:186=11권:273-274, 한:271).

즉 주체의 결여를 가리키는 '앞선/선행하는 결여'라는 것은 이 인용에서는 '선행하는 현실적 결여'라고 할 수 있고, 이 현실적 결여는 성을 지닌 존재가 생식할 때에 '자기 자신부터 잃어 버리는 것'임을 알 수 있다. 잃어버린 대상인 「대상 a」의 성질을 여기서 알 수 있을 것이다.

「충동은 그것이 무의식적으로 성을 표상·대리하고 있는 한 어떤 경우에도 부분 충동일 뿐이다. 거기에서 그것은 본질적인 결핍이며, 주체에서 표상·대리될 수 있는 한에서의 결핍 [a]이다」(E.,849=3권:376, 한:442)

「앞선 결여」, 「주체의 결여 그 자체의 지점」, 「현실적인 결여」라고 지금까지 다양하게 이야기해 온 주체의 결여는 주체에서 직접적인 형태로는 표상되지 않는 것 - 무의식에서 성을 간접적으로 표현하고 있는, 결핍된 부분적인 충동 - 이라는 것이 이 인용에 나타나 있다. 결여되어 있으며 「충동 안에 현전現前하는 것으로서의 「대상 a」의 지위」(S., 11.168=11권:245, 한:243)를 여기서 시사한다.

이상에서 주체의 결여에 관해 「 S 」와 [a]라는 두 가지 마쳄을 얻지만, 「이 주체[무의식의 주체]는 (…) 그러한 대상[대상a] 이외의 아무것도 아니다」(E.: 818=3권:329, 한:401)라는 것으로, 그것들은 모순되지 않고 이 결여에 관한 하나의 답이 된다.

위의 다양한 인용에서 볼 수 있는 이론적인 사색을 바탕으로 라캉은 분리라는 연산을 다음과 같이 응축된 형태로 기술하고 있다.

「이 길 〈분리의 연산〉을 매개로, 주체는 스스로가 무의식〈의 주체〉「 S 」로서 나타난 부분의 상실 [a]에서 스스로를 실현하는 것이다. 주체는 프로이트가 가장 근원적인 충동으로 발견하고, 죽음 충동 [a]라고 명명하고 있는 발자취를 따라, 자신이 대문자 타자로 창출하는 결여 「S_1–S_2」를 통해서 스스로를 실현하는 것이다」(E.: 843=3권:386, 한: 434)

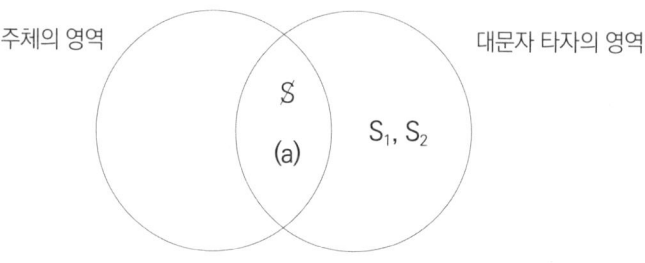

[그림 9] 분리의 공통 집합

이상의 논의에서 **분리**란 주체가 자신의 유성적 존재에서 상실한 리비도인 부분 충동이라는 외관을 지닌 죽음 충동을 매개로 하여, 모든 시니피앙의 틈새에서 무의식의 주체로 태어나 대문자 타자의 영역에서「대상 a」로서 거주하는 것을 가리킨다고 볼 수 있다. 라캉은 주체에 관해, 리비도라는 기관器官(라멜라)에 의해서「실제로 주체는 자신의 죽음을 대문자 타자의 욕망의 대상으로 삼을 수 있다」(E.:849=3권:375, 한:442)라고 서술하고 있다.

이 연산을 소외처럼 도식화하면, 그것은 합집합(곱집합積集合)에 의해 표상되는 [그림 9]와 같이 된다. 지금까지 살펴본 대로 라캉의 소외와 분리를 통해 주체의 구성을 말하며 충동적 무의식을 설명했다. 무의식이란「대상 a」가 대문자 타자의 결여에 거주한다는 구조를 보여준다. 여기서 주목할 점은 이「대상 a」는 시니피앙 연쇄에 편입되어 있다고는 하지만, 시니피앙은 아니라는 점이다.

2. 「대상 a」의 두 가지 기능

앞 절은 충동적 무의식을 확인했으므로, 이에 내재한 「대상 a」의 두 기능 중, 동일시 임상의 '사랑'과 환상 임상의 '환상' 관련 논의를 자리매김한다.

라캉은 「대상 a」는 사랑의 미끼[떠] · 뢰루leurre[미끼, 낚시 바늘]로, 또는 욕망을 지탱하는 환상으로 기능한다고 말한다(S., XI:169=11권:246, 한:245). 이는 전이의 두 측면에 대응한다. 이는 '저항적 전이'와 '효과적 전이'를 말한다. 라캉에게 전자는 충동을 멀리하는 사랑이라는 기만이 전개되는 '**암시적 전이**'를 말하고, 후자는 충동과의 **만남**을 가능하게 하는 '**분석적 전이**'라고 할 수 있다. 그리고 이 전이의 이중성에 대해 라캉은 「전이라는 양날의 도끼 축이 되고 공유점은 분석가의 욕망(désir de l'analyste)이다」(S., XI:213=11권:318, 한:314)라고 말한다. 즉 분석에서 '분석가의 욕망'의 본연의 자세에 따라 전이는 길흉 중 하나가 된다.

먼저 흉이 되는 측면인 사랑이라는 전이를 분석가의 욕망과의 관계로 검토해 보자. 사랑이라는 전이를 라캉은 다음과 같이 말한다.

> 「전이가 우리에게 분명하게 보여주는 것은 사랑 차원의 기초적 구조 아닌가. 우리를 보완할 수 있는 것을 당신은 가지고 있다고 타자를 설득할 때 우리는 바로 자신들에게 결여된 것을 계속 무시할 수 있다고 확신하게 된다」(S., 11=11권:175, 한:175).

이를 이론적 형태 그대로 분석 상황의 대화로 옮기면, 분석가가 '당신은 나를 보완할 수 있는 것을 가지고 있다'라고 분석 주체를 설득하고 분석 주체는 「알겠습니다. 저는 당신을 보완합니다. 그러니 사랑해 주세요」라고 분석가에게 답변하는 장면을 상정할 수 있다. 분석가는 분석 주체의 사랑으로 결핍을 메우게 되고, 분석 주체도 똑같이 분석가의 사랑으로 결핍을 메운다. 이것이 여기서 문제가 되는 '전이'이다. 그렇다면 이 전이에 분석가의 욕망은 어떻게 관련되어 있는가. 다시 라캉을 인용하자.

「주체는 분석가의 욕망에 종속된 자로 분석가로 하여금 자신을 사랑하게 만들어, 본질에서 기만적인 사랑을 스스로 제공하고, 이 종속으로 분석가를 속이려고 욕망한다. 전이의 효과, 그것은 현재, 지금 여기서 반복되는 한에서 이 속임수의 효과이다. (…) 바로 그렇게 때문에 이른바 전이 사랑의 이면에 있는 것은 분석가의 욕망과 분석 주체의 욕망 사이의 결합이라는 확신이라고 우리는 말할 수 있다」(S., XI:229=11권:343, 한:337).

이 사랑이라는 전이에는 분석가의 욕망과 분석 주체의 욕망이 연결되어 있다. 이는 3장의 '사랑과 분석가의 욕망'에서 보여준 라캉 제1임상(동일시 임상)의 구조이다. 동일시 임상은 분석가의 욕망, 분석가의 의도나 의지가 분석 주체에게 그것임을 분명히 알 수 있는 경우, 다른 말로 하면 분석가 측의 해석이 하나의 시니피앙이 되어 의미를 산출하는 경우, 욕망을 욕망하는 분석 주체는 명시적 형태로 표현된 의미를 분석가의 욕망으로 파악하고, 사랑을 위해 그것에 **상상적으로 동일시**하는 경향이 있다.

이런 구조의 관점에서만 보면 분석가의 욕망이 양화화陽画化되어 있는 한, 그 내용에 관계 없이 분석가의 욕망을 욕망하는 분석 주체가 그와 동일시되는 것은 피할 수 없다. 그리고 무의식은 폐쇄돼버린다.

이 경우 무의식적으로 내재화한 「대상 a」는 분석 주체의 욕망의 대상으로, 즉 분석가의 욕망으로 구체화되고, 사랑이라는 전이로 상상적인 동일시에 의해 지지되어 작용한다. 이 동일시는 「대상 a」[a(엄밀하게는 i(a)]와 자아 이상 [I]과의 중첩으로 표현된다. 이를 '내적인 8자형 huit intérieur'이라 불리는 그림으로 확인해 두자.

'내적인 8자형'이란 뫼비우스 띠 위의 가장자리와 평행하게 달리는 중심선의 궤적을 말한다. [그림 10]과 [그림 11]로 알 수 있는 것은, 욕망과 요구가 동일시의 교착선에 의해 접속되고 있는 점이다. 부연하자면 동일시 선상의 앞면(I 또는 T)에서 출발하여 뫼비우스의 띠 위를 더듬어 가면 뒷면(T 또는 I)을 통과하여(첫 번째 순회) 다시 원래의 점(I 또는 T)으로 회귀해 온다(2번째 순회). 이를 통해 뫼비우스의 띠에는 실제로는 표면도 이면도 없다는 것, 그리고 동일시의 교착선 상의 앞면과 뒷면 사이의 어딘가에 있는 점 [a], 즉 비틀림의 점을 통해 욕망은 요구로, 요구는 욕망이 되고 있음을 알 수 있다. 그리고 이 두 사람의 접속점이 전이(사랑)의 점이고 거기서 「a」와 「I」는 겹치게 된다. 이 중첩이 동일시이다. 또 [그림 10]과 [그림 11]에서는 동일시로 지탱된 전이에는 출구가 없는 것을 알 수 있다. 그것은 무의식이 폐쇄되어 버리는 것을 가리킨다.

이상에서 사랑이라는 전이와 분석가의 욕망의 관계를 정리하면 「대상 a」가 사랑이라는 전이로 기능하는 것은, 시니피앙 해석의 「내용 있는 해석」에 의해 분석가의 욕망이 양화되어 명시된 경우이다. 그에 의해, 「대상 a」[a]와 '자아 이상'[I]이 겹쳐, 동일시에 의해 충동적 무의식은 닫혀 버리는 것이다.

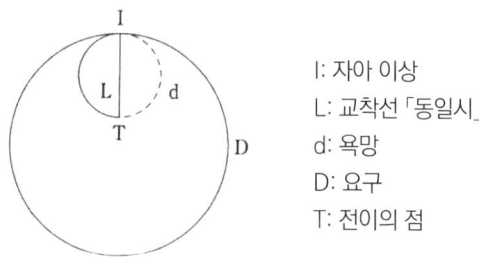

I: 자아 이상
L: 교착선 「동일시」
d: 욕망
D: 요구
T: 전이의 점

[그림 10] 내적인 8자형(*S.*, 11권:244=11권:365)

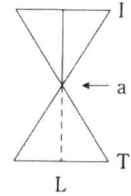

[그림 11] 내적인 8자형에서 전이에 관한 부분의 입체도

다음으로 「대상 a」의 또 다른 기능인 환상이란 전이를 똑같이 분석가의 욕망과의 관계로 생각해 보자.

「양날의 도끼」라는 라캉의 표현을 염두에 두면, 사랑이라는 전이가 양화화되고 명시된 분석가의 욕망에 기초하여 충동적 무의식이 닫혀버리고, 그것이 「대상 a」[i(a)]와 자아 이상[I]과의 중첩이라는 동일시로 나타난다면, 환상이란 전이는 음화화陰畵化된 비명시적인 것으로, 분석가의 욕망을 바탕으로 충동에 이르는 길이다. 그것은 「대상 a」[a]와 자아 이상[I] 사이의 간극으로 나타나는 탈동일시를 의미할 것이다. 이런 생각의 타당성을 검토해 보자.

먼저 환상에서는 「a」와 「I」가 겹치지 않고 어떤 거리가 유지되는 것이 중요하다. 앞서 인용한 문장을 다시 인용해 보자.

> 「전이가 요구를 충동에서 멀어지게하는 것이라면, 분석가의 욕망은 요구를 다시 충동으로 되돌려 놓는 것이다. 이 길을 통해 분석가는 「a」를 분리하고 그가 그 구현자가 되어야 할 주체로부터 요구되는 것, 즉 「I」로부터 가능한 한 멀리 떨어진 곳에 두는 것이다. 「a」를 분리하는 버팀목이 되기 위해서는 분석가는 이 「I」와의 동일시라는 이상화에서 추락해야만 한다」(S., XI:245=11권:368, 한:362).

그리고, 「정신분석 조작의 기본적인 원동력」(S., XI:245=11권:368, 한:362)이라고 알려져 있는, 이러한 「대상 a」와 '자아 이상'[I]과의 간극에 의해 탈동일시가 가능해져, 주체는 충동에 이른다. 여기서도 앞

장의 인용문을 다시 제시한다.

「정신분석가의 욕망 – 이것은 하나의 x로 남아 있지만 – 동일시와는 바로 반대 방향으로 향할 때에야 비로소, 분석 경험 속 주체의 분리를 매개해, 동일시라는 평면을 초월하는 것이 가능해진다. 이렇게 주체의 경험은 무의식의 현실에 의해, 충동이 그 모습을 나타낼 수 있는 평면으로 다시 원래의 곳으로 끌려 간다」(S., XI:246=11권:369, 한:363).

여기서 분석가의 욕망에 주목해 보자. 위의 두 인용을 통해 분석가의 욕망이 주체를 충동으로 이끄는 데 중요시되고 있음을 알 수 있다. 그리고 후자의 인용에서 알 수 있는 것은 분석가의 욕망은 x여야 한다는 것이다. 분석가의 욕망이 「x=수수께끼」이려면 분석가의 욕망이 비명시적일 필요가 있다. 즉 그것은 분석가의 의도나 의지가 분석 주체 측에 명확하게 전달되지 않는 형태를 취하는 것이다.

이것은 4장에서 「환상의 임상」 논의나 앞 장에서 보았듯이 분석가가 〈회기 끝내기 scansion〉나 침묵이라는 「공백을 가진 해석」을 통해서 실현된다. 이런 분석가의 행위에 의해 분석 주체는 동일시하는 대상을 잃고 곤혹스러워하지만, 분석가 측의 환상에 혼합되지 않고, 스스로 생각하는 바의 시니피앙을 열거해 가기가 가능해진다. 이런 탈동일시에 기반을 둔 환상의 반복 itération을 거쳐, 주체는 마지막으로 충동과 관계하게 된다.

「「대상 a」와의 관계에 따른 주체의 위치 파악 후에는 근원 환상fantasme fondamemal의 경험이 충동으로 전환된다. 그렇다면 근본적으로 불투명한 충동과 이 관계를 경험한 사람은 무엇이 되는 것일까? 근본적 환상을 가로지른 주체는 어떻게 충동을 살아낼 수 있을까? 이것이 바로 분석의 피안/저편이다」(S., XI:245-246=11권:368, 한:363).

주체가 「대상 a」와의 **만남**에서 근원 환상을 구성하는 것으로 충동과 관계하게 되는 이 지점은, 「분석의 피안」으로 이야기되는 분석의 한 출구가 된다. 이런 의미에서 환상이라는 전이는 효과적인 전이이며, 환상이란 정신분석의 근간과 관련된 중요한 것이다. 라캉은 「정신분석의 가치, 그것은 환상에 작용하는 것이다」(A.E.:366)라고 말한다.

이상으로 '환상이란 전이'와 분석가의 욕망의 관계를 하나로 정리하면 「대상 a」가 환상으로 기능하려면, 분석가의 욕망이 수수께끼인 채로 머무는 것이 필요하다. 이를 위해 분석가는 〈회기 끝내기scansion〉나 침묵이라는 「공백을 갖는 해석」에 의해 분석가의 욕망을 숨김없이 비명시적인 것으로 밝혀야 한다. 그로 인해 「대상 a」[a]와 자아 이상[I]과의 사이에 간격이 유지되고 탈동일시를 통해 주체는 근원 환상의 구성으로 향하게 된다.

반복되지만, 마지막으로 다시 「대상 a」의 두 가지 기능과 그것이 작동하는 배경을 언급한다. 분석가의 욕망이 명시적이라면 「대상 a」는 사랑이라는 미끼餌・뢰루leurre[가짜 미끼 낚싯바늘] - 동일시의 임상에 있어서의 문제점 - 로 기능하여 분석을 정체로 이끈다. 분석가의 욕망이 비명시적이면, 「대상 a」는 욕망을 지지하는 환상 – 환상의 임상에서 중심 역할을 하는 무의식의 파생물 – 으로 기능하여 분석의 한 출구를 제공한다.

3. 라캉의 전이 이론

앞 절은 충동적 무의식에 포함된 「대상 a」의 두 가지 기능인 '동일시 임상'의 '사랑'과 '환상 임상'의 '환상'을 논했다. 전자는 전이의 저항적 측면, 후자는 전이의 효과적 측면이다. 전이는 물론 프로이트가 분석에 도입한 용어이지만 프로이트는 '전이'를 양성 전이와 음성 전이로 나누고, 양성 전이를 의식적인 양성 전이와 무의식적인 양성 전이로 나눈다. 여기서는 이런 프로이트의 전이 이론과 라캉에서의 사랑과 환상 논의의 결합을 검토하고 전이를 정리한다. 프로이트는 전이를 이렇게 말한다.

> 「치료에 대한 **가장 강력한 저항**으로 나타난다」라고 말하는 동시에 전이는 「치료를 성공시키는 가장 강력한 요인」이라고 생각한다(*S.*, XII:101=9권:70-71).

이 패러독스를 프로이트는 무의식적인 양성 전이와 음성 전이가 '저항적인 전이'가 되고, 의식적인 양성 전이는 '치료 효과적인 전이'

가 된다고 해결했다. 이 전제부터 시작해 먼저 '저항적인 전이'부터 생각해 보자.

무의식적인 **양성 전이**는 라캉의 '사랑'이라는 전이에 대응한다. 지금까지 살펴본 사랑은 분석을 정체로 이끄는 것이기 때문이다. **음성 전이**란 사랑이 역방향으로 전환된 공격성이 특징이다. 이것도 사랑이라는 전이의 한 측면이다. 이들의 '저항적 전이'는 동시에 **해석을 통해 사랑을 요구**하고 있다고 할 수 있다. 무의식적인 양성 전이는 「언제든지 전적으로 해석을 받아들이겠습니다. 빨리 해석해 주세요」라는 이른바 유혹의 형태를 지닌 해석의 요구이고, 음성 전이는 「이 상태를 해석하지 않으면 분석은 끝나게 될 거예요」라는 위협의 형태를 취한 해석 요구로 볼 수 있다.

치료에 효과적인 전이인 의식적인 양성 전이로 눈을 옮겨보자. 프로이트는 이를 「우호적인, 또는 상냥한 친애적 감정」이라고 말한다.

이 전이는 일반적으로 치료 상황을 호전시키는 전이, 즉 **전이성 치유**를 가져오는 양성 전이로 간주된다. 그러나 프로이트가 한 말의 표면적 의미만으로 분석가가 이 양성 전이를 우호적이고 상냥한 감정으로만 환원하고 이 감정을 끌어내는 것만 전념한다면 「대상 a」와 '자아 이상'[I]의 차이는 유지되지 않을 것이다. 분석 상황은 사랑에 의해 상상적 동일시로 끝나고 만다. 또한 이런 의식적인 양성 전이를 강화해 가려는 입장에서는 양성 전이를 강화하기 위해 분석가의 분석 주체를 치료하겠다는 욕망과 열정이 중요하다.

그러나 이런 열정만으로 분석에 임한다면 이 양성 전이는 강화되고 분석을 정체로 이끄는 사랑으로 변해갈 것이다. 요컨대 분석가가 '우호적이고 부드러운 감정'을 계속 발전시키려 하거나 분석 주체를 치유하고 싶은 열의를 너무 갖고 치료에 임하는 경우 즉시 저항적인 전이가 전면화되는 결과가 된다.

프로이트를 따르면 이는 의식적 양성 전이가 아니라 무의식적 양성 전이다. 이렇다면 전이성 치유란 '우호적이고 부드러운 감정'을 적절히 유지함으로써 실현되는 것이라고 할 수 있다. 그러나 치료를 호전시키는 전이는 이런 감정이 중요한 것일까? 전이성 치유가 분석적 치유의 전부일까?

라캉이 말한 **'효과적인 전이란 환상이다'**라는 점을 상기하기 바란다. 이것이 효과적이라 할 수 있는 것은 이 환상이 전이가 충동과 **만남**을 가능하게 하고 분석의 출구를 제공하는 전이이기 때문이다. 프로이트는 의식적인 양성 전이에 관해 감정에 역점을 두고 이른바 「분석가에 대한 감정적 신뢰」가 중요하다고 하지만, 아마도 이 양성 전이에서 중요한 것은 「분석가의 지식/앎에 대한 믿음croyance au savoir de l'analyste/ belief in the analyst's knowledge」이라 볼 수 있다. 라캉을 인용해 보자.

> 「양성 전이, 그것은 내가 **알고 있다고 가정된 주체**sujet supposé savoir의 이름으로 정의를 시도한 것이다. 누가 알고 있다고 가정된 것일까. 바로 분석가이다. 그것은 하나의 할당, **가정되었다**는 말이 이미 시사하듯이 하나의 할당인 것이다」(S., XXIV:1977/5/10).

여기서「할당」이라는 말에 충분히 주의를 기울인다면「분석가의 앎에 대한 믿음」이란 엄밀하게는 분석가에게 할당된 지식/앎의 위치에 대한 믿음임을 알 수 있다.

「가정돼 있는 것이 앎이라는 것은 분명하다. 그걸 잘못 알고 있는 사람은 지금까지 아무도 없다. 누구를 상대로 가정되어 있는 것일까? 물론 분석가에 대해서가 아니라 분석가의 위치를 상대로 한 것이다」(S., XIX:1972/5/10).

이상의 논의에서 의식적인 양성 전이는 라캉에서「분석가 위치에서의 앎/알고 있음의 믿음」에 기반한 환상, 간략히 말하면「분석가의 앎에 대한 믿음」에 기반한 환상임을 알 수 있다. 그리고 이 환상이란 관점에서 라캉파의 임상, 특히 환상의 임상을 생각해 보자. 그것은 의식적인 양성 전이를 기초로 침묵과 〈회기 끝내기^{scansion}〉라는「공백을 지닌 해석」으로 구현된다.「나는 알지 못한다」는 지식/앎을 거부하는 태도를 유지하면서, 분석가가 무의식적인 양성 전이와 음성 전이라는 두 가지 저항적인 전이(향락적 잔여에 대한 고착의 반복)를 분석 주체들에게 전개시키는 것이다. 좀 더 말을 덧붙이자.

먼저 분석가는 알고 있다고 가정된 주체라는 그 위치 때문에 "당신 문제의 해답을 알고 있다." 또는, "당신의 진실을 알고 있다."라는 식의 "나는 알고 있다."라는 존재로 분석 주체에게 인식된다. 그리고 이 때문에 분석 주체는 사랑이나 공격성을 이용해 분석 상황을 흔들어 분석가에게 해석을 요구한다. 이런 상황에 대해 분석가가 일반적인 해석으로 응해 버리면, 해석에 대한 동일시를 통해 분석 주체가 자신이 좋아하는 인물이나 싫어하는 인물에 분석가를 더 겹쳐 보게 되어 사랑이나 공격성이 강해진다. 반대로 해석에 반발하여 사랑과 공격성이 서로 전환되면서 저항이 강화되는 상황에 빠질 가능성이 있다. 따라서 분석가는 「나는 알고 있다」라고 간주하면서도 의미 내용을 갖지 않는 해석으로 응답한다. 「나는 모른다」라는 태도를 표명해 저항적 전이에 대응함으로써, 분석 주체에게 스스로 생각하는 바의 환상을 전개하게 하는 것이다.

무의식적인 양성 전이라는 사랑과 음성 전이라는 공격성의 과정을 포함해 환상이라는 의식적 양성 전이의 전개를 통해 분석 주체는 시니피앙을 열거해 나간다(저항 → 진실적 효과). 이상의 논의를 쉽게 이해하기 위해 표로 제시한다.

[표 1] 전이의 구분

타입	내용	작동물	작용
일반적으로 오용되고 있는 양성 전이	감정적·암시적·지지적 기법에 의한 좋은 감정	암시(정신분석적 심리치료)	전이적 치유
의식적 양성 전이	'친애하는 감정'(프로이트)이라는 '분석가의 앎의 신앙'(라캉)	환상	진실적 효과 ↑ 저항
무의식적 양성 전이	유혹의 모습으로 해석을 요구	사랑	
음성 전이	위협하는 형태의 해석을 요구	공격성	

4. 보완적인 두개의 임상

이 장에서 지금까지 「대상 a」에 편입되어 있는 충동적 무의식과 「대상 a」와 관련이 깊은 '전이'라는 관점에서 두 임상의 관계를 검토했다. 이제 동일시 임상의 「내용 있는 해석」과 환상의 임상에서 「공백을 지닌 해석」이라는 방법에 내재한 문제와 그 해결책이라는 관점에서 두 임상의 관계를 검토하고, 라캉파의 개입 방법에 대해 하나의 결론을 내리려고 한다.

먼저 지금까지 몇 차례 언급해 온 동일시 임상 문제부터 확인하자. **동일시 임상**은 '진실로의 동일시'를 위해 분석 주체에게 「내용 있는 해석」을 줄 수 있다. 이런 해석은 그 내용의 의미가 명시적이기에, 그것이 분석가의 욕망으로 간주되고, 주체의 동일시는 상징적인 것에서 상상적인 것으로 방향을 전환해 버리고, 분석은 '사랑' 때문에 정체되는 문제가 있다.

환상의 임상에서 이용하는 「공백을 지닌 해석」은 분석가의 욕망이 비명시적이라 상상적인 동일시에 빠지지 않거나, 상상적인 동일시를 탈동일시해 근원 환상의 구성으로 주체를 끌어 간다. 즉 동일시 임상 문제는 환상 임상의 침묵이나 〈회기 끝내기 scansion〉라는 「공백을 지닌 해석」에 의해 해결을 볼 수 있다. 그렇다면 이 해결책인 환상의 임상에서 이용되는 「공백을 지닌 해석」에는 문제점이 없는 것일까. 이 검토를 위한 소재로 필자가 관련된 한 여성의 사례를 제시한다.

어느 날 치료자에게 찾아온 여성 E는 날이 갈수록 손과 다리, 허리 등이 아픈 신체 증상에 시달리고 있다. 이런 문제에 대해 프로이트적이 아닌 융적으로 접근하고 싶어 꿈과 그에 관한 연상을 기록한 것을 회기 때 거의 매번 지참하게 했다. 치료자는 꿈의 요소 분석 이외에는 그다지 해석하지 않은 채 침묵으로 응하고 있었다. 그런 가운데 E는 사람과의 의견 대립을 피하기 위해 사람과 관계없는 생활을 하고 있다는 점, 특히 남성과 친밀해지는 것을 피하고 있다는 점을 털어놓았다. 어떤 때는 남성과의 성관계를 한동안 피해 온 것으로 드러났다.

이런 침입 불안이라 부를 수 있는 것이 전이 형태를 취하며, 다른 사람의 의견을 받아들이지 않거나, 몇 안 되는 치료자의 해석을 거절하는 등으로 표현되고 있었다. 이런 상황에서 치료자가 큰 해석을 하지 않고 침묵이라는 「공백을 지닌 해석」을 계속하는 것은 침입적이지 않고 수용적이고 지지적이기는 했다. 그러나 이런 해석의 지속은 종이에 써온 꿈이나 그 연상을 읽을 뿐, 그 이상의 연상은 행하지 않는다. E의 방어 양식을 인정하고 유지시켜, 경우에 따라서는 이를 강화하고 있는 것에 지나지 않았다. 그것이 「공백을 지닌 해석」의 한 문제점이다.

또 소박하게 생각하면 침묵만으로 분석가가 대응하고 분석 주체가 자신의 힘으로 계속 이야기하는 것이다. 분석가의 존재만 있으면 그것으로 그만이라고 주장해도 여전히 한계가 있을 것이다. 이 역시 「공백을 지닌 해석」의 한 문제점이라고 할 수 있다.

이런 문제점으로 분석 과정이 정체되었을 때는, 역시 「내용 있는 해석」을 이용하는 것이 필요하다고 생각된다. 그렇다면 어떻게 내용 있는 해석을 사용하면 좋을까? 요즘 근래에 자주 이야기되는 「지금-여기」인가. 즉 「남의 의견을 받아들이지 않는 듯이, 여기서도 내 말을 받아들이지 않는군요」라고 말하는 것이 적당한 것일까. 아마도 라캉이라면 「이미 – 거기$^{déjà-là,\ already-there}$」[노트 5]의 관점을 중시하여 「지금-여기」에서 생기는 전이를 해석할 것이다.

이는 회기 장면에서 「지금-여기」라고 하는 현재와 최근의 사건인 과거를 연결하는 것이 아니다. 현재보다 옛날 사건인 과거를 연결하는 작업이다. 즉 그것은 S_1-$S_2 \cdots S_{99}$-SS_{100}이라고 하는 연쇄가 있다고 하면, S_{100}과 S_{99}를 연결하는 것이 아니라, S_1과의 연결이 더 강한 S_{10}이나 S_{30}을 S_{100}으로 연결하는 작업이다. 극단적으로 말하면 여기에는 '지금-여기'로 대표되는 **현재에서 과거**로 가는 방향과 '이미-거기'를 항상 염두에 두는 **과거에서 현재**로 가는 방향과의, **주체의 시간**에서 방향성에 차이가 있다. 치료를 함에 있어 주체의 시간을 현재에서 과거로 거슬러 올라가는 경우도, 과거에서 현재로 주체의 역사를 더듬는 경우도 있지만, 후자에 중점을 두는 시간의 방향성은 잘 알려진 라캉의 **역사 재구축**이라는 구상에서의 시간 방향성이다.

그리고 그러한 시간 축에 따라 이루어지는 해석에는 3장의 '시니피앙 연쇄 뒤따르기'에서 기술한 바와 같이 **의미** 대문자 타자 속에 쓰여 있는 어떤 시니피앙과 대응하는 무언가의 언어/말에 포함되어 있다.

또 「내용 있는 해석」에 관해 다시 말하면 단순히 전이로서 반복해 가는 동일한 것을 과거에서 현재라는 시간의 방향성과 시니피앙의 관점에서 해석하는 것뿐 아니라 동일한 것이 무의식 중에 집요하게 반복되고 있는 것에 대한 주체의 불안을 건드리는 것도 중요하다. 왜냐하면 전이나 증상으로 나타나는 것은 항상 양가감정ambivalence을 포함하고 있기 때문이다. 따라서 앞선 여성 분석 주체 E의 경우에는 「내 말을 받아들이면 엄마에게 말을 들은 것 같고, 내가 아닌 것 같아 불안하네요」와 같은 해석도 가능할 것이다.

「공백을 지닌 해석」이 분석 주체의 방어 양식을 유지시키거나 분석 주체가 혼자서 계속 이야기하는 것에 지쳐 치료 상황이 폐쇄감에 휩싸인다. 이 때 분석가나 치료자는 위에서 설명한 바와 같이 「이미-거기」로부터의 「내용 있는 해석」에 의해 그러한 상황을 변화시킬 수 있을 것으로 생각된다. 이상에서 「내용 있는 해석」에 의해 사랑이 작동하여 무의식이 폐쇄되는 경우는 「공백을 지닌 해석」이다. 그리고 「공백을 지닌 해석」에 의해 분석적 과정이 정체에 빠진 경우는 「내용 있는 해석」으로 대응한다. 이것이 동일시의 임상과 환상의 임상에서 각각 방법의 문제점을 해결하는 방법이라고 생각된다.

라캉이 세미나에서 전개한 체계는 분석 과정을 차례로 설명한 것이 아니다. 즉 라캉 제1임상인 동일시 임상을 마치고 다음에 라캉 제2임상인 환상 임상으로 나아가는 것이 아니다. 라캉은 분석 과정을 처음에는 '동일시 임상'으로 나타내 그것을 더욱 심화시키는 형태로 환상의 임상을 구축한 것이다. 이런 의미에서 동일시 임상과 환상 임상은 동시에 전개되는 것이다. 분석이 쌓이는 회기에서 어떤 때는 그 시점의 진실을 접하고 그것에 동일시한다. 분석가에 대한 사랑으로 분석이 정체되거나 탈동일시하여 환상을 반복하는 것처럼 분석은 각각의 임상이 얽히면서 진전되어 간다.

 이 절에서는 두 임상에서 이용되는 방법은 서로의 결점을 보완하는 것으로 그렸다. 두 임상이 동시에 전개되는 이상, 두 기법도 적시에 동일한 회기 과정에서 사용되게 된다. 따라서 이상의 고찰을 통해 결론지을 수 있는 라캉파의 임상적 접근이란 「내용 있는 해석」과 「공백을 지닌 해석」을 병용하는 것이라고 주장하며 이 장의 결론으로 삼는다.

[연구 노트]

[노트 1] 충동: drive(영), Trieb(독), pulsion(프) 인간의 충동은 본능instinct과 달리 목표와 대상이 고정되어 있지 않다. 그것은 신체 내부에서 오는 끊임없는 압력으로, 부분 대상(젖가슴, 목소리 등)의 주위를 맴돌며 결코 완전히 만족될 수 없는 순환 운동의 특징을 가진다.

[노트 2] 한국어 본: "**소외**는 이 벨(vel)에 있습니다. 이 벨은 (…) 주체가, 한편으로는 기표에 의해 산출된 의미로서 출현하고 다른 한편으로는 **아파니시스**로 출현한다고 방금 제가 충분히 정식화했던 그 분열 속에서만 출현하도록 선고합니다."

[노트 3] 해당 부분이 한국어 번역과 문장 차이가 커서 그대로 첨부한다.

"**분리**를 통해 주체는, 말하자면 **빗금 친 A**, 즉 대타자의 결여를 자신의 소외시키는 본질로서 발견합니다. 욕망이 놓여 있는 것은 이 두 기표의 간격 속이며, 욕망은 대타자 담론의 경험 속에서 주체의 표식을 위해 제공됩니다. 주체가 관계하는 최초의 대타자는 이 경우 어머니입니다. 주체의 욕망이 구성되는 것은, 어머니가 말하고 명령하고 의미로서 표상하는 것의 저편이나 이편에 어머니의 욕망이 있는 한에서이며, 그 한에서만입니다. (…) 속임수가 없지 않은 과정, 근본적인 뒤틀림을 보여주지 않을 수 없는 과정을 통해, 주체는 (…) **최초의 지점**으로 되돌아갑니다. 최초의 지점은 **자기 자신의 결여의 지점, 즉 자신의 아파니시스라는 결여의 지점**입니다."

[노트 4] 라캉은 이 두 단어를 통해, 주체가 언어의 세계로 들어오기 이전의 신화적 상태와 그 과정에서 상실되는 '리비도'의 본질을 매우 초현실적인 이미지로 묘사한다.

- 오믈레트Omelette/l'hommelette

  라캉은 플라톤의 『향연』에 나오는 아리스토파네스의 신화를 언급한다. 원래 인간은 완벽한 구형이었으나 신에 의해 둘로 쪼개져 자신의 반쪽을 찾아 헤매게 되었다는 이야기이다. 라캉은 여기서 한 걸음 더 나아가, 이 존재가 쪼개질 때 마치 계란이 깨져 오믈렛이 되듯 납작하게 퍼져버리는 초현실적인 이미지를 상상한다. 그는 프랑스어 단어 'homme(인간)'과 'omelette(오믈렛)'를 결합해 'l'hommelette(인간-오믈렛)'라는 언어 유희를 만들어낸다.

의미는 주체가 되기 이전의 신화적 존재를 상징한다. 이 존재는 깊이나 내/외부 구분이 없는, 그저 납작하고 분화되지 않은 평면적인 생명체이다. 이는 욕망의 원인이 되는 '결여'가 아직 발생하기 전의, 기관 없는 신체와 같은 상태를 나타낸다.

- 라멜라 Lamella

'라멜라'는 바로 저 '인간-오믈렛'가 상징화 과정(언어의 질서로 들어오는 것)에서 상실하는 것, 즉 리비도 그 자체를 형상화한 신화적 존재이다. 'lamella'의 어원은 생물학에서 '얇은 판'이나 '층'을 의미하는 용어이다.

라캉은 리비도를 이 '라멜라'라는 기괴하고 무시무시한 존재로 묘사하며 다음과 같은 특징을 부여한다.

- 불멸성: 라멜라는 개체가 죽어도 사라지지 않는 불멸의 생명력, 즉 리비도/충동의 파괴 불가능한 속성을 나타낸다.
- 평면성: 오믈렛처럼 어떠한 기관도, 깊이도 없이 오직 표면만 있는 납작한 존재이다.
- 무한 분열: 잘려도 죽지 않고 무한히 분열하며 증식할 수 있다.
- 비신체적 기관: 라캉은 라멜라를 '신체 없는 기관'이라고 부른다. 이는 리비도가 특정 신체 부위에 얽매이지 않고, 주체가 언어의 세계로 들어오면서 신체로부터 떨어져 나온 순수한 생명력의 잔여임을 의미한다.

요컨대, '오믈렛'가 결여가 없는 원초적 생명이라면, '라멜라'는 주체가 탄생하는 과정에서 그 생명체로부터 떨어져 나와 영원히 주체 주위를 맴도는, 불멸하지만 기괴한 리비도의 신화적 형상이라고 할 수 있다.

[노트 5] 라캉은 주체가 태어나기 전부터 '이미-거기에 있는already-there' 언어와 법의 세계, 즉 상징계를 지칭하기 위해 사용했다.

라캉이 '데자-라déjà-là'라는 용어를 사용한 핵심 출처는 그의 초기 주요 저작인 『에크리Écrits』와 세미나이다. 이 용어는 특정 논문이나 세미나의 한 챕터에만 등장하는 것이 아니라, 그의 사상 전반, 특히 상징계의 선재성pre-existence을 설명할 때 반복적으로 사용되는 핵심 개념이다.

에크리Écrits: 「정신분석에서 말과 언어의 기능과 장Fonction et champ de la parole et du langage en psychanalyse」(1953)이란 논문은 '데자-라' 개념이 가장 명확하게 드러나는 대표적인 텍스트이다. 라캉은 여기서 주체가 태어나기 전부터, 즉 주체가 "나"라고 말하기 이전부터, 언어의 구조, 법, 문화, 친족 관계 등 상징적 질서가 '이미-거기에(déjà-là)' 존재하며 주체를 기다리고 있다고 설명한다. 주체는 이 '이미-거기에 있는' 세계 속으로 던져지는 존재이다.

세미나 1권: 『프로이트의 기술 편』(1953-1954), 세미나 3권: 『정신증』(1955-1956) 시기 세미나에서 라캉은 '데자-라'의 개념을 반복해서 사용하여, 무의식이 개인의 내면에 갇힌 것이 아니라, 개인을 넘어서는 '타자의 담론', 즉 '이미-거기에 있는' 상징적 구조임을 강조한다.

결론적으로, '데자-라'는 라캉이 주체가 고립된 존재가 아니라 언어라는 선재하는 구조 속에서 탄생하고 그 구조에 의해 결정된다는 자신의 구조주의 입장을 확립하기 위해 1950년대 초중반에 집중적으로 사용한 핵심 용어라고 할 수 있다.

7장
치유를 위한 환상의 반복

지금까지 라캉파의 해석인 시니피앙 해석, 〈회기 끝내기scansion〉, 침묵이라는 세 가지 해석을 서술해 왔다. 앞 장에서 논한 바와 같이 제1임상과 제2임상은 동시에 사용될 수 있다. 그 관계는 인식론적 발전 관계가 아니다. 이 장은 제1임상과 제2임상에서 사용되는 세 가지 해석이 어떻게 임상으로 전개되는지를 장기적인 전망에서 기술한다. 또 라캉파의 임상을 골라 그림으로 제시한다.

환상 개념에 구체적으로 초점을 맞추고, 환상과의 관계에서 분석 주체가 어떻게 치유로 향하는지 검토한다. 먼저 어떤 한 학파의 환상에 대한 정의에 그치지 않고 더 넓은 관점에서 환상을 개괄한다. 프로이트의 「꿈은 무의식에의 왕도이다」(S.E., 5권:608=2권:498, 한: 열린책들 『꿈의 해석』, p.791)[36]라는 테제를 대신해 '환상은 무의식으로 가는 왕

---

36) 엄밀하게는 "**꿈 해석은 정신생활의 무의식적인 지식에 대한 왕도이다.**"라고 기술되어 있다.

도이다'라는 테제를 제창한다. 또 언어 표상이나 음소音素에 주목해 환상이 정신분석 실천에서 중심적인 역할을 한다는 점을 밝힌다.[노트 1]

이 작업은 "라캉의 중기 이론은 전기의 언어학적 이론과 어떤 접점이 있는가?"라는 자주 제기되는 의문에 대한 하나의 회답이다. 그런데 환상은 분석 역사상 다양한 방법으로 이야기되어 왔다. 일본에서도 환상은 지금까지 ①내면의 가족 이미지나 ②오이디푸스 콤플렉스, ③심리적 현실 등으로 논의되고 있다. 후지야마 나오키藤山直樹(1993), 마츠키 쿠 니히로松木邦裕(1985) 등은 환상의 변형·변화에 의한 치료과정을 기술하고 있다. 그렇지만 지금 논의하는 환상은 이와는 달리 프로이트가 기술한 환상 개념 자체를 검토하고 치료 이론을 검토하려 한다.

환상 개념 자체를 검토는 자아심리학의 제이콥 알로우Arlow, J.(1969)와 벨레스Beres, D.(1962), 미셸 인더비친Inderbitzin, L.과 레비Levy, S.(1990), 클라인파인 아이작스Isaacs, S.(1948)와 시걸Segal, H.(1964), 힌셸우드Hinshelwood, R. D.(1991), 그리고 라캉파에서는 라캉(1966-67)과 밀레르(1982-83) 등이 해왔다. 이제 이 선구자들의 견해를 참조하며 앞서 말한 바와 같이 환상에 대해 개괄해 보자.

1. 여러 정신분석 학파의 환상

환상이란 개념을 장 라플랑슈와 장 퐁탈리스는 「그 안에 주체가 등장하는 상상의 시나리오이며, 그 시나리오는 방어 과정에 의해 다소나마 왜곡된 형태로 욕망의 충족, 즉 무의식적 욕망의 충족을 나타내고 있다」(Laplanche & Pontalis, 1967:152=1977:114)라고 간결하게 정리했으나 이 개념은 '착종錯綜[뒤섞여 있음]'되었다고 지적한다. 이는 프로이트의 환상에 관한 다양한 서술에서 유래한다. 환상의 다양한 면에 눈을 돌리기 전에 먼저 환상을 파악하는 작업으로 자아심리학, 클라인파, 라캉파 모두에서 인정될 수 있는 환상의 공통점을 확인해 보자. 이어 환상 개념의 복잡성에서 비롯된 몇 가지 문제와 여러 학파 간 환상의 차이점을 살펴보자.

환상에 관한 공통점

여러 정신분석 학파는 저마다 유력한 논자들이 프로이트를 읽고 독자적으로 환상에 관한 논의를 펼쳤다. 그 내용에서 환상 개념의 공통 인식을 찾을 수 있다. 공통점을 먼저 꼽고 많은 분석가가 환상과 관련해 '언어'에 주의를 기울이고 있다는 점을 주목해 「환상은 언어적이다」라는 한 항목을 새로운 공통점으로 도출한다. 먼저 환상 개념에 관한 학파를 초월한 공통 인식은 다음과 같다.

- 환상은 꿈, 증상, 성격 특성 등을 만들어 낸다.
- 환상은 상상 안에서 행해진 욕망 충족의 한 형식이며, 타협 형성이고 방어이다.
- 환상은 의식에서 무의식까지 있다(환상은 의식과 무의식 사이를

이행한다).
- 무의식적 환상은 의식적인 심리적 활동이나 경험과 상호작용하고 서로 영향을 준다.

다음에 자아심리학, 클라인파, 라캉파 분석가들의 환상에 대해 '언어'로 언급한 것을 보자.

자아심리학자 제이콥 알로우Arlow, J.는 무의식적 환상은 언어적 개념verbal concepts을 동반한 요소로 구성되어 있고, 내적 일관성을 갖고 있으며, 고도로 조직화되어 있다고 말한다(Arow, 1969:3). 또 같은 자아심리학자 벨레스Beres, D.도 환상의 언어적인 면의 시사점을 엿볼 수 있다. 그는 무의식적 환상이 언어적 형식인지 이미지로 존재하는지는 불분명하다고 하면서도, 이미지를 의식적인 것으로 간주하고, 무의식적인 것을 위해 언어화verbalization에 대해 언급한다. 그에 따르면 무의식적 환상은 언어적 내용을 지니고 있지 않지만 「언어화는 환상을 의식화하는 과정의 일부」이다(Beres, 1962:322). 이 근거로, 벨레스는 『자아와 이드』에서 프로이드가 기술한, 무의식에서 의식까지의 정신적 내용의 이행을 인정하는 전前의식적 연결(연접連接)로서의 언어 이미지verbal images[37]을 제시하며, 「환상의 내용은 기억 흔적에 토대를 두고 있다」(Beres, 1962:324)라고 말했다.

클라인파는 프로이트가 기술한 「시각 이미지로 사고하는 것은 단

---

[37] verbal images는 일반적으로 word presentation으로 번역되는 언어 표상(Wortvorstellung)의 벨레스에 의한 영어 번역으로 여겨진다. 프로이트에서 언어 표상(Wortvorstellung)은 때때로 언어 흔적(Sprachrest)라고도 기술된다.

지 극히 불완전하게 의식화되는 것에 불과하다. 어쨌든 그것은 언어로 사고하는 것보다 무의식적인 과정에 더 가깝다. 또 시각 이미지로 사고하는 것은 언어에 의해 사고하는 것보다 개체 발생적으로도 계통 발생적으로도 의심할 여지 없이 더 오래된 것이다」(S.E., XIX:21=6권: 271, 한: 『자아와 이드』, 열린책들, p.266)[노트 2]에 근거하고, 환상의 시각적 요소를 중시해, 시각적인 환상은 언어에 선행한다고 주장한다.

예컨대 힌셀우드Hinshelwood, R. D.도 환상이 전 언어적 단계preverbal stage에서 활동하고 있는 것이나 환상 생활의 비언어적인 원시적 수준non-verbal primitive level을 강조했고(Hinshelwood, 1994:30=1999:25), 아이작스Isaacs, S.는 「말words은 환상과 내적 세계를 표현한 수단으로는 더 발달하고 나서 출현한다」(Isaacs, 1948:85=2003:132)라고 말했다.

이런 주장을 보면, 클라인파의 환상은 언어와는 별로 관련이 없다고 생각된다. 그렇게 속단하기 전에 클라인파는 언어적인 것을 어떤 것으로 보고 있는지를 살펴보며 이 학파의 환상과 언어의 관련성을 검토해 보자.

힌셀우드나 아이작스가 환상의 선행성을 주장할 때 사용하는 verbal이나 word라는 말은 문맥적으로 「언어/말言葉로 나타내는 것」이나 「발화하는 것」이란 의미로 포착되고 있다. 또한 그것들은 어원학적으로도 「말로 표현하는 것」이고, 「이야기하는 말」의 의미를 다분히 포함하고 있다.[38] 이런 점에서 '말할 수 있는 것'은 클라인파의 '말'

---

38) 라틴어의 verbum(말, 언어, 표현, 진술)에서 유래한 verbal이라는 단어는 '구술'이나 '말하는 언어로 표현한다'라는 의미를 포함하고 있으며, 그것은 이 말의 파생어에 반영된다. 예를 들어 verbalize(언어화하다, 말로 표현하다)나 verbalization(언어화). 또 word라는 단어의 동사로서의 의미는 '말로 표현하다', '말하다/진술하다'이다.

이란 파롤parole을 가리킨다. 따라서 클라인파는 파롤보다 환상이 선행한다고 주장하는 셈이다. 그러한 주장의 예로 아이작스는 다음과 같이 제시한다.

아직 말하지 못하는 1년 8개월의 여자 아기가 망가진 구두를 보며 말을 사용하지 않고 외침으로 신발에 대한 두려움을 드러냈다. 이후 2년 11개월 된 시점에서 이 아이는 그 공포를 처음으로 말로 할 수 있었다. 아이작스는 이런 사실에 근거해 1세 8개월에서 2세 11개월 사이에 여자 아기가 그러한 공포를 유지할 수 있었다는 현상을 뒷받침하고 있었던 것은 말 이전에 존재하는 '감각으로 체험되는 환상'이라고 주장한다.

여기서 이 외침이라는 것에 주목해 보자. 클라인파에서의 환상과 언어의 연관성은 어느 정도 뚜렷한 윤곽을 지니고 드러날 것이다. 여자 아기가 내뱉은 외침은 확실히 의미가 분명하게 통하는 말word이 아니다. 그러나 그것은 공포를 나타내는 것(또는 공포를 나타내는 것으로 관찰자에게 간주되고 있는 것)인 이상, 랑가쥬(langage: 언어 활동)라고 말할 수 있다. 따라서 여자 아기 공포의 연속성을 지탱하고 있던 것은 환상이 아니라 랑가쥬라고 생각한다. 흥미롭게도 아이작스 자신에게도 「환상이 일차적 본능 충동의 **언어**language[39]이다」(Isaacs, 1948:93=2003:153)라고 말하고 있다. 그리고 시걸Segal, H. 역시 「현실 체험의 기억 흔적[언어 표상과 사물 표상]은 환상 생활에 짜 넣어 진다」(Segsl, 1964:192)라고 적고 있다.

---

39) 영어 language는 라틴어 lingua를 어원으로 해 프랑스어의 langage를 경유해 영어가 되었다.

이상과 같은 검토나 인용을 통해 다음과 같은 두 가지를 말할 수 있다. 하나는 '파롤parole 이전에 랑가쥬는 존재하고 있다'라는 것이고, 다른 하나는 환상은 파롤에 선행하고 랑가쥬에 후행하며, 랑가쥬는 환상에 기초를 구성하는 것과 같은 것을 제공할 가능성이 있다는 것이다. 여기서 클라인파의 환상은 랑가쥬와 연관성을 갖는다는 점을 확인할 수 있다.

　그런데 클라인의 이론을 더 발전시킨 비온W. Bion은 무의식적 환상이란 용어를 강조하지 않았고, 이것은 그리드 상에서 원시적 사고인 「알파 요소」나 이미지로 표현되는 모든 요소를 포함한 「꿈 사고・꿈・신화」 및 선천적 지식인 「전前-개념 작용」으로 표현하고 있다(Bion, 1984 [1967]). 그리고 사고의 생성 단계를 정리한 이 그리드는 정신분열증의 언어와 언어적 사고verbal thought의 연구를 계승하고 있는 점에서 보아도, 무의식적 환상과 관련된 그리드 상의 이런 모든 개념이 언어적인 요소를 다분히 지니고 있음을 알 수 있다.

　라캉은 비온의 이런 입장을 더 진전시킨 생각을 나타내며, 클라인파의 환상에 관해 다음과 같은 기술을 남겼다.

「환상을 상상력으로 환원하겠다는 온갖 유도는, 그것이 실패임을 인정하지 않기 위해 영원히 오해가 된다. 여기서 여러 사태를 크게 진전시킨 클라인 학파도 시니피앙의 범주를 추측조차 하지 않기 때문에 이런 오해에서 벗어날 수 없다. 그렇지만, 무의식적 환상이란 개념은, 그것이 일단 시니피앙의 구조 속에서 기능하는 이미지라고 정의된다면, 더는 어려운 것이 아니다」(E., 637=3권:75-76, 한:113).

이처럼 라캉파의 환상은 본질에서 언어적인 성질로 파악한다. 모든 학파의 언어에 대한 언급을 감안하면,「환상은 언어적이다」라는 것은 각 학파에 공통적인 환상의 한 성질로서 기술해도 좋다고 본다. 이 의미를 공통점으로 해 독자적인 환상에 관한 검토를 통해 환상 개념에 대한 여러 학파의 차이를 명확히 해보자.

환상에 대한 차이점

프로이트는 환상에서 의식적 환상인 백일몽, 무의식적 환상, 원환상[40] 등 여러 종류를 말한다. 그러나 그는 백일몽에도 무의식적인 요소가 있다는 언급으로 의식과 무의식의 경계를 넘나들며 혼란스러운 논의를 펼쳤다. 이 때문에 그의 정신 모델(국소론)에서 환상이 정확히 어디

---

[40] 여기에서 무의식적 환상이란 의식화할 수 있는 잠재적인 것으로서의 환상(의식-전 의식적 환상)과 의식화할 수 없는 억압된 것으로서의 환상(국소론적인 무의식적 환상)을 의미하는 '기술記述적인 무의식적 환상'을 가리키며, 그것은 아이작스의 phantasy, 즉 '의식화되는 것도 있지만 의식화되지 않는 것도 있는 본질적으로 무의식적인 정신의 내용물'(Isaacs, 1948: 80= 2003:119)에 대응하고 있다.

이 **기술적 무의식적 환상**이라는 의미는 원原환상Urphantasien도 기술적인 무의식적 환상에 포함되는데, 후의 논의를 위해 본론에서는 무의식적 환상(기술적인 무의식적 환상)과 원환상을 구분한다. 이 구별은 프로이트는 「히스테리적 환상과 양성애兩性愛의 관계」(1908a)에서 '의식적 환상이었던 것이 억압에 의한 무의식화된 환상'과 '처음부터 무의식 안에 존재하는 환상'이라는 차이로서 나타나게 된다.

에 위치하는지 불분명했다. 이런 프로이트 환상 개념의 애매함, 불명료함은 정신분석의 각 학파 간 환상에 관한 강조점의 차이로서 전개되었다. 즉 환상을 백일몽에 한정하거나 무의식적 환상을 특권화하는 등의 조류가 생긴 것이다.

이러한 여러 조류의 발생 원인에 환상의 국소론적 자리매김에서 「의식/무의식」을 양분해 대립시킨 점과, 2항 대립적 사고를 알 수 있을 것이다. 이 환상에 관한 2항 대립 도식은 환상의 형성에 관한 「획득적/본능적」, 그 성질에 관한 「자아 기능/본능의 정신 표상」, 그 시계열적 문제인 「해석의 대상이 되는 환상(처음에 있는 환상)/해석에 도달하는 환상(끝이 있는 환상)」, 외상 개념에 관계하는 「물리적 현실/정신적 현실」이라는 여러 쟁점으로 확대되었다.

이하에서 이 「의식/무의식」의 2항 대립적 사고에서 주로 파생하는 각 학파 간의 환상에 관한 강조점의 차이를 자아심리학, 클라인파, 라캉파 각각의 입장에서 개관해 보자. 이때 위에 언급했듯이 환상의 제반 문제 전체를 논하는 것은 불가능하므로 논의를 치료 이론에 관계된 점에 국한해 검토한다.

자아심리학에서는 프로이트가 기술한 「백일몽이라는 환상(환상의 산물)이다. (…) 이 환상의 형성물에서 눈에 띄는 것은 그것이 **백일몽**이라는 이름을 갖고 있다는 점이다」(*S.E.*, ⅩⅤ:98=1권:78, 한:『정신분석 강의』, 열린책들, p.571). 즉 환상은 주로 백일몽에 한정하는 경향이 있다.[노트 3] 예를 들면, 제이콥 알로우^{Arlow, J}는 환상이 「백일몽의 의미로 사용된다」라고 밝힌다(Arow, 1969:5).

그리고 이 학파는 「조직화하는 기능이나 이차 과정 활동, 개념화, 적어도 자기와 비–자기 분리의 시작이라는 어느 정도의 자아 발달이 있을 때까지 환상 형성이 가능하지 않다」(Beres, 1962:322)라고 생각하는 것에서, 환상은 발달론적으로 **자아보다 늦게 출현하고, 환상은 자아 기능에서 유래한다**고 여긴다. 환상은 자아가 구성할 수 있는 많은 파생물 가운데 하나일 뿐이다(Sandler & Nagera, 1963:190).

이러한 자아 중심 사고방식에서 치료 이론은 분석 주체의 무의식적 환상을 분석가에게 투사하는 전이, 분석 주체가 과거와 현재를 또 백일몽과 현실을 얼마나 혼동하는지를 명시하는 장으로서의 전이, 이 전이 분석을 통해 「분석 주체가 현실과 무의식적 환상의 효과를 구별하는 것을 배우도록 돕는 것」(Arow, 1969:24)이 중요시된다.

한편 클라인파에게 환상은 무의식적 환상, 즉 phantasy로 점철되는 환상을 말한다. 이것은 어떤 의미에서 선천적인 것이다. 그 기원은 후천적으로 획득되는 외적 세계에 관한 지식에서가 아니라 「내적인 것, 본능 충동 속에 있다」(Isaacs, 1948:86=2003:134).

본능의 정신 표상으로 정의되는 환상은 이드부터 자아까지 모든 영역에서 다양한 형태로 관련되어 있다. 그것은 [1]표상을 수반하지 않는 감각에서 시작해, 예를 들어, [2]증상을 형성하거나 말투나 자세 등의 신체적 특성을 규정하거나, [3]불안에 대한 방어 수단이나 백일몽이 되기도 하고, [4]현실 체험을 변질시키기도 한다. 환상은 과거 정신활동의 모든 측면을 덮고 현재의 정신활동 모두에 영향을 주고 있는 것이다.

치료 이론과 환상의 관계에 대해 아이작스는 다음과 같이 말하고 있다. 「분석 주체가 전이 환상을 전개하고, 그 환상과 조기 체험이나 현재의 상황과의 관계를 더듬어 가는 것이 치유^cure에 주된 작용을 한다」(Isaacs, 1948:79-80=2003:16). 구체적 기법으로 클라인파에서는 환상이 외적 현실과 일치하고 있는가 또는 자아의 방어기제를 해석하는 것이 문제가 아니라, 「그 기제 속에 포함된 환상을 되살리는 것을 돕고 그것을 해석한다」(Segal, 1964:192)는 것이 중요시된다. 모든 정신 표상이 무의식적 환상으로 간주되는 이 학파에서는 무의식적 환상(전이 환상)을 해석하는 것이 치료 이론의 중심에 놓이게 된다.

라캉파는 「무의식적 환상만이 환상에 대한 정신분석적 개념의 엄밀한 정의에서 문제가 된다」(chemama, 1995:103=195:97)라고 기술하고 있다. 클라인파와 마찬가지로 무의식적 환상이 특권화된다. 그러나 라캉파의 무의식적 환상은 이 용어로 사용하는 것보다 근원 환상^fantasme fondamemal으로 언급되는 경우가 많다. 이 개념은 클라인파의 무의식적 환상이 기술記述적인 무의식적 환상이라는 몇 가지 불명료한 정의를 부여받는 것에 비해, '기술적인 무의식적 환상'에 포함되는 원환상에 초점화된 환상으로 엄밀히 정의되어 있다.[41]

이런 환상에 주목하는 라캉파는 치료 이론으로는 현대의 클라인파처럼 「지금-여기」의 관점에서 해석하는 것이 아니다. 「이미-그곳(déjà-là)」의 관점에서 해석을 거듭하고, 환상의 횡단^traversée du fantasme을 통해 근원 환상을 구성하는 것이 중시된다. '환상의 횡단'이란 수많

---

41) 근원 환상은 프로이트의 원환상(Urphantasien)을 계승하고 있는 개념이다. 「ur」이 「원시·원초의」나 「근원적인」의 의미를 지닌 접두사인 것에서도 이 개념이 원환상의 라캉판이라는 것을 알 수 있다.

은 해석(무수한 시니파이앙의 열거)을 함으로써 무의식적 환상을 한 바퀴 돌아 시니피앙을 응축해 나가며,「내 행동을 지배하고 있던 이 환상에 내가 따라가고 있다」라고 깨닫는 근원 환상을 구성하는 것이다.

이 단계는 해석에 의해 증상의 의미를 명확히 하는 것에 의해, 하나의 환상을 구성하는 데 주안을 둔다.「매맞는 아이」에서 프로이트가 논한 구타 환상의 두 번째 단계와 같이 무의식에 머물러 있는 환상은「분석 안에서 재구성되어야만 한다」(S.E., XVII:190=11권:17, 한:『늑대인간』, 열린책들, p.260)는 것이다. 해석을 통해「수많은 지표를 종합하면서 뼈를 부러뜨리고 한 걸음 한 걸음 추정-구성-해야만 한다」(S.E., XVII:51= 9권:389, 한:『늑대인간』, 열린책들, p.78).[노트 4]

이상과 같이 세 학파는 환상이 프로이트의 여러 논점의 특정 부분을 강조하고, 그 강조점에 따른 치료 이론을 전개하고 있다. 즉 자아심리학은 자아에 의한 현실 검토의 힘 강화, 클라인파는 무의식적 환상의 해석, 라캉파는 근원 환상의 구성이 치료 이론으로 중시되고 있다.

2. 꿈에서 보는 환상의 특징

이 절은 먼저 꿈과 환상의 유사성이 높음을 지적하고,「환상은 무의식의 왕도이다」라는 테제를 설명한다. 이어서 이 고도의 유사성을 근거로 별로 다루지 않는 환상의 특징을 언급하며, 환상 속에 음소가 된 언어 표상이 포함된 것을 밝힌다.

밤의 환상

프로이트는 「꿈은 무의식에 이르는 왕도이다」라는 유명한 말을 남겼는데, 「무의식의 의식화」(S.E., XVI:435=1권:358, 한: 열린책들『정신분석 강의』, p.624)라는 정신분석 치료 이론에서 이 왕도의 테제가 보여주듯 무의식에의 입구인 꿈은 매우 중요하다. 그러나 꿈과 마찬가지로 의식과 무의식을 넘나드는 환상은 꿈만큼 명확하게 그 중요성이 지적되지 않았다. 꿈과 환상이 지극히 연관성이 높다면 **환상** 역시 '무의식에의 왕도'라는 테제를 제기할 수 있다. 이를 위해 꿈과 환상은 어떤 연관이 있고 어느 정도 유사성이 있는지를 확인해 보자.

꿈과 환상의 관계를 단적으로 보여주는 것은 다음 문장이다. 「꿈꾸는 것은 환상의 한 활동이며, 환상은 확실히 발달의 관점에서는 더욱 이른 시기의 것이다.」(S.E., XIX:127, 한: 열린책들『자아와 이드』, 354).[노트 5] 즉 프로이트는 여기서 「꿈은 환상의 하나이다」라는 것과 「환상은 꿈에 선행한다」라는 것을 말하고 있다. 이 환상의 선행성 때문에 환상은 꿈의 원안이 되고(S.E., VII:226=5권:81, 한:『성욕에 관한 세 편의 에세이』, 열린책들, p.112), 환상은 자주 그대로의 형태로 꿈 안에 출현한다(S.E., V:493=2권:406, 한:『꿈의 해석』, 열린책들, p.639). 그리고 꿈이 환상의 하나라는 것은 꿈과 환상에는 유사성이 있음을 의미한다. 이 유사성의 정도를 검토해 보자.[노트 6]

프로이트는 「환상 형성은 꿈 형성과 완전히 유사하다」(F.F.:242=249)라고 적고 있다.[노트 7] 이로부터 꿈 내용(현재顯在 내용)과 꿈 사고(잠재 내용), 꿈 작업(꿈 사고를 포함한 꿈 재료를 꿈 내용으로 변용하는 작업)과 같은 프로이트의 꿈에 대한 언급을 환상에 적용한다. 환상 내용(현재顯在 내용), 환상 사고(잠재 내용), 환상 작업(환상 사고를 포함한 환상의 재료를 환상 내용으로 변용하는 작업)을 가정할 수 있다. 이런 가정이 꿈 이론과 제대로 겹친다면 꿈과 환상은 상당한 정도 유사함을 검증할 수 있다.

논의를 단순화하기 위해 '꿈 내용'과 '꿈 사고'가 「동일한 내용을 두 개의 다른 언어로 표현한 두 문장과 같은 것이다」(S.E., IV:277=2권:231, 한: 『꿈의 해석』, 열린책들, p.387)[노트 8]라는 것을 근거로 이를 '꿈 내용'이라는 말로 일괄하고 싶다. 그러면 꿈은 '꿈 내용'과 '꿈 작업'으로 크게 나뉜다. 그리고 이를 그대로 환상에 적용하면 '환상 내용'과 '환상 작업'으로 볼 수 있다. 이런 경우, 독일어의 Phantasie라는 단어의 두 가지 의미, 즉 「상상적인 세계나 그 내용」과 「그것을 활성화하는 창조적인 활동」에 의미가 대응하고 있음을 알 수 있다. 즉 이 의미는 「표현된 것」인 환상 내용과 「표현을 만들어내는 것」인 환상 작업에 대응한다. 따라서 꿈 내용·꿈 작업의 유추로부터의 환상 내용·환상 작업이라는 가정이 타당하며 꿈과 환상은 상당히 유사함을 알 수 있다([그림 12]).

환상과 꿈이 이처럼 매우 유사하고 환상이 꿈에 선행하는데도 왜 프로이트는 환상이 아닌 꿈을 '왕도'로 삼았을까? 이것은 환상이 꿈에 비해 분석 소재로 구하기 어렵기 때문일 것이다. 프로이트는 분석 주체는 환상을 부끄러워하고 자신의 가슴속에 간직하고 있는 것이 많아

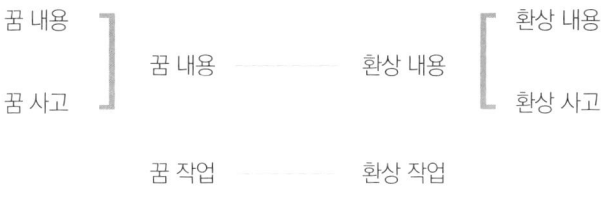

[그림 12] 꿈과 환상

(*S.E.*, IX:145;160: 3권:83, 10권:129, 한: 『꼬마 한스와 쥐인간』, 열린책들, p.206), **환상**은 「망설이는 것 외에 고백되지 않는다」(*S.E.*, XVII:179 =11권:7, 한: 『늑대인간』, 열린책들, p.246)라고 말하고 있다.[노트 9]

만일 이러한 이유라면 환상이 아니라 꿈이 왕도라고 이야기된다면 환상의 무의식에 대한 근접성을 고려하여 「꿈은 무의식에의 왕도」라는 테제를 대신하여 「환상은 무의식에의 왕도」라는 테제를 제출할 수 있을 것으로 보인다. 이 경우 '무의식의 의식화'라는 일반화된 치료 이론에서 환상은 중요한 요소가 된다.

대립이 존재하지 않는 환상

프로이트가 환상 개념을 어떻게 제안하고 검토하는지, 특징을 살펴보자.

꿈이나 심층의 무의식적 정신활동 중에는 상반된 것, 정반대의 것이 동일한 요소로 표현된다. 프로이트는 이 기묘한 경향을 언어학자 아벨Abel. K.의 원시 언어 연구로 이해한다(*S.E.*, XI:153-161=10권:

201-207, 한: 『정신분석의 근본개념』, 열린책들, p.131~140). 아벨에 의하면 고대 이집트어는 같은 표현으로 반대의 의미를 갖는 단어가 다수 존재했다고 한다. 예를 들어, 「강하다」와 「약하다」는 하나의 단어로 표현되었다. 프로이트는 정반대로 대립하는 단어가 한 단어로 표현되는 것, 즉 **양의적인 의미를 가진 한 단어**가 존재하는 것과 꿈 작업의 기묘한 경향에서 이런 경향은 인간 사고의 오랜 보편적 경향이라고 생각한다. 이 아벨의 연구에서 프로이트가 사고 형태로 찾아낸 것은 **양의성**兩義性을 유지하는 한 지점場[42]이며, 대립이 대립되지 않는 장이다. 다시 말해, 「2항 대립 불가능의 장」이라 말할 수 있다.

이 관점을 꿈의 유사물인 환상에 도입하면 환상의 문제군群은 '원래 대립이 불가능한 영역에서 생겨난 문제, 즉 문제 자체가 픽션인 문제'라고 생각할 수 있다. 이를 보여주는 예로 '외상 개념'에 관한 「물리적 현실/정신적 현실」이 문제와 환상의 국소론局所論적 위치에 관한 「의식/무의식」의 문제라는 두 문제를 검토해보자.

외상 개념에 관한 「물리적 현실/정신적 현실」의 문제란 신경증의 병인이 되는 외상 체험(유혹 장면)이 물리적 현실(현실)인지 정신적 현실(환상)인지 여부를 둘러싼 갈등을 말한다. 예를 들어, 매슨Masson, J. M.은 외상은 현실이라는 입장에서 「기억으로 나타난 유혹 장면이 환상이나 환상의 기억일 뿐이라는 것은 동의할 수 없다」(Masson, 1998[1984]: xvii)라고 말한다. 이에 반해 크리스Kris, E.는 외상은 환상이라는

---

42) 이 「장場」이라는 말은 「영역」으로 생각해도 좋다. 아벨의 연구에서는 이 「장」이라는 것은 물론 「말」을 지칭한다.

입장에 선다. 프로이트는 1897년 9월 21일자 플리스에게 보낸 편지에서 자신의 신경증 이론의 오류를 깨닫고 유혹 이론을 포기했다.[43]

크리스에 따르면 외상 체험이 현실에서 환상으로 전환되는 「유혹 이론의 포기」는 1897년이지만,[44] 이 시기 이후에도 프로이트는 **현실에서 일어난 외상 체험**이란 생각을 버리지 않았다. 「이러한 사건[외상]이 현실에서 일어났다면, 특별한 문제는 없지만, 현실이 아니었을 경우에 이 사건들은 많은 시사. 힌트로 짜여져 환상에 의해 보충된다」(S.E., XVI:370=1권:306, 한: 『정신분석 강의』, 열린책들, 22강, p.531)는 서술은 프로이트 후기까지 볼 수 있다.[45]

이런 서술을 자주 볼 수 있다는 것은 외상 체험이란 현실이나 환상의 양자택일이 아니라 **양측이 참여하는 사건**으로 프로이트가 포착했다고 보는 것이 자연스러울 것이다. 즉 외상에는 현실도 환상도 있다(없다)는 것이다.[46] 현실을 지각한 의식이 무의식적인 환상과 상호작용하고, 현실에는 환상이 환상에는 현실이 스며들어 있다는 것이다. 따라서 물리적 현실의 이항 대립은 성립되지 않는다.

---

43) 크리스는 『정신분석의 원류』(Freud, 1954)의 『서론』에서 프로이트의 유혹 이론의 포기를 그의 자기 분석에서 그 원인을 찾아 해설하고 있다.
44) 매슨은 '유혹 이론의 분명한 포기'는 빨라야 1905년이라고 생각한다.
45) 「신경증 병인론에서 성의 역할에 대한 나의 견해」(1906), 「어느 유아기 신경증의 병력」(1918), 「자기를 말하다」(1925a), 「정신분석 입문(속)」(1933), 「정신분석 개설」(1940) 등을 참조할 것.
46) 현실에서도 환상이기도 하다는 생각은 라마르크설에 의한 원환상이란 프로이트의 구상에서 가장 잘 드러나는 것으로 보인다. 즉 '인류의 선사'란 현실로도 환상으로도 볼 수 있는 양의성 위에 구축되어 있다.

7장. 치유를 위한 환상의 반복

그런데 여기서 다음 사항을 주의하자. 이것은 현실과 환상이 지양止揚된 **하나의 외상**이 확정적으로 있는 것이 아니라, 항상 **하나(一)**에는 불거져 나오는(초과하는) 잉여가 외상(현실을 보충한 환상)에 포함된다는 것이다(본장 제3절에서 상술).

다음으로 환상의 국소론적 위치에 관한 「의식/무의식」의 문제를 살펴보자. 이것은 한편에서는 「환상은 의식적이다」라고 주장하고, 다른 한편에서는 「환상은 무의식적이다」라고 생각하는 대립을 가리킨다. 앞의 외상 개념에 관한 「물리적 현실/정신적 현실」이라는 문제에 「대립물 A/B의 한쪽에는 다른 한쪽이 포함되어 있다」는 구도로 보았듯이, 환상의 국소론적 위치에 관한 문제에도 이 구도를 엿볼 수 있다. 즉 의식적 환상 속에 무의식적 환상이, 무의식적 환상 속에 의식적 환상이 포함된 것이다. 이는 자위自慰 환상에서 확인할 수 있다.

자위 환상이 의식적 환상에 무의식적 환상이 포함되는 것은 다음 프로이트의 서술로 긍정된다.

「자위는 처음에는 무의식적 환상의 지배하에 있고, 후에 이 무의식적 환상은 의식적 환상에 의해 대리된 것이다」(S.E., XVII:190=11권:17, 한: 『늑대인간』, 열린책들, p.260). 한편 프로이트는 무의식적 환상은 자위적 환상에 일치한다는 대목으로, 주체가 자위적이고 환상적인 만족을 단념하게 되면 자위행위는 행해지지 않게 되고, 자위 환상은 「의식적 환상에서 무의식적 환상이 된다」(S.E., IX:161=10권:130, 한: 『꼬마 한스와 쥐인간』, 열린책들, [역자: 인용문과 똑같은 문장은 찾기 어렵다])라고 주장한다. 이 변화에 대해 그는 다음과 같이 기술하고 있다. 「과거의 의식적 환상이 지금은 무의식적으로 변해버린 경우, 지금의 무의식적 환상은 과거의 의식적 환상의 파생물이다」(*S.E.*, IX:161=10권:130, 한: 열린책들, 상동, 인용문과 똑같은 문장을 찾기는 어렵다). 즉 무의식적 환상 속에는 의식적 환상이 포함된다.

이처럼 자위 환상에서는 의식적 환상 속에 무의식적 환상이, 무의식적 환상 속에 의식적 환상이 들어와 있음을 알 수 있다. 이런 이상, 의식적 환상과 무의식적 환상을 엄밀히 구별하고 대립시킬 수는 없다. 더욱 일반화해서 말하면 환상의 문제군에서는 「대립물 A/B의 한쪽에는 다른 한쪽이 포함되어 있다」는 구도로 이곳에서는 대립이 불가능한 것이다.

따라서 프로이트 이후의 연구자들이 대립으로 파악한 데서 비롯된 환상의 문제들은 대립이 불가능해, 사실 문제로 성립되지 않는다. 이러한 문제들은 픽션이라는 것을 알 수 있다. 그리고 환상을 둘러싼 여러 문제에는 2항 대립이 성립되지 않기에 환상은 「2항 대립 불가능의 장」이며, 이는 프로이트 역시 환상 개념을 2항 대립 불가능의 장으로 구축했음을 의미한다. 이 점은 그동안 언급되지 않는 환상의 중요한 특징이다.

그런데 이 특징은 「대립물 A/B의 한쪽에는 다른 한쪽이 포함되어 있다」(=A/B의 혼돈)라는 구도에 기반을 둔다고 말했지만, 엄밀히 말하면, 이 구도는 대립물의 교류(상호작용, 이행)에 기인하고 있으며, 단순히 인과관계로 나타내면 「대립물의 교류 → 대립물의 혼돈 → 대립물의 매개(물) → 대립의 불가능성(양의성)」이 된다. 그리고 대립물이 혼동되고 매개되어 양의성을 획득했기 때문에 '대립물의 교류'가 가능하다고 생각한다면 다음의 도식은 순환円環적인 도식이 된다.

대립의 불가능성(양의성) → 대립물의 교류
↑ ↓
대립물의 매개(물) ← 대립물의 혼돈

[그림 13] 대립물에 관한 순환 도식

언어 표상

환상이 2항 대립 불가능의 장이며, 그 특징은 순환 도식에 의해 뒷받침되고 있다는 것을 보았다. 여기서는, 이 도식 중에서 「대립물의 혼돈된 매개」라고 하는 점에 주목하여 환상에 대해 한층 더 고찰해 나가자.

정신분석에서 의식과 무의식의 「매개」라는 기능을 가진 것에는 환상 외에[47] 언어 표상이 있다. 확실히 프로이트는 **환상**에 대해서는 「양 체계 사이를 **매개하는** 무의식das Unbewusste(Ubw.)의 파생물」(S.E., XIV:194=6권:106, 한:『정신분석의 근본 개념』, 열린책들, p.219. 강조 인용자)의 하나로 고찰하는데, **언어 표상**에 관해서는 어떻게 논하고 있는가. 우리는 논문 「자아와 이드」 안에서 언어 표상의 매개성을 확인할 수 있다.

---

47) 꿈이나 증상 등 무의식의 파생물도 물론 의식과 무의식을 매개하는 기능을 갖지만 여기서는 이것에 대한 환상의 선행성을 고려하여 환상만을 기술하였다.

프로이트는 위 논문의 「2. 자아와 이드」에서 **무의식의 의식화**란 어떻게 가능한가라는 물음을 제기하고, 무의식적인 것을 내부 **지각**(감각이나 감정)과 내적인 **사고 과정**으로 나누어 이들이 어떻게 의식화되는지를 고찰하고 있다. 먼저 프로이트에 따르면 무의식적인 감각은 언어 표상과의 결합과 관계없이 **직접 의식**이 된다. 한편 무의식적인 '사고 과정'에 관해서는 사태는 좀 복잡해진다. 프로이트는 무의식적인 사고 과정은 기억 흔적에 의해 외부 지각(의식)으로 전환된다고 말한 후, 「말의 청각적인 기억 흔적」(언어 표상)과 「사물의 시각적인 기억 흔적」(사물 표상)이라는 두 가지 기억 흔적을 언급한다. 그리고 후자에게 선행성을 부여하고 그에 의해서도 무의식적인 사고 과정을 의식화할 수 있다고 하며 전자를 더 중시한다. 그리고 다음과 같이 결론짓는다. 「이로써 언어 표상의 역할이 완전히 규명됐다. 언어 표상이 **매개하여** 내부의 사고 과정 [무의식적 사고 과정]이 지각[의식]되게 된다」(*S.E.*, XIX:23=6권:272, 한: 『자아와 이드』, 열린책들, p.268, 강조 인용자). 즉 무의식적인 사고 과정은 언어 표상의 매개에 의해 의식화되는 것이다. 그런데 언어 표상이 「청각적」이라고 하는 형용사를 취하는 것에 대해서는, 같은 논문에 다음과 같이 언급되어 있다.

> 「언어 흔적[언어 표상Wortrest]은 본질적으로 **청각**에서 발생한 것이며 (⋯), 말wort은 본래 **귀로 들은** 말의 기억 흔적인 것이다」(*S.E.*, XIX:20-21=6권:270-271, 한: 『자아와 이드』, 열린책들, p.266~267, 강조 인용자).

여기서 환상으로 눈을 돌려보면 **환상도 청각적**임을 알 수 있다. 프로이트는 「환상은 **나중에** 이해되었다고 **들은 것**에 근거하고 있다」(F.F.:239=246)라고 기술하고 있다.

환상과 언어 표상의 유사점은 이것만이 아니다. 양자는 모두 억압되어 있는 표상의 형태를 취한다. 환상의 강도가 의식에 침입하지 않을 수 없게 될 때까지 상승하면,「환상은 억압에 굴복하고 환상을 구성하고 있는 기억들로 환상이 되돌려지는 과정을 통해 하나의 증상이 생성된다」(F.F. :247=256). 즉 환상은 억압되어 증상으로 나타난다. 반면 언어 표상은 억압되어 합성어나 철자 바꾸기 anagram로 나타난다.

여기서 다시 꿈을 참조해 보자. 프로이트에 따르면 꿈 형성의 국소론적 퇴행[48]시 「언어 표상은 거기에 상당하는 사물 표상으로 되돌아간다.」(S.E., XIV:228=10권:31, 한:『정신분석학의 근본개념』, 열린책들, p.262). 꿈은 자주 언어/말을 사물처럼 취급하며,「말은 사물 표상과 같은 합성 작용을 경험한다」(S.E., IV:295-296=2권:246, 한:『꿈의 해석』, 열린책들, p.387)는 것에 의해 철자바꾸기 anagram식으로 의식에 속하는 표상으로 출현한다.

예를 들어, 프로이트의 꿈 속에 나온 「노렉다르 norekdal」라는 합성어의 형성 과정을 살펴보자. 먼저 일찍이 의식 수준에 있던 동료의 논문에서 『노라 Nora』나 『엑타르 Ekdal』와 같은 입센의 희곡 제목과 그 논문에서 표현의 과장됨과 연결되는 「엄청난 kolossal」이나 「터무니 없는 法外

---

48) 국소론적 퇴행이라는 것은 전의식에서 무의식을 경유해 지각으로 나아가는 자극의 진행이 역방향으로 전환하는 것이다.

pyramidal」이라고 하는 말, 이러한 언어 표상은 억압되어 무의식에 이를 때 사물 표상으로서의 음소·문자가 된다([그림 14]의 하단 참조). 그리고 말의 이러한 음소·문자는 합성 작용을 받아 「노렉다르norekdal」이 되어 다시 의식 안에서 꿈으로 나타난 것이다.

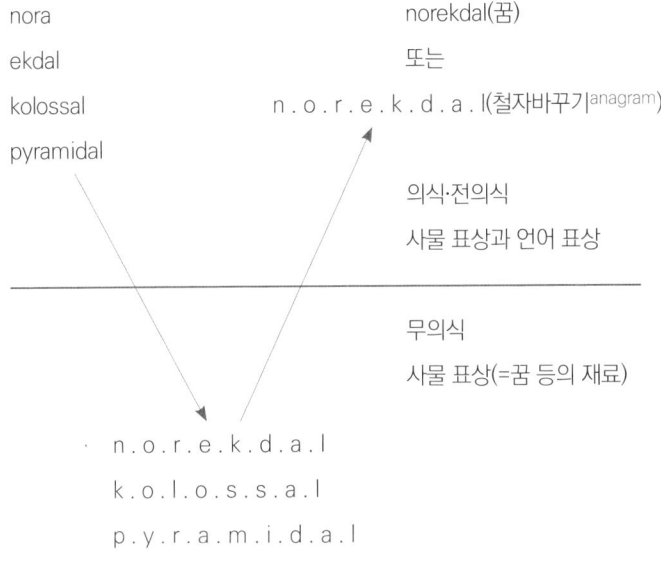

[그림 14] 꿈의 형성 과정

이상의 논의에서 벨레스Beres. D.가 「환상의 내용은 기억 흔적에 기초하고 있다」, 시걸Segal. H.이 「기억 흔적은 환상 생활에 삽입된다」. 그리고 라캉이 「환상은 시니피앙[음소]의 배열에 불과하다」라고 말한 것을 첨가하면 다음과 같은 결론을 얻을 수 있다. 먼저 **첫 번째**는 프로이트가 기억 흔적 중 언어 표상을 중시하고 있음을 고려하면 꿈의 형성 과정이 그런 형태이고, 청각에서 생긴 언어 표상(음소)은 들은 바에 따른 환상의 일부를 구성한다는 것이다. **두 번째**로 프로이트가 무의식을 의식화한다는 논의에서 언어 표상을 중시하고 있는 이상, 무의식에서 의식으로 이행하는 환상과 언어 표상 모두에서 이행 과정에서 주요한 역할을 하는 것은 환상의 구성요소인 언어 표상이라는 점이다.

3. 치유의 중심에 있는 환상

1절에서 환상의 공통점과 차이점을 개관하고 공통점의 한 항목으로 환상이 언어적임을 지적하였다. 2절은 꿈과 환상의 고도의 유사성을 논고의 초석으로 삼고 환상의 특징을 '2항 대립 불가능의 장'으로 그린 후, 언어 표상의 고찰을 통해 환상 속에는 음소가 된 언어 표상이 있음을 밝혔다. 이 3절에서는 환상과의 관계에서 분석 주체가 어떻게 치유에 이르는지를 명확히 하는 작업을 하고 싶다.

앞서 언급한 「환상은 무의식으로 가는 왕도」라는 테제는 「언어적 환상 속에는 무의식에서 의식으로 가기 위한 매개체로 음소로서의 언어 표상이 존재하고 있다」라는 논란을 검토했을 때 「무의식의 의식화」라는 일반화된 치료 이론과 직결된다. 즉 무의식에의 왕도에는 언어적 환상이란 문이 있고, 그 열쇠는 음소로서의 언어 표상이라는 것이다. 프로이트에 따르면, 유리한 상황에서는 무의식적 환상을 의식화할 수 있다고 한다(S.E., IX:160=10권:129, 한: 『꼬마 한스와 쥐인간』, 열린책들). 예를 들면, 그는 「늑대 인간의 사례」에서 음소나 언어 표상 등도 포함한 말초적이라고 생각되는 요소로부터, 근원 환상(원환상)의 일종인 원 광경을 재구성하고 있다. 따라서 정신분석에 의해 언어 표상(음소)을 중심으로 무의식적 환상(기술적記述的 무의식적 환상)에 포함되는 환상의 가장 깊은 곳/최심부 – 원래 무의식에 존재한다고 가정되는 근원 환상 – 에까지 도달할 수 있어야 한다.

「무의식의 의식화」라는 정신분석 치료 이론에 충실하다면 통상 의식화되지 않는 근원 환상으로 가는 것이 필요할 것이다. 이 근원 환상에 이르는 여정에서 지금까지 논의해 온 특징이나 구성요소를 갖춘 환상은 어떻게 분석 장면에서 작동하는 것일까?

전이 환상

「무의식의 의식화」라는 치료 이론에 따라 근원 환상으로 가는 길목에서 환상은 분석 주체와 함께 있는 분석가의 존재를 위해 '전이'라는 형태로 작동한다. 즉 전이는 환상의 산물이고 전이는 환상의 일종이다 (Nasio, 1992:167=1995:152). 이 전이 환상에서 음소에 주목한 여러 해석의 교환이 이루어지는 동안에 주체는 어떤 근원 환상에 이르게 된다. 이러한 근원 환상의 논의에 한발 앞서 먼저 전이 환상의 내실을 정밀 검토하는 작업을 해본다.

프로이트는 어떤 환자에 관해 「그는 전이 환상의 도움을 받아 자신이 잊고 있던 과거의 일, 또는 단지 자기 속을 무의식적으로 지나간 일을 **새로운 일**, 현재의 일로 체험하게 되었다」(S.E., X:199=9권:246, 강조 인용자)라고 말하고, 전이에 대해 「그것은 분석의 진전에 의해 불러 일으켜지고 의식화되어야 할 감정 및 환상의 **새로운 판**과 복사이고, 의사라는 인간과 과거 관계된 인물이 대체되고 있다는 특성을 지니고 있다. 다른 말로 하면 과거에 정신적으로 체험한 모든 것은 과거의 체험에 속하는 것이 아니라 의사라는 인간과의 현재 관계에 다시 나타난다」(S.E., Ⅶ:116=5권:361, 한:『꼬마 한스와 도라』, 열린책들, 도라 사례에 수록, 강조 인용자)라는 기술을 남기고 있다.

먼저 이들 두 인용에서 전이 환상의 「새로움」이라는 점에 주목하자. 전이 환상이 '새롭다'는 것은 단순히 이 환상에서는 과거가 일의적으로 반복되고 있는 것이 아니라는 것을 의미한다. 거기에는 늘 현실이란 과거에 대한 「새로운 것(해석)」이 포함되어 있다. 그렇기에 전이 환상은 「새로운 판과 복사」인 것이다. 다시 말해 환상의 과거는 다의적으로 반복된다는 것이다.

다음으로 이들 「일의적인 반복反復」과 「다의적인 반복反復」에 대해 데리다Derrida. J.의 개념을 원용해 생각해 보자. 그의 용어를 이용하면, 일의적인 반복反復은 반복répestition 反復[동일성의 반복], 다의적인 반복反復은 반복itéraktion 反覆[차이(를 내포한)의 반복]으로 표현할 수 있다. 이 반복répestition 反復과 반복itéraktion 反覆의 구별은 서명을 예로 들어 생각하면 이해하기 쉽다. 서명은 일견 동일한 서명의 반복反復이라서 기능하고 있는(승인됨) 것처럼 보이지만, 실제로는 쓸 때마다 근소한 차이가 있으며, 이 차이를 포함한 반복反復이 반복itéraktion 反覆이다.[노트 10]

도식적으로 말하면 반복répestition 反復은 동일시를 되풀이하고, 반복으로 동일성identité을 상정하는 것이다. 반복itéraktion 反覆[차이의 반복]은 타화他化·변질하기를 되풀이하고, 이 되풀이에서 변질되어도 같은 것으로 인정할 수 있는 동일한 성질의 것mêmeté에 근거하고 있다(Derrida, 1990=2002).[노트 11]

전이 환상은 위에서 설명한 바와 같은 차이를 포함하여 다의적으로 반복되는데, 외상을 예로 들어 좀 더 자세하게 이「다의성」을 검토하자.

외상에 관해 앞서「현실과 환상이 지양된 **하나의** 외상이 확정적으로 있는 것이 아니라, 늘 **하나에서** 불거져 나오는(초과하는) 잉여가 외상(현실을 보충한 환상)에 포함된다」라고 말한 것이 기억난다. 환상의 특징인 이항 대립의 불가능성이란 이 문맥에서는 현실과 환상이 대립하고 있는 것이 아니라 혼돈되고, **하나**가 되지 않고 차이를 유지하는 것을 의미한다. 따라서 먼저 지금까지의 설명에서 명백히 전이 환상에서 **동일**한 외상이 반복反復된다는 일의적인 반복反復은 있을 수 없으며, 또 분석으로 외상을 다룰 때 다양한 해석이 이루어지는데, 그러한 해석을 종합한 것으로 **하나**의 외상을 목표로 한 외상의 **다의적인 반복**反復이 있는 것도 아니다. 전이 환상에서는 외상은 **차이를 포함하여 다의적으로 반복**反復되는 것이다. 즉 전이 환상에서 다의성이란 **하나를 지향하는** 변증법적이고 종합적인 다의성이 아니라 차이를 반복反復하는 다의성을 말한다.

이 같은 논의는 프로이트의 「꿈 배꼽臍」⁴⁹⁾ 구상으로 지지된다. 이것은 단순히 꿈의 요소들 가운데 해석되지 않는 공백 지점을 말한다. 즉 꿈의 해석 체계(시니피앙의 집합)에는 의미가 부여되지 않는 '제로 지점'이 있다는 것이다. 따라서 이 「꿈 배꼽」 구상에 의거 환상에 관해 말하자면 셀 수 있는 모든 해석이라는 것은 존재하지 않으며, 설령 반대로 모든 해석이 열거되었다 하여 그러한 해석 모두를 종합하더라도 **하나의 올바른 과거의 반복으로서의 환상**은 출현하지 않는다. 이 '제로 지점'에 의해서 해석에는 끝이 없어지고, 주체는 무수한 해석을 통해 어느 시점에 불확정적으로 환상을 구성하는 것밖에 할 수 없다. 요컨대 **하나의 올바른 과거의 존재(기원)**가 없는 이상, 전이 환상은 변증법적인 다의성을 갖는 것이 아니라, 또 '제로 지점'에 있는 이상, 그것은 차이를 포함한 '다의적인 반복itération 反覆'인 것이다.

그리고 원리적으로 무수한 시니피앙의 열거 안에서 분석 주체는 여러 번 반복反覆되면서 갱신되는 환상에 사후적으로 최소한의 재인식再認 가능성을 보게 된다. 그것이 '근원 환상'이다. 앞의 서명의 예에서 설명하면 서명은 쓸 때마다 차이가 있지만, 같은 서명으로 재인식되듯이, 이 근원 환상도 해석할 때마다 차이가 생기지만, 나중에 같은 환상을 돌고 있는 것을 알 수 있는 환상인 것이다. 즉 근원 환상은 「어느 과거와 동일한 과거라는 **동일성**」에 근거하는 것이 아니라, '차이를 포함

---

49) 프로이트는 「꿈의 해석」(1900)에서 꿈 해석이 미해결되는 부분을 「꿈의 배꼽」이라고 부르고, 이 존재를 위해 「해석에 있어서 우리가 도달하는 꿈 사고는 일반적으로 말하면 미완결인 것으로 존재할 수밖에 없다」(S.E., V:525=2권:432)라고 말하고 있다.

한 반복反復'으로부터 사후적으로 발견되는 「어느 과거와 같은 과거라는 같은 **동일한 성질**」에 근거하고 있다. 이상의 논의에서 전이 환상은 「차이가 없는 존재론적으로 동일한 반복反復」이 아니라 「차이를 포함한 사후적으로 동일한 반복反覆」임을 확인할 수 있다.

근원 환상의 반복反覆

앞서 논한 바와 같이 근원 환상은 전이 환상에서 시니피앙을 열거하는 작업을 통해 다듬어 만들어진다. 이렇게 해서 근원 환상이라는 무의식적 환상은 의식화되어 가지만, 이 「무의식의 의식화」라는 치료 이론에서 전이는 분석의 역사에서 중시되어 왔지만, 근원 환상은 그다지 중시되지 않았다. 그러나 프로이트는 그 중요성을 언급하고 있다. 프로이트를 인용해 보자.

> 「더 상세한 이해를 얻을수록 우리는 이른바 **원 광경**[근원 환상] 상황을 반복하는 것이야말로 이 환자가 치유해 가는 조건이라는 것을 근본적인 의의로 강조한다.」(S.E., XVII:100-101=9권:435, 한:『늑대인간』, 열린책들, p.152)

잘 살펴보지 못한 이 구절은 그야말로 명료하게 근원 환상이 치료 이론과 관련됨을 보여준다.

즉 「근원 환상의 반복反覆」이 치유로 이어지는 것이다. 이런 근원 환상을 중시하는 자세는 프로이트 초기부터 보인다. 『플리스에게 보내는 편지』에는 「목표는 원 광경[근원 환상]에 도달하는 것이라고 생각된다. 이는 어느 정도는 직접 성공하지만 다른 경우에는 환상을 경유하는 돌고 도는 길을 지나야 비로소 성공한다」(*F.F.*, 240=247-248)라는 기술이 있다.

즉 현실과 환상의 혼돈에 기초하여 해석을 통해 짜여져 다듬어 가며練り上げられる 근원 환상에 도달하는 것, 그것이 신경증의 한 치료법으로 발전해 온 정신분석의 목표이다. 근원 환상의 강조라는 프로이트의 구상이 명확화된 지금 이를 무시할 수는 없을 것이다. 여기서 적극적으로 이 프로이트의 구상을 하나의 치료 이론으로 일반화하고 환상을 정신분석 치유의 중심에 위치시킨다. 「무의식의 의식화」라는 일반화된 치료 이론의 내실이란 주체들이 음소로서의 언어 표상을 실마리로 해 가능한 환상의 하나를 다원 결정(중층결정) 속에서 다듬고 만들어 가는練り上げられる 것을 반복反覆하고, 근원 환상을 구성하여 자각하는 것이라 할 수 있다.

여기서 근원 환상의 구성을 좀 더 자세히 살펴보자. 이 환상은 앞서 말했듯이, 무수한 시니피앙의 열거에 의해서 다듬어져서 짜이는 것이다. 더 정확하게 말하면, 시니피앙 연쇄를 뒤쫓아가는 과정에서 언어 표상에 그 기초를 두는 여러 해석에 의해, 즉 ①시니피앙 해석은 물론, ②〈회기 끝내기scansion〉나 ③침묵도 포함한 분석가의 세 가지 해석 및 ④분석 주체 자신의 해석에 의해 다듬어지는 것이다. 다시 말해 근원 환상은 더욱 응집된 한 무리의 시니피앙을 말한다. 그것이 구체적으로 어떤 것인가는 프로이트 「도라 사례」나 「쉬레버 사례」가 예시하고 있다.

「도라 사례」에서는, 근원 환상의 짜임과 다듬는 한 과정이 나타나 있다. 예를 들어 「Friedhof(무덤)-Banhof(역)-Vorhof(앞마당)」라는 일련의 시니피앙은 도라의 꿈 속 「죽은 아버지」라는 표상을 어머니에게 이루어진 아버지의 성에 대한 질문으로 연결하는 하나의 연쇄이다. 거기서 가족 콤플렉스를 그녀의 성생활에 연결하는 'Hof'라는 시니피앙이 다듬고 짜여져 있음을 알 수 있다. 이 예 이외에도 프로이트가 꿈 분석이나 「늑대인간의 사례」, 나아가 「일상생활의 정신병리」, 「농담/재치」 등에 나타나 있듯이 청각적인 것에 역점을 둔 정신분석에는 확실히 존재한다.

이런 관점에서 1절에서 간단히 언급했던[아이작Isaacs의 사례] 발화가 가능해지고 나서 환상으로서의 신발에 대한 공포를 이야기한 어린 여자아이의 예시를 생각해 보자. 이 경우 「신발 밑창이 벌어져 파닥거리는 신발flapping shoe은 그 아이에게는 무서운 입처럼 보였다」(Isaacs, 1948:85=2003:132)라는 서술의 flapping이라는 말에 주목하고 싶다. 이것이 이를테면 어린 여자아이의 말이라면, 「flap(퍼덕거리다)-slap(철썩 때리다)-rap(툭 때리다)」과 같은 시니피앙 연쇄가 있을지도 모른다.[노트 12]

분석을 진행하고 해석을 통해 시니피앙을 연쇄시켜 가는 이런 작업을 몇 번 반복하며 근원 환상을 구성해 간다. 이렇게 다듬고 짜여가는/구축되는 근원 환상은 「쉬레버 사례」에서는 「교미를 당하는 여성이

되는 것交尾を受ける女性になること」에서도 생각할 수 있다(Miller, 1983:50-52).[노트 13] 이 근원 환상은 정신증 과정의 시작부터 끝까지 규정하는 환상의 모체로 있기 때문이다.

그런데 근원 환상에 이르는 과정에서, 분석 주체에게는「재생, 즉 기억을 재현시킬 수 있는 연관이 단절되어 있다」는 것을 프로이트는 지적하고 있다(S.E., XVI:283=1권:234, 한:『정신분석 강의』, 열린책들, 18강, p.367). 예를 들어, 광장공포와 강박신경증을 보이는 소녀는 취침 의식이라는 강박행위 및 그 유인을 매번 반복하고 있는데도 그 연관성을 깨닫지 못한다.

이 소녀의 취침 의식은 자신의 방과 부모의 침실 사이의 문을 반쯤 열어 두어야 한다는 점, 침대 머리 부분의 쿠션을 침대 테두리판에서 떼어 놓아야 한다는 점 등이며, 그 유인은 큰 쿠션 위에 베개용 작은 쿠션을 반듯하게 마름모꼴이 되게 하고 자신의 머리를 그 마름모꼴의 세로축을 따라 놓아야 한다는 점으로 표현되었다. 그리고 이 소녀는 어머니를 부부의 침대 본연의 장소에서 쫓아냈다는 사실을 잊지 않았고(기억이 있고, 상기할 수 있다), 이런 병에 걸려 있는 한 결혼은 할 수 없다고 생각한다.

이러한 상황은 소녀 및 프로이트의 해석에 의하면 다음과 같이 설명된다. 즉 마름모(열린 여성 성기)에 머리(아버지의 남성 성기)를 얹는 것에서 볼 수 있는 아버지에 대한 성적 집착 때문에 이 소녀는 자신의 방과 부모의 침실 사이의 문을 반쯤 열어주는 행위 및 쿠션(여성)과 테두리판(남성)을 떼어놓는 행위를 통해 부모를 별도로 두고, 부부를 성교시키려 했다는 설명이다.[50] 요컨대 프로이트에 따르면 그녀의 의식은「자신이 결혼하지 않고 아버지 곁에 머무르기」위한 증상이며, 프로이트는 강박 행위와 원인의 연관성은 알 수 있는데, 소녀에게는 그렇지 않았다.

프로이트의 설명에 있듯이 같은 오이디푸스 콤플렉스의 형태를 취하는 근원 환상에 이르기까지는 해석을 통해 더욱 환상을 반복할 필요가 있다. 이 작업에 의해 분석 주체는 지금까지 접속된 적이 없었던 요소들을 결합시키면서 근원 환상으로 나아가게 된다. 마지막으로「근원 환상의 반복」이 치유로 이어지는 과정을 요약하고 그것을 본 장의 결론으로 대체하고자 한다.

분석에서 환상 - 근원 환상의 반복은 전이 환상에서 비롯된다. 그래서 음소가 된 언어 표상을 인도하는 실마리로 삼으면서 분석가의 세 가지 해석과 분석 주체의 해석으로 이루어진 무수한 해석을 통해 환상은 반복되고, 미결합 요소를 결합시키면서 근원 환상으로 나아간다. 이런 과정이 치유로 이어지는 '무의식의 의식화'이자「근원 환상의 반복」에 기초한 치료 이론이다.

---

50) 이 구성에서 소녀의 해석(연상)이란 쿠션이 여성, 테두리판은 남성을 나타내는 것, 또 마름모꼴은 여성 성기이다. 나머지 구성은 프로이트에 의한다.

[연구 노트]

[노트 1] "환상은 무의식으로 가는 왕도"라는 자신의 주장을 입증하기 위해, 환상의 '내용'이 아닌 환상을 구성하는 '언어의 물질적 요소(언어 표상/기표와 음소)'에 철저히 집중하는 분석 방법을 사용하겠다고 말하고 있다.

[노트 2] (S.E., XIX, p.21)

"Thinking in pictures is, therefore, only a very incomplete form of becoming conscious. In some way, too, it stands nearer to unconscious processes than does thinking in words, and it is unquestionably older than the latter both ontogenetically and phylogenetically."

프로이트가 의식과 무의식의 작동 방식을 구분하는 매우 중요한 대목이다. 핵심은 '생각하기thinking'도 원초적인 것과 발전된 것이 있으며, 원초적인 방식이 무의식에 더 가깝다는 것이다.

프로이트는 "이미지로 생각하는 것은 언어로 생각하는 것보다 더 원초적이고 무의식에 가까운 사고방식이다."라고 주장하며, 의식과 무의식이 서로 다른 '언어'를 사용한다는 점을 분명히 하고 있다.

(1) 이미지로 생각하기Thinking in pictures: 이는 무의식의 언어이다. 무의식은 논리적인 단어가 아니라 시각적 이미지로 구성되어 있다. 꿈이 주로 이미지로 나타나는 것이 그 대표적인 예이다. 프로이트는 이 방식만으로는 생각을 온전히 의식으로 가져올 수 없기에 '불완전한 의식화'라고 한다.

(2) 언어로 생각하기Thinking in words: 이것은 의식/전의식의 언어이다. 우리가 무언가를 명확히 인식하고 논리적으로 사고할 수 있는 것은, 무의식적인 이미지에 '언어'가 결합될 때만 가능하다.

(3) 발생학적 순서: 프로이트는 이 두 사고방식에 발달상의 순서가 있다고 보았다.

- 개체 발생적ontogenetically: 한 개인의 성장 과정에서, 아기는 말을 배우기 전에 이미지로 세상을 먼저 인식한다.

- 계통 발생적phylogenetically: 인류의 진화 과정에서도, 논리적인 언어는 이미지보다 훨씬 나중에 발달한 능력이다.

[노트 3] (*S.E.*, XV, p.372)

"They are phantasies (products of the imagination). (...) The most striking of these creations of phantasy are the ones known as day-dreams."

정신분석 강의Introductory Lectures on Psycho-Analysis 제23강 「증상 형성의 길」

The Standard Edition of the Complete Psychological Works of Sigmund Freud(S.E.), Volume 16, p.372 (참고: *S.E.* XV:98은 독일어판의 페이지수로 보이며, 해당 내용이 실린 영문 표준판(S.E.)의 정확한 위치는 16권 372쪽이다.)

프로이트가 '환상phantasy'과 '백일몽day-dream'의 관계를 설명하며, 이것이 어떻게 신경증 '증상'으로 이어지는지를 설명한다. "우리가 흔히 하는 '백일몽' 이야말로 환상 활동의 가장 대표적인 예시이며, 신경증의 '증상'은 바로 이 백일몽과 같은 소망 충족의 시도가 무의식의 차원에서 왜곡되어 나타난 것"이라는 주장이다.

(1) 환상이란 무엇인가: 프로이트에게 '환상'이란 현실에서 충족되지 못한 소망을 만족시키기 위해 마음속에서 이야기를 만들어 내는 모든 정신 활동을 의미한다. 이것은 인간의 매우 기본적인 능력이다.

(2) 백일몽은 환상의 대표적인 형태이다: 환상 활동 가운데 가장 눈에 띄고 흔한 형태가 바로 '백일몽'이다. 우리는 의식적으로 "만약 내가 부자라면…" 또는 "그 사람이 나를 사랑한다면…"과 같은 즐거운 상상을 하며 소망을 충족시킨다.

(3) 백일몽과 증상의 연결: 이 강의의 핵심은, 신경증 환자의 '증상'이 바로 이 '백일몽'과 같은 구조로 만들어진다는 점이다.

- 백일몽: 의식적이고, 비교적 용납 가능한 소망을 담은 환상이다.

- 증상: 억압되어 무의식적인, 주로 유아기적 성적 소망을 담은 환상이 왜곡되고 변형되어 나타난 것이다.

[노트 4] "...must be reconstructed in the analysis."

「어린 시절 신경증의 역사에서From the History of an Infantile Neurosis」 "늑대 인간(Wolf Man)"

The Standard Edition of the Complete Psychological Works of Sigmund Freud(S.E.),Volume 17, p.190

이 문장은 정신분석에서 억압된 과거를 다루는 핵심적인 방법론인 '재구성 reconstruction'을 설명한다. 프로이트에 따르면, 환자는 어린 시절의 중요한 사건, 특히 트라우마적인 경험을 직접 '기억'해내지 못하는 경우가 많다. 그 기억은 너무 고통스러워서 무의식 속으로 깊이 억압되었기 때문이다.

분석가는 환자가 잃어버린 기억을 떠올리도록 직접적으로 압박하는 대신, 다른 단서들을 활용해야 한다. 즉 환자의 꿈, 자유 연상, 말실수, 증상 등에 나타나는 파편적인 흔적들을 모아, 마치 고고학자가 유물 조각으로 고대 도시를 복원하듯이, 잊혔던 과거의 사건을 논리적으로 추론하여 '재구성'해야 한다.

"It is a matter of painstaking work, which has to be guessed at and constructed step by step from a great number of indications."

The Standard Edition of the Complete Psychological Works of Sigmund Freud(S.E.),Volume 17, p.51

정신분석가가 환자의 잊힌 과거를 다루는 방법, 즉 '구성construction'의 과정을 설명하는 매우 중요한 대목이다. 프로이트는 분석가의 작업을 고고학자나 탐정에 비유한다.

"정신분석이란, 수많은 단서를 종합하여 잊힌 과거를 한 걸음씩 힘들게 추론하고 재구성해나가는 고된 작업이다."라는, 정신분석적 탐구의 본질을 설명하고 있다.

단서 수집: 환자는 어린 시절의 중요한 기억을 억압하여 직접적으로 떠올리

지 못한다. 따라서 분석가는 환자의 자유 연상, 꿈, 증상, 행동 패턴 등에서 드러나는 수많은 사소한 '지표들indications', 즉 단서들을 수집해야 한다.

고된 작업: 이 흩어진 단서들을 모아 하나의 일관된 이야기로 만드는 것은 매우 힘든 작업이다. 일본어/한국어 번역본의 "뼈를 깎는"이라는 표현은 원문의 "고된 작업painstaking work"이라는 의미를 매우 강렬하게 번역한 것으로, 이 과정의 어려움을 강조한다.

추정과 구성: 분석가는 이 단서들을 바탕으로 환자가 잊어버린 과거의 사건이 무엇이었을지를 '한 걸음 한 걸음 추정하고 구성guessed at and constructed step by step'해나가야 한다. 이것은 단순한 상상이 아니라, 증거에 기반을 둔 논리적인 추론 과정이다.

[노트 5] dreaming is on the whole an activity of the phantasy, which is certainly older from the developmental point of view.

The Standard Edition of the Complete Psychological Works of Sigmund Freud(S.E.),Volume 19, p.231

S.E., XIX:127은 독일어판의 페이지수로 보이며, 해당 내용이 실린 영문 표준판(S.E.)의 정확한 위치는 19권 231쪽이다.

"꿈꾸는 행위는 근본적으로 환상 작용에 속하며, 이 환상 작용이야말로 우리의 논리적 사고보다 더 오래되고 원초적인 정신 활동의 형태이다."라는 의미이다.

(1) 꿈은 환상 활동이다: 프로이트는 '꿈'이 완전히 별개의 정신 활동이 아니라, 우리가 깨어있을 때 하는 '환상phantasy' 활동의 연장선에 있다고 보았다. '환상'이란 현실에서 충족되지 않은 소망을 마음속에서 이야기로 만들어 만족시키는 모든 정신 활동을 의미한다. 꿈은 바로 이 환상 활동이 수면 상태에서 일어나는 특별한 형태라는 것이다.

(2) 환상은 더 오래된 것이다: 프로이트는 정신 활동에도 발달 단계가 있다고 보았다. '환상'은 논리적이고 현실적인 사고보다 한 개인의 삶에서나(개체 발생적), 인류의 역사에서나(계통 발생적) 더 이른 시기에 나타나는 원초적

인 사고방식이다.

[노트 6] 환상이 꿈에 선행한다. 꿈과 환상의 유사성이라는 두 주제와 관련해, 환상이 꿈의 원재료나 초안이 된다는 것은 프로이트의 주장으로 보인다. 이 내용이 인용된 S.E. 7권 226쪽에 직접적으로 명시되어 있지는 않다. 해당 페이지는 주로 유아기적 성 환상이 어떻게 억압되었다가 사춘기 이후에 성적 목표를 형성하는 데 영향을 미치는지를 다루고 있다.

『성욕에 관한 세 편의 에세이Drei Abhandlungen zur Sexualtheorie/Three Essays on the Theory of Sexuality』의 세 번째 에세이("사춘기의 변화") 프로이트는 S.E. 7권 226쪽 전후에서 '원환상Primal Fantasies'에 대해 논한다. 이 원환상(부모의 성교 장면 목격, 유혹 환상, 거세 환상 등)은 개인이 실제로 겪은 경험이 아니라, 인류에게 유전적으로 물려받은, 성욕의 기원을 설명하는 선험적인(선행하는) 무의식적 도식schema이라고 주장한다.

이 '원환상'은 모든 주체의 무의식에 '선행'하여 존재하며, 이후 개인이 겪는 경험을 조직하고 해석하는 틀이 된다. 이런 의미에서 환상은 꿈과 신경증 증상을 만들어내는 가장 근본적인 '원안prototype' 또는 '원재료'가 된다.

프로이트가 '환상(특히 백일몽)이 꿈의 원재료가 된다'라고 더 직접적으로 설명하는 곳은 다음과 같은 저서들이다.

- 『정신분석 강의』(S.E., XVI): 프로이트는 여기서 "꿈은 종종 중단되었거나 억압된 백일몽의 단순한 연장에 지나지 않는다."라고 말하며, 많은 꿈이 백일몽을 그 재료로 삼아 꿈-작업을 통해 변형된 것임을 명확히 설명한다.
- 『꿈의 해석』(S.E., V): 이 책 전반에 걸쳐 꿈의 소원이 현실에서 충족되지 못한 소망, 즉 환상 활동에서 비롯된다는 점을 암시하고 설명한다.

[노트 7] 인용 표시 'F.F.'는 프로이트가 빌헬름 플리스Wilhelm Fließ에게 보낸 편지, 초고, 노트 등을 엮은 서한집을 가리키는 약어이다. F.F.는 Freud-Fließ를 의미한다.

[노트 8] "… like a text and a translation of it into another language …"(직역:

"… 하나의 텍스트와 그것을 다른 언어로 옮긴 번역본과 같다 …")(참고: "동일한 내용을 두 개의 다른 언어로 표현한 두 문장")

프로이트가 무의식(Ucs.)과 전의식/의식(Pcs./Cs.)이라는 두 정신 체계가 어떻게 서로 다른 '언어'를 사용하는지를 설명하는 매우 중요한 대목이다.

"무의식에 있는 생각(이미지)과 그것이 의식으로 떠오를 때의 생각(언어)은, 마치 원본 텍스트와 그것을 다른 언어로 옮긴 번역본의 관계와 같다."라고 말하고 있다. 둘은 같은 내용을 가리키지만, 전혀 다른 체계와 규칙(언어)으로 표현된다는 것이다. 이는 정신분석가가 환자의 말을 들을 때, 그 말 너머에 있는 무의식의 '원어(이미지)'를 읽어내야 한다는 점을 암시하는 중요한 비유이다.

저자는 프로이트 저술의 꿈 관련 저술 내용의 표현 문장을 꿈과 환상과의 연결에 서술하는 데로 끌고 와서 연결한다.

[노트 9] "… phantasies are only confessed with hesitation and shame …"

"… 환상은 단지 망설임과 수치심과 함께 고백될 뿐이다 …"

「어린 시절 신경증의 역사에서From the History of an Infantile Neurosis」 "늑대 인간(Wolf Man)"

The Standard Edition of the Complete Psychological Works of Sigmund Freud(S.E.), Volume 17, p.179

정신분석가가 환자의 말을 들을 때 무엇에 주목해야 하는지를 보여주는 매우 중요한 임상적 통찰이다. 프로이트에 따르면, 환자의 가장 깊은 진실을 담고 있는 '환상phantasy'은 결코 명확하고 유창한 말로 직접 보고되지 않는다. 오히려 환자는 자신의 환상을 유치하거나, 부도덕하거나, 부끄럽다고 느끼기 때문에 그것을 말하기를 주저하고 망설인다.

이때 분석가에게 중요한 것은 환자가 하는 말의 '내용'뿐만 아니라, 말을 하는 과정에서 드러나는 '망설임hesitation'과 '수치심shame' 그 자체이다.

망설임 속에 드러나는 진실

- 저항으로서의 망설임: 망설임은 환자가 중요한 무의식적 자료에 가까워졌

을 때 나타나는 저항의 한 형태이다.
- 단서로서의 망설임: 따라서 분석가에게 이 망설임은 방해물이 아니라, "바로 여기에 중요한 것이 있다."라고 알려주는 결정적인 단서가 된다.

"주체의 가장 내밀한 진실인 환상은, 그가 자신 있게 말하는 내용이 아니라 부끄러워하며 망설이는 그 틈새에서 비로소 드러난다."라는 정신분석의 핵심적인 임상 원칙을 말하고 있다.

[노트 10] 반복: 反復과 反覆은 모두 되풀이한다는 공통의 의미를 갖는다. 反復(돌아올 복)으로 단순히 같은 일이 되풀이 되는 중립적 의미이다. 反覆(뒤집힐 복)은 되집혔다가 다시 돌아오는 의미로 불안정한 상황에 쓰인다.

[노트 11] Répétition 동일성의 반복反復: 데리다가 비판하는 전통 철학의 반복 개념이다. 이는 어떤 기원, 본질, 의미를 변경 없이 그대로 다시 현전現前시키려는 시도를 말한다. **핵심은 동일성, 현전, 기원의 회복**으로, 원본과의 차이를 '실패'로 간주하며 완벽한 복제품을 만들려는 복사기를 들 수 있다.

Itération(반복/반복 가능성), 차이의 반복反覆: 데리다 해체 철학의 핵심적인 개념이다. 그는 이 단어의 어원인 라틴어 'iter'가 '다시(again)'라는 뜻과 동시에 산스크리트어 'itara(다른, other)'와 연결된다는 점에 주목한다. 따라서 'itération'은 **'다시' 반복하는 행위가 필연적으로 '다른' 것을 만들어낸다**는 의미를 내포한다. **핵심은 차이, 변경, 맥락으로부터의 분리**로, 시의 한 구절을 인용하는 행위. 당신이 시를 인용할 때, 당신은 그 구절을 '반복'하지만, 그것을 당신의 글이나 대화라는 '새로운 맥락' 속에 위치시킨다. 이 과정에서 그 구절은 원래의 의도에서 분리되어 새로운 의미를 갖게 된다. 결론적으로, 데리다에게 진정한 의미의 동일한 반복(répétition)은 불가능하며, 오직 차이를 생산하는 반복(itération)만이 존재한다.

[노트 12] 저자의 지나친 분석이 아닌가. 이런 시니피앙의 연쇄를 이어가려면 이 단어/말을 여아가 이미 알고 있어야 하지 않는가? 특히 청각으로 알려도 마찬가지라는 의문이다.

[노트 13] to be transformed into a woman for the purpose of copulation/ 교미를 목적으로 여성으로 변신하는 것으로 수동을 의미한다.

이 표현은 밀레르가 프로이트의 **슈레버 사례 분석**을 인용한 것으로, 슈레버 자신의 망상적 환상을 요약한 것이다. 슈레버는 자신이 "신과 교접하기 위해 여성으로 변해야 한다."라는 환상을 가지고 있다. 이 표현은 그의 환상이 가진 세 가지 중요한 측면을 담고 있다.

(1) **단순한 성교가 아닌 주이상스(향락)**: '交尾(교미)'라는 단어는 낭만적이거나 인간적인 '성애'가 아닌, 더 날것이고 강렬하며 때로는 폭력적이기까지 한 주이상스의 뉘앙스를 담고 있다. 슈레버의 환상은 쾌락을 넘어선, 세계를 구원하기 위해 신의 광선을 받아들여야만 하는 우주적인 차원의 향락과 관련된다.

(2) **수동성의 위치**: 동사 '受ける(우케루: 받다, 당하다)'가 매우 중요하다. 이는 슈레버가 능동적으로 욕망하는 주체가 아니라, 신의 압도적인 향락을 **수동적으로 받아들이고 감당하는 대상**의 위치에 서고자 함을 보여준다. 이는 '여성화feminization'와 '거세castration'에 대한 그의 복잡한 환상과 연결된다.

(3) **타자의 향락을 위한 대상 되기**: 라캉의 이론에 따르면, 슈레버의 이 환상은 **타자(여기서는 신)의 향락을 위해 스스로를 대상**(objet a)으로 제공함으로써, 붕괴된 자신의 세계를 안정시키려는 필사적인 시도이다. 즉 "신이 즐길 수 있도록, 내가 기꺼이 그의 여자가 되겠다."라는 희생적인 해결책인 것이다.

8장
라캉파 오리엔테이션

지금까지 밀레르의 이론에 따라 라캉의 교육 활동enseignement을 세미나를 바탕으로 전기, 중기, 후기로 나누고, 전기와 중기 이론을 구체화했다. 이는 라캉 체계를 세 시기로 구분하는 것 외에도 많은 부분을 밀레르의 『라캉파 오리엔테이션』에 의존한 것이다. 이런 제목을 붙인 세미나에서 밀레르는 보기 드문 논리로 라캉을 해석하고 살을 붙였다.

이 장은 밀레르의 논의에 따라 세 시기를 정리하고, 이를 근거로 임상의 구체적 접근을 총괄하고, 「라캉파 기법의 임상 실천을 제시한다」는 이 책의 목적을 마무리한다.

1. 라캉파의 임상 이론

밀레르는 앞서 말했듯이 라캉의 교육 활동을 세미나를 근거로 세 시기로 나눌 것을 제안했다. 1953년에서 1963년의 시기와 1964년에서 1974년의 시기, 1974년에서 1980년의 시기이다(Miller, 2001b:8; 2002b:10-11). 각각의 시기를 전기, 중기, 후기로 해 임상 이론을 다음과 같이 요약한다.

라캉 전기(1953년~1963년: 세미나 제1권~제10권) 특징

- 무의식은 하나의 랑가쥬(langage: 언어 활동)로 구조화되어 있다 - 상징적 무의식
- 아버지의 이름Nom-du-Père을 중심축으로
- 대문자 타자의 지배-상징계의 우위성
- 대문자 타자의 대문자 타자는 존재한다.
- 응용정신분석psychanalyse appliquneé - 증상에 대한 치유라는 출구 제공
- 증상과 의미 - 시니피앙 효과로서의 의미 작용signification
- 분석가는 대문자의 타자

위 내용은 주로 2000년 이후 밀레르가 몇몇 세미나에서 추출한 이 시기 라캉의 이론적 골격을 내용으로 압축한 것이다. 이 시기 라캉이 한 일은 프로이트로의 복귀이고, 프로이트의 주해이다.

작업의 골자는 문화 인류학자 레비스트로스Lévi-Strauss, C.의 사상에 기반을 두고 라캉은 프로이트의 무의식을 하나의 랑가쥬로 구조화되어 있다고 제안했다. 이는 프로이트에서 자기 의식이나 의식의 자율

성이 아니라 상징계의 자율성과 그곳에 주체가 종속되었다는 발견이다. 이런 관점에서 라캉은 아버지의 이름$^{\text{Nom-du-Père}}$과 아버지성의 은유$^{\text{métaphore paternelle}}$라는 개념에 따라 오이디푸스 콤플렉스와 거세, 나아가 억압을 단일화하고, 욕망^{désir}과 환유^{métonymie}에 따라 리비도를 형식화한 것이다(Miller, 2001-02 :2002/5/15).

라캉은 '아버지의 이름'을 기본적 소여로 '대문자인 타자 [A]'(상징계)를 지탱하고 있는 '대문자 타자 [∅]'로 조정하고, 이 '아버지의 이름'을 기본 축으로 욕망의 다양한 형태와 방어의 여러 양태를 명확히 했다. 또 신경증, 도착증, 정신증이라는 엄밀한 정신병리학적 구분을 제출하기에 이르렀다(Miller, 2003b:23-24).

라캉 전기는 위에서 대문자 타자(Autre)의 지배와 상징계^{symbolique}의 우위성을 강조한다. 이런 역점은 「욕망은 대문자 타자의 욕망이다」, 「무의식은 대문자 타자의 담론이다」라는 주제에서도 확인할 수 있다. 이 테제가 의미하는 바는 주체란 ①대문자 타자, ②선행하는 랑가쥬, ③출생 세대 조건이 기본적으로 부여된^{所與} 종속된 존재이다. 이런 종속이 증상을 형성하고, 이 증상은 대문자 타자에게 기록된 해독 가능한 의미 또는 진실로 묘사된다. 따라서 주체가 분석을 통해 이루는 것은 대문자 타자에 의해 기록된 **자신의 진실을 만나고 그것을 승인/인정**하는 것이다.

이렇게 라캉 제1임상은 '동일시 임상'으로 정의한다. 이는 주체는 분석에서 자신의 역사를 진실한 방법으로 말하며 '과거를 현재로 통합'해 역사를 재구성하는 것을 배운다. 이는 진실로 존재할 수 있도록 하는 동일시를 잘 다듬어 조련하여 만들기 때문이다. 바꾸어 말하면 주체는 자신의 역사를 재구성해서 증상을 해독하고, 지금까지 종속되어 있던 숨겨진 의미의 동일시에서 벗어나 해독된 새로운 의미로 동일시한다. 따라서 이 임상에서 분석의 종결이란 새로운 만족스러운 동일시를 이루어 냄으로써 주체가 진실을 실현하는 것으로 정의할 수 있다(S → -φ 또는 ∅). 진실을 실현한 주체는 욕망하는 주체가 되어 스스로를 구속하고 있던 여러 가지 주어진 전제[소여]로부터 벗어난다. 이런 과정은 증상에 응용된 정신분석psychanalyse appliquée au sympôme, 일반적으로 응용정신분석psychanalyse appliquée으로 불린다. 이는 증상에 치유라는 출구를 제공한다(Miller, 2001a: 23). 이 과정에서 분석가는 분석 주체에 따라 대문자 타자의 위치에 있게 된다.

마지막으로, 전기 라캉이 생각하는 인간 주체를 존재 또는 정신에 관한 그림으로 제시하면 다음과 같다.

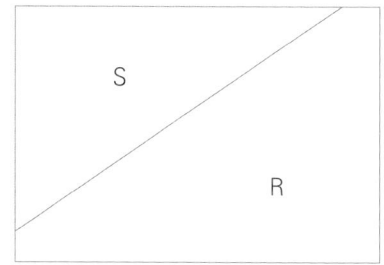

S: 상징계

R: 실재계[현실계] (쾌락 원칙의 피안)

[그림 15] 라캉 전기의 존재에 관한 그림

이 시기는 상상계보다 상징계가 우위로 여겨지며, 그 중심에 위치한 '아버지의 이름'에서의 원-억제 기능을 고려하면 상징계는 실재계

[현실계]에 대한 방어로 파악할 수 있다. 따라서 [그림 15]에 나타나 있는 것은 인간 주체는 이러한 상징적인 것에 의해 의미의 공백 또는 외상으로서의 현실적인 것[실재계]에서 자신을 보호하는 존재로 묘사되고 있다는 것이다.

라캉 중기(1964년~1974년: 세미나 제11권~제21권)

밀레르의 세미나에서 제기한 이 시기의 특징을 먼저 제시하고, 이것이 의미하는 바를 제시한다.

- 무의식은 이미 상정된 앎이다 – 상상적인 무의식
- 「대상 a」(환상)가 중심축 · 대문자 타자(공통성)에서 소문자 타자(고유성)로
- 대문자 타자의 대문자 타자는 존재하지 않는다.
- 순수 정신분석psychanalyse pure – 파셰passe라는 출구 제공
- 환상과 가면semblant[척, 체]
- 분석가는 알고 있다고 가정된 주체sujet supposé savoir

이 시기 라캉의 시도는 「프로이트의 전복」이라 할 수 있다(Miller, 2001-02:2002/5/15). 라캉이 「대상 a」라는 개념을 만들어 그것에 중요성을 부여해 나가며, 프로이트를 해독할 뿐만 아니라 프로이트의 사상을 변경해 왔기 때문이다.

세미나 제6권(『욕망과 그 해석』)에서 「대상 a」라는 개념이 도입된 이래 완전하고 절대적인 것처럼 여겨졌던 '대문자 타자'에게 결여가 표시된다. 라캉은 이를 「대문자 타자의 대문자 타자는 존재하지 않는다」라고 말한다. 이는 중심적인 문제가 상징계에 의해 분석 과정을 자리매김하며 단수로 나타나는 분석(후술 참조)의 종결을 고찰하는 것으로 변화했음을 시사한다.

이 '분석 종결'이라는 문제로 인해 다음 세 가지가 이론적으로 변경되게 되었다. 첫째는 '아버지의 이름'이 복수화되고 억압이 아버지의 금지가 아닌 랑가쥬 사건과 결부된다. 두 번째는 욕망이 아버지의 금지가 아니라 주이상스[향락]와 연결되고 주이상스에 의한 욕망이 중시된다. 세 번째는 결여가 결여로서 검토되는 것이 아니라 「대상 a」에 의해 결여를 채우는 것으로 논의가 전환된다(Miller, 2001-02:2002/5/15). 그리고 이런 변화는 최종적으로 「무의식은 상정된 앎이다」라는 무의식에 관한 이론적 변화에까지 이른다. 이것은 무의식을 환상적인 옷차림으로 그리는 것과 같은 의미이다.

임상 실천에서는 **치료**라는 관점에서 **경험**이라는 관점으로 변한다. 이는 환상을 횡단함으로써 주체가 해임된다는 파셰passe의 행정에서 분석 주체의 활동을 중시함을 나타낸다(Miller, 2001-02:2002/5/15). 부연하자면 분석가는 대문자 타자의 위치뿐만 아니라 「대상 a」의 위치로 자리매김하며 분석 주체 욕망의 대상 분석을 선도한다. 이때 분석가는 분석 주체에 의해 「알고 있다고 가정된 주체sujet supposé savoir」로 간주되며, **분석 주체**는 여러 차례 진실을 짜맞추고 다듬는다. 그러나 이런 분석 과정을 거쳐 어느 때 주체는 「대상 a」의 본성의 가면[외관]semblant을 알아차리게 되고, 분석가는 무언가를 진정으로 알고 있는 대문자 타자가 아니라 자기 자신이 무엇인가를 알고 있다고 가정된 것에 지나지 않음을 경험한다. 이렇게 해서 주체는 분석가라고 하는 겉치레 대문자 타자를 보완하지 않고, 그에 대한 동일시로부터 떨어져 나가 탈동일시를 실현해 간다.

이상 라캉 제2임상이란 환상의 임상이라고 정의할 수 있다. 주체는 환상의 횡단traversée du fantasme에서 시니피앙을 열거해 나감으로써 근원환상fantasme fondamental을 구성하고, 그것에 의해 주이상스/향락의 핵인 「대상 a」가 떠오르고 환상은 탈-상상화되기 때문이다.

이를 달리 말하면, 분석에서 주체가 대문자 타자는 '알고 있다고 가정된 주체'라는 것이 대문자 타자는 겉치레에 지나지 않는다는 것을 인정하는 것이다. 이때 주체는 자신의 욕망이 무엇인가를 알고 있다는 환상에 의한 확신이 흔들리고, 자신과 대문자 타자 관계는 없다는 것을, 즉 '사선 그어진 주체'와 「대상 a」의 무-관계를 체험하는 것이다.

분석 주체는 주체와 그 결여를 메우고 있는 「대상 a」와의 관계에 의한 구성물인 환상, 다른 말로 하면 무의식의 시나리오로서 역사인 환상과의 위와 같은 경험을 통해, 주체라는 지위를 해임당하고, 충동이라는 무에 직면한다[8 → a]. 이것이 이 시기에서의 분석의 종결이다.

이런 과정은 순수 정신분석psychanalyse pure이라 불리는 환상의 횡단에 의한 주체의 해임destitution du suiet을 가리키며, 파셰passe라는 출구를 제공하는 것으로 생각된다(Miller, 2001a:23). 이 과정에서 분석가는 '알고 있다고 가정된 주체'의 위치에 자리 잡으나, 마지막에는 탈존재dés-êtren라는 부스러기로서의 「대상 a」가 된다. 끝으로 중기의 라캉이 생각하는 인간 주체를 존재 또는 정신에 관한 그림으로서 표시해 보자([그림 16]).

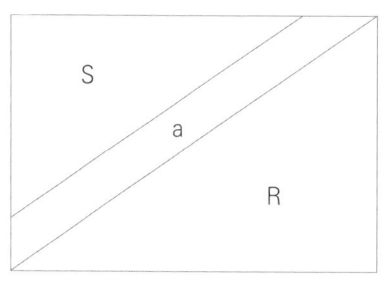

[그림 16] 라캉 중기의 존재에 관한 그림

이 시기 라캉은 현실적인 것[실재계]에 대한 방어로 상징계에서 한 발짝 더 나아가 현실적인 것[실재계]과 상징계 사이에 환상으로 「대상 a」를 배치하고, 이들의 접점이 어떤 것인지를 고찰한다. 따라서, [그림 16]은 중기에 인간 주체는 상징적인 것으로 시니피앙의 배열인 환상을 통해 현실적인 것[실재계]과 **만나는** 것으로 그려진다.

*

그런데 지금까지 기술한 라캉의 전기와 중기는 앞에서 언급했듯이 신경증, 도착증, 정신증이라는 세 가지 정신병리학적 카테고리는 엄밀한 구분으로 유지되고 있다. 그리고 '사고'란 상상적인 것을 포함하고 있지만 상징적인 것이라는 생각도 유지되고 있기에 파셰passe라는 논리가 존재한다.

이 논리는 정신분석에서 하나의 전형적인 출발점과 도달점이다. 분석 경험이 시작되면 논리적으로 하나의 방법으로 결론지어진다(Miller, 2001-02:2002/2/13)는 발상에 근거하고 있다. 그러므로 정신분석이란 복수가 아니라, 단수로 표시되는 정신분석만이 존재한다.

파셰passe에서 주체는 「대상 a」라는 장소에 이르지만, 이는 상징적인 것[상징계]의 외부이다. 이런 의미에서 「파셰passe는 잔여 〈「대상 a」〉를 외부에 존재하게 하고, 파셰passe는 상정된 외부-존재外-在 ex-sistence로의 분수령·방향 전환을 의미한다」(Miller, 2002a:19).[노트 1]

이 관점에 서면 라캉의 전기와 중기는 외부가 가정되고 있다는 것을 알 수 있다. 이상과 같은 정신병리학적 카테고리나 사고의 상징적인 성질, 그리고 외부의 가정은 앞으로 기술할 라캉 후기에서는 소실된다.

라캉 후기(1974년 ~ 1980년: 세미나 제22권 ~제27권)

라캉 후기는 「제3의 여자」와 세미나 제22권(『RSI』)에서 세미나 제27권(『해산』)까지의 시기(1974-1980)이다(Miller, 2001b:8). 밀레르의 몇 가지 세미나에서 추출한 이 시기의 이론적인 특징을 먼저 제시하고 그 후에 이 압축된 내용을 설명한다.

- 무의식은 졸작駄作으로서의 앎이다 – 현실적인[실재계] 무의식
- 주이상스jouissance(향락)이 중심축
- 「대상 a」(소문자 타자)를 출발점으로 고유성 강조

- 대문자 타자의 대문자 타자는 하나 되는 것(Un)이다 – 대문자 타자에 구멍(trou)이 있다.
- 비의미 정신 분석psychsalyse hors-sens – 응용 정신분석과 순수 정신분석의 차이 소실
- 생톰sinthome과 무의미
- 분석가는 학파분석가(AE: analyste de l'École)

이 시기에 라캉이 한 일은「프로이트의 재구성」이라고 표현할 수 있다. 왜냐하면 라캉은 중기에서「대상 a」를 통해 프로이트의 체계를 개편했다. 후기에는「대상 a」를 바탕으로 주체와 현실적인 것(실재계réel)과의 관계를 고찰의 중심으로 삼아, 그 개편을 한층 더 밀고 나가, 프로이트에게서 무의식을 분리해 내고, 별개의 무의식 개념을 제안하기 때문이다.

중기의 이론적인 변천에 따라 후기에도 대문자인 타자 [A]의 대문자 타자 [∅]는 존재하지 않고 여러 개의 아버지 이름이 존재한다. 그러나 이 시기에 대문자 타자 [∅]가 존재하지 않는것은 중심적이었던 아버지의 이름이 없어지는 대신 구멍trou이 있으며, 이 구멍에 의해 대문자 타자 [A]의 질서나 시니피앙의 체계가 해체된다는 것을 의미한다 (Miller, 2002b: 16). [51]

---

51) 밀레르에 따르면 구멍은 장소 질서의 소멸을 포함하고 있다는 점에서 결여와는 다르다. 결여란 어떤 장소에 등록되어 있는 부재이며, 장소의 질서에 따른 것이다.

이 구멍(장소場)에는 주이상스[향락] 하나(Un)가 다가오게 된다(Miller, 2002b:12-13). 이는 아버지 이름의 복수화를 기초로 인간 존재를 조건 짓는 최소한의 시니파앙은 무엇인가라는 문제에 대한 하나의 답이며, 모든 것은 주이상스^{jouissance}로 정리된다(Miller, 2001-02:2002/5/15; 2003b:25).

그 결과 정신분석이란 하나가 된 주이상스를 의미에 연결시키는 것이며, 무의식은 하나의 대실수$^{une\text{-}bévue}$로 여겨진다. 라캉을 인용해 보자.

「아는 것이 무엇인지 알지 못하는 것인가. 하나의 큰 실수$^{l'une\ bévue}$이다. 이 l'une bévue라는 표현을 이해하는 것은 그리 어렵지 않다. 이 큰 실수란 l'Unbewusste, 즉 무의식에서 내가 번역하는 것이다. 독일어에서는 그것이 무의식적인 것을 의미하지만, 이것은 하나의 큰 실수$^{l'une\ bévue}$로 번역된다. 이는 다른 것을 의미한다. 즉 발을 헛디딤/걸려 넘어짐$_{躓き}$, 비틀거리며, 말이 말에서 말로 미끄러져 가는 것을 의미하는 것이다」(S., XXIV:1977/ 5/10).[노트 2]

주이상스나, 의미가 배제除外된 것으로 정의되는 현실적인 것[실재계]의 대상과 관련해서, 말이 말에서 말로 미끄러져 의미 생성을 이루지 못하는 실패로서의 무의식에는, 의미를 이루는 모든 것이 무의미나 엉터리/졸작이라는 가치를 가지므로, 무의식은 또한 엉터리/졸작으로서의 지식/앎이라고도 불린다(S., XXIII:139).[노트 3]

이처럼 논란의 중심을 차지하는 주이상스[향락] 관점에서 이 시기 라캉 이론의 골격을 제시하면 다음과 같다.

먼저 주이상스[향락]란 본질에서 방어에 묶여 있는 욕망과는 다른 충동 수준에서 유래한 것이다. 그리고 「대상 a」를 출발점으로 고유성을 강조한 결과, 주이상스는 한 사람에 의해 지탱되어, 대립물을 가지지 않는다는 특징을 갖게 된다. 즉 라캉 전기와 중기의 주이상스는 시니피앙의 대립물로 여겨졌지만, 후기에는 시니피앙이 주이상스에 의해 조작된다. 또 주이상스의 대립물이었던 쾌감은 그 유효성을 흡수당해 주이상스적인 것으로 된다(Miller, 2001-02:2002/5/15). 그 결과 무의식이나 주체라는 개념 또한 공통점이 없는 주이상스의 한 사람(一者)이 지배하는 체제에 의해 뒷받침된 것[배접 褙接된 것]으로 구상된다.

이러한 이론에 기초한 라캉 제3임상은 생톰sinthome[52]의 임상이라 불린다(Miller, 2003b:25). 이것도 충동과 만난 주체에게는 주이상스밖에 없으며, 그것이 어떤 의미에서는 진실과 의미의 결정인자가 되며, 주체는 진실과 의미의 희생은 생각하지 않고 무의미한 생톰sinthome을 잘 다듬어내기練り上げる 때문이다. 생톰이란 의미 외부에 있고, 그것은 주이상스의 심급화라고 생각된다.

임상에서 분석의 종결이 지닌 특징은 치유도 횡단도 아닌 충동 수준에 있는 주이상스 체제이다. 즉 환상에서 욕망 획득이 붕괴하고, 충동과 대면하고, 존재라는 지위를 박탈당한 주체를 기다리는 것은, 의미 밖-에 존재하는 생톰이며, 그것에 의해 주체는 존재하지 않는 대문자

---

52) サントーム 생톰(sinthome)이란 symptôme(증상)의 옛 철자로, 때때로 '증후'으로 번역된다. 증상(Symptôme)을 의미를 지닌 상징적인 것으로 생각한다면, 생톰은 현실적인 것으로의 증상이라 할 수 있다.

타자를 구성하게 하는 동일시나 환상과 거리 두는 것이 가능해진다.

분석의 종결이란 최종적으로 주체가 생톰을 획득하는 것, 다른 말로 하면 주체가 증상으로 동일시되고 증상과 잘 어울려가는 것으로 정의된다($S \rightarrow \Sigma$).

> 「자신의 증상을 갖고 잘 어울려 사는 법을 아는 것(savoiry faire), 그곳이 분석의 종결이다」(S., ⅩⅩⅨ:1976/11/16).[노트 4]

이러한 생톰sinthome의 임상은 지금까지 기술에서 짐작되듯이 신경증, 도착증, 정신증이라는 라캉파의 큰 임상적인 구분 가운데 정신증에 관한 임상으로 간주된다.

라캉은 또 「도착倒錯은 **아버지를 향한 이본異本이나 개작改作**을 의미하며 결국 아버지와는 하나의 증상 또는 생톰이다」(S., XXIII:19)라고 말하는 등 도착과의 관련도 지적하고 있다.

라캉은 제임스 조이스의 『피네간 경야Finnegans wake』에서 이 생톰의 구체적인 예를 들고 있다. 생톰 또는 생톰이 만들어내는 것이란 향락적인 파롤인 라랑그lalangue[노트 5]이다. 그것은 대문자 타자에 대한 의사소통이 아니라는 의미에서, 승인이나 이해를 목표로 하지 않는 파롤이며, '쓸데없는 말'이라고 할 수 있다. 이것은 바로 '무의미한 의미의 증식'이라고 말할 수 있는, 이해 불가능한 것이다.[노트 6]

그것은 만인이 받아들일 수 있는 대문자 타자에 근거한 승화의 형태가 아니라(Miller, 1998 b: 17-18), 의미와 향락의 촉성 재배forçage

라고 형용할 수 있는 일부 사람만이 관심을 갖는 특수한 것이다. 라캉은 조이스가 프로이트의 도움이나 정신분석 없이 생톰에 도달한 것에 놀라움을 표시하면서 자신도 그곳에 도달했다고 말하고 있다.

「이해할 수 없는 것의 끝/첨단이란, 그 이후로 의미가 아닌 듯한 의미(향락적인 의미)에서, 사람이 자신이 그것의 '주인임을 보여주는 사다리 발판ecabeau[두 사다리 윗부분을 맞붙이고 발판을 댄 곳]이다. 나는 충분히 프랑스어라고 불리는 라랑그의 주인이다. 왜냐하면, 나 자신이 거기에 도달했기 때문이다. 이 점이 증상에 걸맞은 향락을 입증하는 것을 매혹시킨다. 의미를 배제하는 불가사의 한 향락」(*A.E.* : 570).[노트 7]

이러한 조이스에서 본을 뜬 생톰을 보로메오 고리를 이용해 좀 더 자세히 알아보자. 만년의 라캉은 「내가 주장하려고 하는 것은 상징계와 상상계와 현실계[실재계]는 엄밀히 동등한 것으로 간주할 수 있다는 것이다」(*S.*, XXI:1973/11/13)라고 말하며, 상징계의 우위를 폐기하고 실재계[현실계](R)와 상징계(S)와 상상계(I)를 동등한 것으로 했다. 그리고 라캉은 이것을 어느 정도 적절하게 표현할 수 있는 것으로 보로메오 세 개의 고리를 사용한 것이다. 보로메오의 고리는 아래와 같은 것이다([그림 17]).

보로메오 고리는 세 고리가 떨어져 붙어 있고, 세 고리 가운데 하나를 자르면 나머지 두 고리는 뿔뿔이 흩어지고 마는 성질을 가진다. 조이스에서는 이 보로메오 세 고리 가운데 상상적인 고리가 탈락되어 있

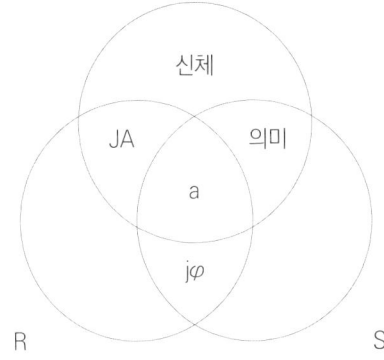

[그림 17] 보르메오 고리(Lacan, 1974:199)

는데, 고리를 유지하고 조이스를 특수하고 개별particularité적인 존재로 만드는 것은 네 번째 고리로 라캉이 구상한 생톰이다(S., XXIII:19).

그것은 신체의 사건évébement de corps에 뿌리를 둔 상징계와 현실적인 것[실재계]의 본질을 무시한 간단한 결합이며, 더 구체적으로는 명명nomination이라는 형태를 취한다(S., XXII:1975/5/13).

생톰에서는 「아버지의 이름은 또한 이름의 아버지이고」(S., XXIII:22), 그것은 시니피앙과 시니피에, 상징계와 상상계를 연결하는 쿠션 철자[접합점]point de capiton를 만드는 것이 아니라 상징계와 현실계를 연결하는 철자[접합점]를 만드는 것이다.

이 이름의 아버지에 의해서, 조이스는 「대학 교수들이 300년간 자기[의 작품]에 씨름하게 하기 위해서 쓴다」라고 말하는 것처럼, 자신의 이름의 가치를 끌어올리는 일에 몰두해, 스스로를 하나의 고유명사로 만들었다.

이러한 생톰이란 sympthomme(증상으로서의 인간)라고도 쓰이고(A.E.:569), 분석 주체가 떠나고 싶어 하지 않고 집착하고, 사랑하여 멈추지 않는 증상으로, 어떤 인간 주체를 다른 것과는 구별되는 고유한 것으로 만드는 것이며, 인간 존재에게 그 자체의 가치를 부여하는 것이다.

「아름다운 사다리 발판ecabeau[두 사다리 윗부분을 맞붙이고 발판을 댄 곳](S. K. beau)이란 인간이 신체를 갖는 한, 인간 안에서 사람이 존재로 생계를 꾸리고 살아간다는 사실(존재를 비우는ᅟᅟ 것을 암묵적으로 포함하고 있는 사실)에 영향을 미치는 것이다」(A.E.:565).[노트 8]

이상과 같은 라캉 후기 임상 이론의 개략적 언급에서 잠정적으로 말할 수 있는 임상 접근을 생각해 보자.

생톰이란 위에 언급한 바와 같이 증상과 함께 만들어(faire avec) 증상을 작품으로 만드는 행위이며, 이는 예술적 기술이며, 기량技量(savoir-faire)을 갖는 것이다. 즉 「행동거지振る舞い(faire)와 지知(savoir)는 기량으로 접합된다」는 것이다(Miller, 2001b:16).

여기서 주체는 증상을 작품으로 만들어 주이상스를 누리며, 어떤 의미에서 행복하기 때문에 거기서 깨어날 필요가 없게 된다. 현실적 무의식에 기반을 둔 주이상스의 심급화인 이 생톰에는 자각/깨우침이 없는 것이다. 라캉은 이를 다음과 같이 말한다.

「무의식이라는 정신질환은 깨어나지 않는다. 프로이트가 언표하고, 내가 말하고 싶은 것은 어떤 경우에도 깨어남이란 없다는 것이다」(S., XXIV:1977/5/17).[노트 9]

이 깨어남이 없다는 것을 라캉 후기의 논의로 들어가기 전에 지적한 「정신병리학적 범주나 사고의 상징적인 성질, 그리고 '외부에서의 가정'이 후기에는 소멸된다」라는 점을 좀 더 검토해 보자. 이를 통해 이 시기 임상 접근이 드러날 것이다. 우선 정신병리학적 카테고리의 소멸에 대한 밀레르를 인용해 보자.

「RSI의 삼위일체는 신경증, 도착증, 정신증 간의 불연속적이고 빈틈없는 분류와는 달리 대립한다. (…). 매듭 위에 임상을 측정[標定]하는 것은 우리에게 다른 정리를 줄 것이 분명하다. (…) 불연속적이고 빈틈없는 안전성은 상실되며, 그 결과는 임상의 기초적인 통일성·단위가 되는 것은 증상[생톰]이며, 그것은 더 이상 하나의 클래스였던 임상 구조로 불리던 것이 아니라는 것이다.」(Miller, 2003b: 24-25).

즉 보로메오 고리의 도입으로 신경증, 도착증, 정신증이라는 정신병리학적 카테고리는 해체되고 생톰이 임상의 기초가 된다.

사고가 지닌 상징적 성질의 소멸은 지금까지 말했듯 현실적인 것[실재계]는 의미를 배제하므로(S., XXIII:65), 통상적인 의미로 이루어진 사고나 지식은 소멸한다. 그러나 주이상스의 체제 아래에서 사고나 지식은 향락적인 성질을 띤 현실적인 것[실재계]으로 된다.

'외부에서 가정'의 소멸은 현실적인 것[실재계]에는 법이 없다는 점 (S., XXIII:137-138)에서 생각해 보자. 법이 없다는 것은 아버지의 이름이 존재하지 않는다는 것이다. 그 결과 상징적 시니피앙 체계는 해체되고 거기에는 진실이 존재하지 않게 됨과 동시에, 시니피앙 체계의 해체를 위해 외부도 내부도 없게 된다. 그곳에 있는 것은 오직 주이상스이다.

이처럼 모든 것이 주이상스로 침식된 것인 이상, 또 생톰이 주체의 핵인 이상, 주체를 자각시키는 것은 대단히 어렵다. 그 필요성도 확실하지 않으며 주체 자신도 깨어나지 않을 것이다. 여기서 보이는 임상적 접근은 생톰을 그대로 둔다는 것이다. 다음 문장에서 라캉의 이런 구상을 볼 수 있다.

「분석이란 생톰에서 해방된다는 데 그것이 본질이 아니다. (…) 분석이란 생톰에서 꼼짝 못하는 이유는 무엇인지 아는 데 그 본질이 있다. 이는 상징적인 것[상징계]이기 때문에 발생한다. 상징계의 것이란 바로 랑가쥬이다. 사람은 말하는 것을 배운다. 이것은 흔적을 남긴다. 랑가쥬로 흔적을 남기는 것이다. 이로 인해 생톰 이외의 아무것도 아닌 결과가 남는다. 그래도 분석에는 어떤 진전이 있는 것이다. 분석이란, 생톰을 지니는 이유가 무엇인가를 깨닫는 것에 그 본질이 있다. 따라서 분석은 앎/지知에 연결되어 있다」(S., XXV:1978/1/10).

라캉에 따르면 그대로도 진전은 있다. 주이상스에 휘말리면서도 현실적인 사고나 지식/앎은 존재한다.

> 「분석가들이 알아야 하는 것, 예측할 수 없지만 주이상스에 대해서는 더 적게 작용하지 않는 하나의 지식/앎이 있다는 것이다」(A.E.:558).

사고나 앎이 있는 이상 해석이라는 분석 수단은 기능할 여지가 있지만, 라캉 후기의 해석은 아마도 생톰에 기여하고 그것에 환원되는 것에 불과하다. 해석은 주이상스적인 의미(jouis-sens)(A.E.:551)를 실재계[현실계]에 추가하는 역할을 담당하는 것이다.

이런 해석의 생톰으로의 환원을 통해서 그 자체로서 존재하게 되는 생톰에서, 주체는 대문자 타자에게서 분리된 것이 된다. 무의식을 다루는 것으로 시작된 프로이트의 정신분석은 지식/앎과 접한 실재계[현실계]를 다루는 것으로 변모해 의식에서 멀리 떨어져, 더 정신분석다운 정신분석으로 라캉에 의해 재구성된다.

여기서 생톰의 임상 과정은, 비의미非意味 정신분석 관점에서는 순수 정신분석과 응용 정신분석과의 차이는 본질로 간주되지 않으며(Miller, 2001a:17-19), 파세passe를 거쳐 이 지점을 접한 분석 주체는 학파 분석가(AE: analyste de l'École)라는 호칭을 부여받는다.

마지막으로, 이 시기의 라캉이 생각하는 인간 주체를 존재 또는 정신에 관한 그림으로 그려보자.([그림 18])

후기 라캉 검토의 중심은 실재계[현실계]와 상징계의 접점에서 그것들의 접합으로 전환shift한다. 즉 실재계[현실적인 것]와 주체의 관계에 한층 더 무게가 실린다. 이런 고찰은 생톰의 결실이지만, [그림 18]이 나타내는 것은 후기의 인간 주체는 이 생톰(증상)을 스스로 존재의 핵으로 해서, 현실적인 것[실재계]을 스스로 존재에 의해 포착한 것으로 그리고 있다.

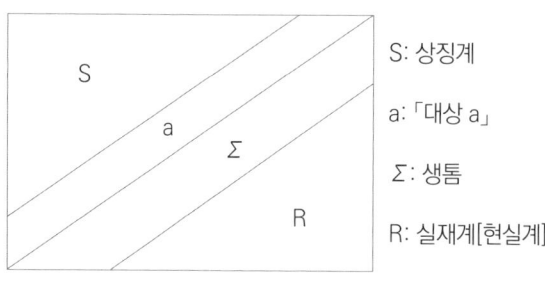

[그림 18] 라캉 후기에서 존재에 관한 그림

2. 라캉파의 기법

이상 이론적 변천과 임상 실천의 변화에 관해 필자는 전기와 중기의 관계를 인식론적 발전 관계가 아니라 이론적 심화로 맺어진 관계라고 지적했다(6장 참조). 즉 동일시 임상을 마치고 다음에 환상 임상으로 나가는 것이 아니라, 분석의 종결까지 같은 과정에 대해 '동일시 임상'을 더 깊이 고찰한 것이 '환상의 임상'이라고 보는 입장이다.

이 '심화'라는 시각을 상세히 말하면 증상의 '엄밀화'라고 할 수 있다. 라캉 체계의 전개란 '대상의 결여'[-φ]에 기반을 둔, 주체가 입는 증상적인 것을 엄밀히 하는 과정이다. 그것은 없는 대상을 존재하게 하고, 없는 관계에 관계를 가져 오는 상상적인 것과 상징적인 것을 어떻게 다룰 것인가이다. 이 문제를 둘러싼 이론과 임상 실천이 변화해 가는 과정이라고 생각한다. '동일시 임상'에서는 증상이 문제의 중심이 되고, 자아 이상 [I]와「대상 a」의 중첩으로 인해 증상은 치유된다. 그러나「증상을 넘어선 곳에 환상이 있다」(Miller, 2001a:24).[노트 10]

환상이 문제가 되는 '환상의 임상'에서는 자아 이상 [I] 와「대상 a」의 갈라놓음에 의해 근원 환상의 구성을 통해 주체는「대상 a」와 만난다. 파셰의 경험에서 주이상스에 들어가기 위한 장벽을 넘어서면 거기에는 의미의 거절에 기인한 돌연변이, 즉 생톰이 있다(Miller, 2001a:20).

'생톰의 임상'에서 문제가 되는 것은 생톰이다. 여기에서 자아 이상 [I]은 더는 존재하지 않으며,「대상 a」를 기초로 주이상스를 심급화하는 이른바「대상 a」의 확대라고 할 수 있는 사태가 일어난다. 이처럼 라캉은 증상적인 것을 처음에는 증상, 다음은 환상, 마지막은 생톰으로 엄밀화해 간다.

지금까지 설명에도 인식론적 발전을 풍기는 서술이 남아 있지만, 이것은 각 시기의 이론이나 임상 실천의 구분을 명확히 하는 표현 수단에 지나지 않는다. 라캉의 체계는 본질에서 '증상적인 것'을 엄밀화하는 과정이다. 전기 이론에서 도출된 시니피앙 해석이나 중기 이론에서 도출된 〈회기 끝내기^{scansion}〉와 침묵 등 세 가지 해석과 후기 이론의 '생톰의 해석'은 직선적이고 직접적인 연결이 아니다. 보로메오 각 고리끼리의 접속 정도의 연결은 있다고 할 수 있다.

이 절에서는 시니피앙 해석과 〈회기 끝내기^{scansion}〉, 침묵이라는 세 해석의 사용법을 언급하고, 생톰 해석을 고찰해 라캉파의 실천 기법을 해석의 관점에서 총괄하고자 한다.

먼저 시니피앙 해석과 〈회기 끝내기^{scansion}〉, 침묵의 기반이 되는 시니피앙 연쇄 뒤따르기이다. 시니피앙 연쇄를 따라갈 때 무의식의 형성물(꿈, 농담, 말실수, 도착 행위, 철자 바꾸기 등)의 동음이의어^{同音異議語}나 가족 콤플렉스를 기초로 한 「문자나 말의 전이」에 주목하여 사례를 이해하는 것이 중요하다. 왜냐하면 라캉 제1임상에서 증상은 주체가 대문자 타자의 상상적 팔루스라는 오이디푸스적인 동일시에서 형성되기 때문이다. 제2임상에서 환상은 주체가 대문자 타자의 결여를 「대상 a」로 채워 완전하게 한다는 오이디푸스적인 구조를 취한다. 간단히 말하면, 주체의 위와 같은 무의식에 대한 가설의 이해로 해석이 이루어진다.

해석의 기반인 세 가지 해석 기법은 「내용 있는 해석」인 시니피앙 해석에서 시작하여, 점차 「공백을 지닌 해석」인 〈회기 끝내기^{scansion}〉와 침묵으로 논의를 옮겨간다.

시니피앙 해석이란 〈의미작용^{signification}〉을 산출하는 해석이다. 이것은 「지금-여기」가 아니라 「이미-그곳」이라는 관점을 갖춘 해석이다. 분석 주체의 파롤에서 대문자 타자에게 쓰여 있을 것으로 생각되는 무언가의 시니피앙을 포함한 해석을 가리킨다.

시니피앙 해석에는 여러 언어적 수준이 있다. 그것은 문장, 단어, 문자, 음소라고 하는 각 수준이다. 즉 이 어딘가의 수준으로 분석 주체의 파롤 또는 파롤에 포함되는 시니피앙을 해석하는 것이다.

그럴 경우 치료자가 거기에 자기 나름의 가설을 포함해 해석하는 경우도 있을 것이고 단순히 그것을 반복할 수도 있을 것이다. 예를 들어 분석 주체가 '녹색 구슬이 굴러간다'라는 꿈을 보고했다면 반복만으로도 [표 2]와 같은 선택지가 있는 셈이다. 치료자가 언어적인 소재를 반복할 뿐, 반복된 것은 다른 것과 별도의 것으로 떠오르며, 분석 주체를 연상으로, 다음에는 파롤로 유도/유혹해誘って 가게 된다. 물론 때로는 치료자가 나름대로의 가설을 포함해 말을 돌려줄 때도 있다.

[표 2] 시니피앙 해석의 언어적인 수준

언어적 수준	구체 예시
문장	녹색 구슬이 구르다
단어	녹색
문자	ミ
음소	m

* 단어의 레벨은 구체 예시는 물론 '구슬 옥玉'으로도 '구르다(転がる)'이어도 좋다. 이하 똑같이 문자 레벨에서는 '미도리(ミドリ)'의 '도(ド)'나 '리(リ)'어도 좋다. 음소 레벨에서는 'midoeri'의 'i'에서도 'd'에서도 'o'에서도 'r'에서도 좋다.

문장 수준에서는 「"녹색 구슬이 굴러간다"라는 것은 …… 같네요」나 「어머니는 녹색 둥근 수정을 중요하게 여겼네요」와 같이 치료자가 분석 주체의 파롤에 무언가를 덧붙여 해석하는 것도 가능하다. 단어

수준에서는 「'녹색'으로 뭔가 떠오르는 것이 있습니까?」라고 하면 꿈의 요소 분석같은 형태를 취하게 된다. 「'초록색'입니까?」라고 조금만 치료자가 말을 더하기만 해도 어떤 연상이 야기되는 경우도 있다. 문자나 음소 수준에서 치료자가 나름 대로의 가설을 포함한다면 〈철자 바꾸기anagramme〉를 사용하게 될 것이다. 예를 들어 「ミドリミドリ」라면 「ミトリミトリ(간호)」나 「リミットリミット[limit 한계]」 등의 단어를 해석에 사용하는 것은 경우에 따라 가능할 것이다.

여기서 깨달은 것은 시니피앙 해석이 「내용 있는 해석」의 하나라는 입장을 이 저서에서 주장해 왔지만, [표 2]의 언어적인 수준이 아래로 내려갈수록, 다른 말로 하면 해석이 짧을수록 의미는 명시적이지 않고, 일의적一義的인 것에서 다의적인 것으로 열어간다는 것이다. 라캉은 해석이란 이런 것으로 보고 있다.

「해석은 본질에서 시니피앙의 조작을 겨냥하는 한에서, 짧을 것을 요구한다. (…) 그에 반해 우리가 여기서 보는 개입은 의미 있고 이해할 수 있고, 설득력 있는 성격을 분명히 드러낸다. 이것은 주체로 하여금 바로 분석 상황을 단순한 2자 관계로 살아가도록 초대하는 것이다」(S., V:444-445; 5권 하:291).

「분석적 해석은 이해받기 위해 만들어지는 것이 아니다. 그것은 물결(모호함vagces)을 만들어 내기 위해 만들어지는 것이다」(Lacan, 1975e: 35).[노트 11]

해석이 짧으면 그 의미는 다의성을 획득하고, 일의적一義的으로 이해되어 분석이 양자관계에 빠지지 않고 효과를 발휘한다.

「해석이 효력을 나타내는 것은 애매하고 다의적인 것éqivoque에 의해서이다. 반향하는 시니피앙 안에 뭔가가 있어야만 한다」(S., XXⅢ:17).

언어 수준에서 좀 더 말하면, 이 수준을 더 낮추다 보면, 그것은 「공백을 지닌 해석」이 된다. 즉 문장, 단어, 문자, 음소를 사용하여 무언가를 말하는 행위에서 말이 없는 〈회기 끝내기scansion〉라는 행위로, 나아가 침묵이라는 더는 하나의 행위라고 할지 불확실한 행위로 해석이 모습을 바꿔가서, 해석은 의미의 명시성이나 이해에서 벗어나 다의성을 확대하고, 수수께끼/애매함을 만들게 된다.

이런 해석에 관한 언어적 수준의 검토로 말할 수 있는 한 가지 결론은 의미를 이루는 문장과 같은 「내용 있는 해석」의 수준에서, 말이 필요 없는 「공백을 지닌 해석」 수준까지 해석의 길이에는 다양한 폭이 있다. 그러므로, 시니피앙 해석, 〈회기 끝내기scansion〉, 침묵이라는 세 가지 해석의 개입 포인트는 동일하며, 어느 것을 선택할지는 상황에 달려 있다.

그런데 수수께끼는 「내용 있는 해석」에 의해서도 치료자의 해석이 분석 주체에게 수수께끼에 머물게 할 수 있다는 점을 지적해 둔다. 즉 지금까지 논의에서는 「내용 있는 해석」인 시니피앙 해석은 〈의미작용signification〉을 산출하고, 「공백을 지닌 해석」인 〈회기 끝내기scansion〉와 침묵은 〈의미작용 signification〉의 산출과 더불어 탈동일시 기능이 있다고 하여 이 두 부분을 구별해 왔다. 그러나 어느 해석에서든 〈의미작용 signification〉의 산출과 탈동일시는 일어난다. 그 때문에, 탈동일시의 작용을 노리고 〈회기 끝내기 scansion〉를 하는 경우에, 언뜻 모순되어 보이는 〈의미작용 signification〉을 산출하는 시니피앙 해석도 행하는 「내용 있는 해석」과 「공백을 지닌 해석」의 동시 사용(즉, 무언가를 말하고 회기를 끝내는 것)도 가능해진다.

다음으로, 생톰 해석에 대해 검토해 보자. 앞 절의 결론은 생톰의 임상에서 생톰을 그대로 둔다는 것이다. 이 '그대로'라는 관점을 소박하게 파악하면 생톰의 임상 기법은 **침묵**이다. 밀레르를 인용해 보자.

> 「분석가의 침묵은 말해지는 것의 궁극적 목적이 의사소통 차원에 있는 것이 아니라, 라랑그의 주이상스 차원에 속한다는 것을 드러낸다」 (Miller, 2004-05:2004/12/15).[노트 12]

그러나 앞에서도 말했듯이, 주이상스로 가득 찬 현실적인 것[실재계]에 무엇인가의 지식/앎이 있는 이상, 해석이라고 하는 분석 수단은 기능할 여지가 있다. 따라서 '가능성으로서 침묵'만 아니라 시니피앙 해석이나 〈회기 끝내기 scansion〉도 생톰의 임상 기법으로 사용될 수 있다고 본다.

라캉파의 많은 임상가나 연구자는 생톰이라는 개념을 정신증과 관련된 이론적인 개념으로 파악한다. 이들은 정신병자에 대해 침묵할 뿐만 아니라 시니피앙 해석이나 〈회기 끝내기 scansion〉를 한다는 생각에는 이의를 제기할 수 있다. 그러나 생톰에 대한 세 가지 해석을 사용한 경우에는 이들 해석은 이 책에서 지금까지 기술한 신경증을 대상으로 한 것과는 다른 기능을 하기에 나름대로 효과를 나타낼 가능성이 있다.

부연하자면 생톰의 세 해석은 아버지의 이름이 없고 시니피앙 체계의 질서가 없어지며, 그 결과 진실이 존재하지 않는 주이상스 체제하에서는 진실을 목표로 하거나 그것을 부각시키는 것으로 기능하지 않는다.

생톰에 대해 세 해석을 사용해도 진실이 상징적인 의미든 상상적인 의미든 존재하지 않기 때문에 의미는 고정되지 않고 차례차례 다른 의미로 미끄러져 나가고, 어떤 주이상스적인 의미(jouis-sens)로 사용되는지 알 수 없는 것이다. 라캉을 인용해 보자.

「분석가들이 진정성/참됨 안에 있는 것은 그들 해석의 의미가 효과를 지닌다는 사실에 의해 지지되지 않는다. 왜냐하면 해석의 효과는 예측할 수 없기 때문이다」(A.E. :558).[노트 13]

효과를 예측할 수 없는 해석에 주체는 생톰이라는 어떤 작품이라 부를 수 있는 것을 만들어 내고, 바로 무너지려는 보로메오 고리에 보전 suppléance을 부여한다.

중요한 것은 동일시 임상, 환상 임상, 생톰 임상이라는 모든 임상에서 시니피앙 해석, 〈회기 끝내기scansion〉, 침묵이라는 세 가지 해석은 사용할 수 있다. 그렇지만 생톰 임상에서 세 가지 해석은 동일시의 임상과 환상 임상의 세 해석과 동일하게 기능하는 것이 아니라 다르게 작동한다.

그렇지만 이 저서는 지금까지 동일시 임상이나 환상 임상에 구체적으로 접근한 다음 필자 사례에서 접근의 구체적 작용을 제시해 왔지만, 생톰 임상의 구체적인 제시는 향후의 연구 과제로 남아있다.

생톰 임상은 이론 면에서도 아직 많은 과제가 남아 있다. 예를 들면, 생톰 개념에는 분석 주체를 고유한 것으로 만들기까지 증상을 응축해 가는 것이 가정되어 있다고 할 수 있다. 그러나 이런 식으로 [억지로 제거하기보다는 증상과 함께 잘 살아가도록] 그대로 두는 기법으로 분석하러 온 분석 주체의 처음 증상을 어느 정도까지 '그대로 둘 것이고', 어느 정도까지를 치료 범위로 삼을 것인가 하는 점 등은 아직 연구를 심화시켜 나가야 하는 문제이다. 또한 생톰 임상이 정신증에 관한 임상이라고 말해 왔는데, 이 경우 적용할 수 있는 정신증이란 어느 범위까지인가 하는 문제도 정밀하게 검토할 필요가 있다.

마지막으로 현실적인 것[실재계]가 전면화되는 정신증 기법도 언급했지만 신경증도 현실적인 것[실재계]을 언급할 수 있어 〈파쎄passe〉도 이를 상정하고 있다. 여기서 소박한 물음이 제기된다. 라캉의 정신분석에 길이 제시된 〈파쎄passe〉로 인해, 사람들은 조이스나 라캉까지는 말할 수 없더라도, 의미를 배제하는 이해 불가능한 주이상스를 [과연] 자신의 것으로 삼아야 하는 것일까? 정신분석에 뛰어든 사람이라면 거기까지 가야 하는가? 이런 물음에 대한 라캉은 다음 한 문장으로 대답하고 있다.

「신경증자들은 어려운 삶을 살고 있으며 우리는 그들의 불쾌감을 덜어주려고 한다. (…). (…). 분석을 너무 먼저 무리하게 밀어붙일 필요는 없다. 분석 주체가 살아있는 것에 행복을 느낀다면 그것으로 충분하다」 (Lacan, 1975e:15).

3. 라캉파의 의의

마지막으로 라캉파 정신분석의 현대적인 의의를 간단히 살펴보자. 이제 라캉 체계 내부를 주목했지만 여기서는 라캉파 사고의 골자를 파악하면서 조금 외부로 눈을 돌려 현대의 문제를 바라보자.

보이는 문제는 사회에 대한 진보주의와 발전주의의 찬양과 일상생활의 언어 가치 삭감이다. 이 점은 아마도 라캉을 배운 사람들에게는 많든 적든 그렇게 새로운 주장은 아니지만 개인적으로는 부언해둘 만하다고 생각한다.

진보주의와 발전주의에 대한 의문

첫 번째 라캉파 정신분석의 현대적 의의는 라캉이 진보주의나 발전주의에 의문을 제기하는 데 있다. 정신분석과 관련된 범위에서 어떤 진보주의나 발전주의에 의문인지 대략 설명해 보자. DSM의 정신질환 카테고리와 약물요법의 생화학적 설명이다. 모두 과학적 근거가 모호하다고 주장하는 연구를 개관해 사회에 널리 알려진 이 부분의 과학적 진보나 발전에 대해 잠시 생각해 보자.

첫 번째는 DSM의 정신질환 카테고리에 대한 것이다.

DSM(『정신질환 진단·통계 매뉴얼』)이란 미국 정신의학회에서 간행한 정신과 의사의 안내서이다. 이는 현재 미국은 물론 일본, 한국도 포함해 세계적으로 널리 사용되고 있다. 제1판인 DMS-I는 1955년에 출판되었다. 여기서 논의 대상은 DSM-Ⅲ(1980) 및 그 이후의 DSM-Ⅲ-R(1987), DSM-IV(1994), DSM-IV-TR(2000)이다. 이런 판은 증명되지 않은 병인론적 가설에 의해 장애를 정의할 뿐 아니라 관찰에 의해 얻어진 증상을 장애의 특성으로 분류하는 크레펠린 진단법[독일 정신병학자 크레펠린에 의해 고안됨. 수數 계산 작업으로 성격의 동요를 판단]을 이용하고 있다.[53] 이 원칙에 따라 DSM-Ⅲ 이후 신경증이라는

---

[53] 『DSM-V 연구 행동 계획』(Kupfer, First, & Regier, 2002=2008)에 따르면, 향후 발행될 DSM-V이후 판에서는 질병 분류방업으로서 이제까지 카테고리 방식에 더해서 차원dimension 방식이 도입될 가능성이 높다.

[역자] 정신질환 진단 및 통계 편람Diagnostic and Statistical Manual of Mental Disorders(DSM) 최신 버전은 2022년에 개정된 **DSM-5-TR**이다. 2013년에 나온 DSM-5의 텍스트 개정판Text Revision으로, 진단 기준 자체의 대대적인 수정보다는 기존 내용의 명료화와 업데이트에 중점을 뒀다. **용어 명료화**: 인종차별적이고 낙인적인 용어를 수정하고, 성별 불쾌감과 관련된 용어를 최신 지견에 맞게

진단명은 점차 사라졌다. 이는 정신분석 이론에 기초한 인생 초기[유아기]의 정신적 외상이라는 원인을 함의하는 개념이기 때문이다.

이렇게 사라진 진단명이 있다면 당연히 새로운 진단명도 등장한다. DSM 판이 갱신될 때마다 정신질환 카테고리가 늘고 있다. 예를 들어, DSM-Ⅲ에서 DSM-Ⅳ로 기재되어 있는 진단명은 250개가 넘고 300개가 넘게 증가했다. 즉 새로운 병이「늘고 있는」것이다. 이 의미는 연구에 의해 병의 원인이 특정되었고 과학의 발전으로 새로운 정신질환이 발견됐다는 것이 아니다. DSM에서 정신질환은 사회적 압력에 의해 만들어진 면이 있다. 그 압력이란 기업이나 권리 옹호 단체에 의한 것이다(Kutchinss Kirk, 1997=2002; valenstein, 1998=2008; Kupfer, First & Regier, 2002=11008).

각 집단에는 그에 합당한 이익이 있다.

기업에서는 DSM의 진단 기준 작업에 관여해 자사 제품의 매출을 늘릴 수 있다. 예를 들어, 제약 회사에서는 새로운 진단 기준이나 진단명에 의해 정신질환으로 진단되어 자사의 향정신성의약품을 사용하는 환자가 증가하면 이익이 증대된다. 권리옹호단체는 DSM에서 진단명

업데이트했다. **새로운 진단 추가**: '지속적 비애 장애 Prolonged Grief Disorder'와 같이 임상적으로 중요성이 인정된 새로운 진단이 추가되었다. **기준 수정**: 일부 질환의 진단 기준을 명확히 하고, 유병률, 위험 요인 등 최신 연구 결과를 반영하여 본문 내용을 수정했다. DSM은 정신질환 진단의 신뢰성과 일관성을 높이기 위한 실용적인 도구이지만, 원인이 아닌 증상에 초점을 맞추고 정상과 비정상을 범주적으로 나눈다는 점에서 비판을 받는다.

을 삭제받음으로써 사회의 편견이 시정되거나 반대로 진단명을 추가 받음으로써 자신들의 고통이 세상에서 이해된다는 이점이 있다. 예를 들어, 권리옹호단체와 관련해 베트남 귀환병 그룹이 DSM-Ⅲ 안에 '외상 후 스트레스 장애PTSD'를 진단 카테고리로 넣도록 미국 정신의학회에 압력을 넣어 성공한 것은 오늘날 널리 알려져 있다. 이런 일이 가능해진 것은 DSM이 기술적記述的 방법론을 채택하고 있기 때문이다. 기술記述의 뉘앙스를 바꾸는 것은 쉬운 일이고, 더 근본적으로는 정신질환의 원인은 거의 알지 못한다는 점에서 비롯되었다.

그러면 이 「정신질환의 원인은 거의 알려져 있지 않다」는 점, 다시 말해 약물요법의 생화학적 설명에는 그다지 충분한 과학적 근거가 있지 않다는 점을 살펴보자. 현재 조현병의 원인은 신경전달물질 중 하나인 도파민의 과잉이며, 우울증은 세로토닌이나 노르아드레날린의 부족으로 널리 믿어지고 있다. 조현병에 대한 항정신병제나 우울증에 대한 선택적 세로토닌 재흡수억제제(SSRI) 및 세로토닌 노르아드레날린 재흡수억제(SNRI) 등을 처방하는 의사들도 그런 설명을 하는 경우가 많다. 그러나 이런 설명은 도파민 가설이나 세로토닌-노르아드레날린 가설로 불리듯 하나의 가설에 불과하다. 연구자들에 따라서는 이들 가설에는 과학적인 근거가 부족하다고 주장하는 사람도 있다.

생물학적 정신과학자인 발렌스타인Valenstein, E. S.도 이러한 입장의 연구자 가운데 한 명이다. 우울증의 세로토닌-노르아드레날린 가설에는 과학적 근거가 부족하다는 것을 보여주기 위해 다음과 같은 논거를 열거하고 있다(valenstein, 1998:4-5;95-101=2008:5-7, 126-134).

- 세로토닌이나 노르아드레날린 등이 현저히 감소해도 인간은 우울증에 빠져들지 않는다.
- 암페타민(각성제)이나 코카인 같은 세로토닌이나 노르아드레날린의 활성을 상승시키는 약이 우울증에 유효하지 않다.
- 우울증 환자로 세로토닌이나 노르아드레나린의 분해물 농도,[54] 또는 양쪽의 농도가 낮은 사람도 있지만 대다수는 그렇지 않다(25% 정도는 분해물의 농도가 낮다고 할 수 있다).
- 우울증이 아닌 사람들도 세로토닌이나 노르아드레날린의 분해물 농도 또는 양쪽 농도가 낮은 사람도 있다.
- 정신질환에 최초의 생화학설이 제기되었을 때, 신경전달물질은 네다섯 가지 외에는 같지 않지만 현재는 신경전달물질 또는 뉴런 활동에 영향을 미치는 신경조절물질은 100종 이상 발견되었다. 하나의 신경전달물질로 열다섯 가지 다른 종류의 수용체에 결합하는 경우도 있어 그 생리학적 변화는 극히 복잡하다.

따라서 특정한 신경전달물질 또는 수용체와 특정 정신상태 사이에 단순하고 유일한 관계가 있다고 보기가 어렵다. 게다가 향정신성의약품은 대부분 처음 생각했던 것보다 더 많은 신경전달물질

---

54) 환자 뇌의 세로토닌이나 노르아드레날린의 농도는 측정할 수 없다. 그래서 현재는 소변이나 뇌척수액 속의 이들 신경전달물질의 분해물(대사산물)을 측정해 세로토닌이나 노르아드레날린의 농도를 추정하고 있다. 그러나 소변이나 뇌척수액 속의 세로토닌이나 노르아드레날린의 대사산물은 뇌에서 유래한 것은 절반 이하이고 나머지 절반은 신체의 여러 기관에서 유래한다(Valenstein, 1998: 50-101=2008:133-134)

에 작용하는 것으로 밝혀져 정신상태의 변화 원인이 무엇 때문인지 추정하기가 어렵다.
- 세로토닌이나 노르아드레날린 등의 화학적인 균형이 깨진 것이 질병의 원인이라기보다는 우울증 등 정신질환에 따른 스트레스나 행동의 특성에 따라 유발될 수 있다.

여기서 주의할 것은 발렌스타인Valenstein, E. S.은 약물요법으로 개선할 사람이 분명히 있다고 생각하고 있고, 정신질환의 생물학적 요인의 중요성을 확신한다는 것이다. 이에 동의하는 연구자일지라도 위와 같은 이유로 우울증의 세로토닌-노르아드레날린 가설 등의 '과학적 논거는 실로 취약하다'(Valenstein, 1998:3=2008:4)라고 말하고 있다.

이런 취약성이 지적되지만 정신질환의 생화학설(도파민 가설 등도 포함한 생체 아민 가설[노트 14]은 최근 5년간 크게 변화하지 않고 있다.[55] 이 가설에 의거한 새로운 향정신성의약품은 계속 개발되고 있다. 그 이유 가운데 하나는 '잘 팔리는 약과 유사한 약을 개발하려는 제약회사의 의도에 있다. 이를 위해 기존의 이론을 재검토하기보다는 지지하는 것이 바람직'(Valenstein, 1998:96=2008:27)하다고 보기 때문이다. 즉 약에 의한 치료를 추진해 좀 더 이익을 만들어 내자는 것이다.

---

55) 한편, 신경화학이나 신경약리학에는 확실히 괄목할 만한 화학의 진보가 존재한다. 수많은 신경전달물질의 존재가 밝혀지면서 그러한 물질이 뇌의 어디에 존재하는지도 밝혀졌으며, 뉴런이 효소반응으로 전구물질(precursor. 화학에서 다른 화합물을 생성하는 화학반응에 참여하는 화학물)로부터 신경전달물질을 만드는 방법 등도 밝혀졌다(Valenstein, 1998:4-5=2008:6).

여기서 잠깐 제약사들이 이익을 창출하기 위해 어떤 활동을 하는지 개관해 보자. 제약회사는 먼저 의사에게는 대학 시절부터 자금을 지원해 친분을 쌓고, 졸업 후에는 의약정보담당자(MR)나 자금을 제공하는 지속 교육이나 학회나 세미나를 통해 어떤 약을 어떤 증상이나 질병에 처방할 것인지에 관한 정보를 제공한다. 즉 약의 판로를 확실히 하고 있다. 또 제약회사는 위와 같은 의약품 정보 제시 시 여러 데이터를 제시하지만, 그 데이터를 취급하는 임상시험에도 자금을 제공한다. 때로는 데이터 제시 방법을 조작해 약을 안전하고 유효한 것으로 보여주며 매출을 늘린다. 자금 제공은 이런 것에 그치지 않고, 세계 각지의 규제 당국에 대해서도 이루어진다. 미국 식품의약국[FDA]의 의약 관련 비용 가운데 50% 이상이 제약회사로부터의 자금이며, 그 숫자는 유럽의 약품심사청[EMEA]에서는 70%, 일본의 의약품 의료기기 종합기구에서는 90%나 된다. 이런 자금 제공은 세계보건기구[WHO]에까지 미치고 있다 (Kopp, 2006:92-95). 그 결과 실제로는 약의 유효성과 안전성이 확립되지 않았는데도 인가된 약은 유효하고 안전한 것으로 전 세계적으로 판매되고 있다.

실제로 SSRI(세로토닌 재흡수억제제) 계열 항우울제 가운데 하나인 팍실[Paxil](일반명 파록세틴[Paroxetine])은 제약사들이 자살 충동이 높아지는 등의 부작용 정보를 덮어둔 것으로 밝혀졌다. 사태의 시작은 BBC 방송이 파록세틴 문제를 거론한 것이었다. 그 후 자살한 환자의 유족 등으로부터 전화나 메일로 부작용 정보가 모여, 그것을 정리해 의학 잡지에 발표하는 시민 운동이 일어나고, 영국의 규제국이 파록세틴뿐 아니라 SSRI 전체에 대해 재점검하는 것을 발표했다.

이러한 사회 정세에 따라 제약회사는 1990년대에 실시된 18세 미만의 우울증 환자를 대상으로 한 임상시험을 공표하기에 이른다. 공개된 데이터는 파록세틴의 유효성은 플라시보/위약偽藥과 다르지 않아 자살 염려나 자살 시도가 플라시보의 세 배 높아진다는 것이었다. 이 때문에 영국, 미국, 그리고 일본에서도 2003년에 18세 미만에게 사용이 금지된 적이 있었다(NPOJIP 편집부, 2004:25-29).

제약사가 약을 팔기 위한 활동은 또 있다. 제약사는 환자 지원단체에 자금을 제공해 환자에게 약물요법을 권유하거나 약에 대한 좋은 정보를 전달받기도 한다. 또 제약사들은 일반인들에게는 신문 등 광고나 각종 매체에서 「진료가 필요하다」고 생각하게 하는 질병 계발 캠페인을 벌이고 있다. 일본에서도 최근 겨울이 되면 미디어나 행정기관을 끌어들여 행해지고 있는 인플루엔자 백신의 권장도 그 가운데 하나이다. 이것도 유효성에 관한 과학적인 근거는 부족하다(浜, 2005:224).

제약사가 하는 약 판매 활동이 심하다는 느낌은 진단 기준을 조작하거나 새로운 질병을 만들어 환자를 늘리고 약을 팔고 있다는 점이다. 전자는 국제 고혈압 학회를 통해서 고혈압 치료가 필요한 경계값을 낮춘 것 등이 꼽힌다(Kopp, 2006:99). 후자는 메타볼릭metabolic 신드롬/대사증후군이 그 전형이다(Kopp, 2006:94). 정신질환의 틀에서는 성인형 주의력 겹핍 과잉행동 장애(성인 ADHD)와 월경 전 불쾌 기분 장애(PMDD) 등도 그렇다(Moynihan & Cassels, 2005=2006). 이런 상황을 감안할 때 외상 후 스트레스 장애(PTSD)로부터 급성 스트레스 장애(ASD)가 만들어진 배후에도 제약사의 같은 의도를 읽을 수 있을 것이다. 이들 정신질환의 과학적 근거는 역시 분명치 않다. 본래 약이 필요 없는 사람에게 새로운 진단 기준이나 질환을 제시하고 약을 권하는 것은 파록세틴^{Paroxetine}의 경우와 같이 그런 약의 유효성은 대체로 알려진 것보다 낮고, 반대로 심한 부작용이 있는 경우가 많다는 점을 감안하면, 기업이기에 이익을 추구하는 것은 어쩔 수 없다고 해도 이는 많은 사람이 의문을 갖게 하는 활동이다.

 이상과 같은 제약회사의 다양한 경제활동 실태를 통해 볼 수 있는 것은 약물요법에 관한 과학적 근거는 모호하고 때로는 위험하다는 것이다. 과학적 근거로 여겨지는 것은 과학의 진보나 전진과는 상당히 동떨어진 기업의 경제활동에 의거하고 있다는 것이다. 그리고 향정신성의약품 치료가 강력하게 추진되다 보니 정신과 의사 또는 초기 치료를 하는 일반의들이 DSM 등의 항목만 체크할 뿐 환자를 한 인간으로 이해하는 데 소홀해지는 경우를 우려하게 된다.

인간의 말이 지닌 중요성

라캉파 정신분석의 현대적 의의는 라캉은 인간에게 말/언어가 매우 중요하다는 것을 다시 한번 실감케 한 점이다. 말/언어가 중요하다는 것은 신약성경의 요한복음(공동번역 1장1절)에 「한 처음에 말씀(로고스)이 계셨다. 말씀은 하나님과 함께 계셨고 하나님과 똑같은 분이셨다」는 점에서 서양의 모종의 전통이라고 할 수 있을지 모르지만, 동양에서도 말은 예로부터 가치 있는 것으로 여겨졌다. 예를 들어 만엽집万葉集인 가키노모토 히토마로柿本人麻呂의 「이소기시마의 야마토磯城島の大和의 나라(國)는 언령言霊(事霊)이 돕는 나라조마 행복해야」라는 노래에는 **언어**에 신비한 힘이 있어 사람의 화복을 좌우한다는 '언령言霊'의 사고방식을 볼 수 있다. 또한 인도에서 전해 내려온 금강정경金剛頂経계의 밀교와 대일교大日教계의 밀교를 하나의 체계로 한 공해空海의 진언밀교真言密教도 진언이라는 밀어를 발하면 자연계가 호응한다는 생각을 볼 수 있다.

현대에는 물론 이런 말에 대한 경외감은 상실되고 있지만 말을 중요시하는 태도마저도 희미해지고 있다. 이 점을 앞의 방침과 정신분석과 관련한 범위에서 다시 논의해 보자. 구체적으로는 앞서 잠깐 언급한 정신과와 그 주변의 의료, 현대의 정신분석, 일상생활에서 말과 의미가 경시되고 있음을 지적하고자 한다.

앞서 검토한 DSM의 정신질환 카테고리와 약물요법의 생화학적 설명 부분에서는 현대의 정신과나 그 주변의 의료에는 때로는 존재하는지가 확실하지 않은 정신질환의 진단을 DSM에 의해 결정하고 과학적 근거가 불확실한 생화학설에 의거 향정신성약이 처방될 수 있음을 밝혔다. 그 결과 정신과 의사나 초기 치료를 하는 일반 의사들은 환자를 '한 사람'으로 이해하는 태도에서 벗어나고 있다는 말도 했다.

즉 의사들이 환자와 나누는 대화는 DSM 항목에 얼마나 해당되는지 체크하기 위한 것이고, 이들은 분석 주체 개개인이 갖는 고유한 삶, 즉 삶의 의미에 별로 주의를 기울이지 않는다는 것이다. 분석 주체의 증상은 그 삶과 관련이 있다는 점을 고려하지 않고 의미를 줄여 약만으로 만족해 버리는 경향이 있다.

그렇다면 정신분석이나 정신분석적 심리치료를 하는 임상가들은 어떨까. 의사에 비해 환자와 파롤을 통해 많은 관계를 갖는다는 점에서 이들은 말이나 의미에 가치를 인정한다고 할 수 있다. 그러나 최근의 경향은 치료자와 환자의 '지금-여기'에서의 전이적 관계만 주목하고, 초기 프로이트가 말했던 「문자나 말의 전이」는 되돌아 보지 않게 되었다.

라캉은 「문자나 말의 전이」에 주의를 촉구하며, 시니피앙과 시니피앙과의 연쇄에 〈의미작용 signification〉이 있다고 말하지만, 현대 정신분석의 관점에서는 의미를 생각하는 것은 자주 고전적이라고 간주된다. 최근 정신분석이나 정신분석적 심리치료 임상가를 포함한 광의의 정신 치료사 및 임상심리사는 앞에서 본 것과 같은 현상이 어쩔 수 없더라도 자주 안이하게 DSM에서 진단명을 생각하고 충분한 역할 교환과 의미 탐색을 하지 않고 향정신성의약품의 필요성을 환자에게 설명하는 사람이 많아지고 있다.

이를 보면 최근 정신의학이나 정신분석, 임상심리학 전문가들은 많든 적든 의미의 가치를 낮게 잡고 약으로 눈을 돌리고 있다고 할 수 있다. 이런 경향은 일반인이나 환자 쪽에도 만연한다.

우울증을 호소하며 필자를 찾는 이들에게는 대체로 무거운 현실이 있다. 장시간 노동이나 휴일, 심야 노동 등 육체적인 부담이 되는 생활이나, 무거운 책임과 달성하기 어려운 목표 설정 등 정신적 부담이 되는 생활이다. 전자의 경우는 가족이나 친구와 여유를 보낼 시간도 없어지고, 후자의 경우는 그것이 그대로 스트레스가 된다. 이런 현실에 직면해 우울증이 생길 경우 스스로 생각해 보는 것이 의미있다 생각하며 정신치료나 상담을 찾아오는 사람이 있다. 그렇지 않을 경우 정신과나 심리 내과, 내과를 방문하게 된다. 이들 의원은 많은 경우 몇 분 이야기하고 약을 처방하게 되는데, 앞서 말한 것에서 드러나듯이 약이 듣는 사람도 있고, 듣지 않는 사람도 있고, 부작용에 시달리는 사람도 있다.

많은 사람이 견딜 수 없는 무거운 현실에 처한 경우, 자기 존재의 의미를 서서히 마주하는 것이나, 이를 통해 생활 설계를 바꾸는 것도 선택사항의 하나일 텐데, 어째서 현실을 무시하고, 의미를 되새기지 않고, 약으로 달려가 버리는 것일까.

이런 일본 현황을 잘 보여주는 것이 1988년 이후 13년간 연속으로 자살자가 3만 명을 넘었다는 사실이다. 『자살실태백서 2008』에서는 자살의 '위험요인'을 ①가족 문제 ②건강 문제 ③경제·생활 문제 ④근무 문제 ⑤남녀 문제 ⑥학교 문제 ⑦기타 등 7개 카테고리의 68개 항목으로 분석한 결과, 자살 시 안고 있던 '위험요인' 수는 1인당 평균 4개라는 점, 자살의 10대 요인이 연쇄적으로「자살위기경로」를 형성하는데, 위기 연쇄도가 가장 높은 것은「우울증 → 자살」경로라는 점(자살실태해석 프로젝트팀, 2008:37) 등 그 외에 많은 것이 기록되어 있다.

이로 인해 사람들이 네 가지 정도 고민을 가지고 우울증에 빠지고, 자살 전에 정신과 등을 찾았다가 세상을 떠났다는 하나의 스토리를 만드는 것은 그리 엉뚱해 보이지는 않는다. 이 같은 생각에는 몇 가지 이유(의미)가 있다. 기분이 나빠져 정신과 등의 의료기관을 방문했지만, 의미 문제(이유)는 해결되지 않고 스스로 목숨을 끊어버렸다고 추측할 수도 있다. 이 경우 의미 문제를 파롤로 다루지 않고 과학적 근거가 애매한 이론에 근거해 미리 약으로만 다루려는 것은 무리가 있다고 '자살실태백서'에서 결론을 도출하는 것은 좀 무리한 결론이겠는가?

현대에는 일반화된 약물요법의 생화학 설명뿐만 아니라 복잡하고 어려운 많은 문제가 단순화되어 논의되고 있다. 일상생활에서 접할 수 있는 미디어가 흘리는 많은 정보에서도 다양한 측면이 배제되고 있다. 교육 현장에서도 학생이 알기 쉽게 수업하는 것이 제일로 어려운 문제라서 이 주제를 다루는 것은 꺼려지기 쉽다.

애초에 다의성을 지닌 사물의 의미가 삭감되는 현 상황에서 많은 사물이 단순 명쾌하게 이야기되어 사람들에게 생각할 여지를 없게 만들어버린다. 그 결과 가장 다의적이고 복잡한 것 가운데 하나인 일상생활에서 우리의 의미 문제도 〈파롤(parole: 말하는 말, 구두 언어)〉을 거치지 않고 왜소화되어 버리는 것이다. 랑가쥬(langage: 언어 활동)를 주춧돌로 삼아 철저하게 파롤에 관철된 인간 존재 속에서 생겨난 의미의 문제라면, 파롤을 통한 인간끼리의 관계가 효과를 낼 것이라고 생각하는 것은 너무나 소박한 생각일까?

라캉파 정신 분석은 그런 파롤을 이용한 사람과의 관계를 문제로 하는 하나의 실천 형태이다. 실천 속에서 파롤과 〈의미작용 signification〉이

그을린 은燻し銀[드러나 보이지 않으나 실력을 갖춤]처럼 깊이 있는 빛을 드러나게 하는 인간 존재의 **말의 중요성**을 다시 한번 실감케 한다.

[연구 노트]

[노트 1] 밀레르는 '파셰'가 분석을 이끌어 온 '지식에 대한 믿음'을 해체하고, 그 너머에 있는 주체의 근본적인 찌꺼기('대상 a')를 상징계 바깥의 실재로서 확립시키는 과정임을 설명하고 있다. 이는 분석을 끝낸 주체가 더는 의미를 묻는 자가 아니라, 의미 없는 실재와 함께 살아가는 법을 아는 자로 거듭남을 의미한다.

파셰passe란, '알고 있다'는 믿음의 세계에서 벗어나, 언어 바깥의 실재와 마주하는 결정적인 전환이다. 이를 통과한 주체가 도달하는 '대상 a'의 장소는 '상징계의 외부'이다. 상징계가 언어, 의미, 지식의 세계라면, 그 바깥은 의미로 포착되지 않는 실재계를 의미한다. 잔여殘余 le reste를 외-재外-在시킨다고 할 때 이는 분석 과정에서 끝까지 의미화되지 않고 남는 찌꺼기, 즉 '대상 a'를 의미한다.

'외-재(ex-sistence)'란 '파셰'는 이 '대상 a'를 단순히 존재하는 것existence이 아니라, 상징계의 '바깥에(ex-)' 존재하도록('-sistence') 만든다. 즉 의미의 세계와는 다른 차원에 있는 실재로 그 위치를 확립시킨다는 뜻이다.

'상정想定'에서 '외-재'로의 전환이란 상정supposition은 분석이 "분석가는 내 문제의 답을 알고 있을 것이다."라는 믿음, 즉 '알고 있다'고 가정된 주체에 대한 '상정'을 통해 시작되고 유지된다. 이것은 지식과 의미의 세계이다. 외-재ex-sistence는 '파셰'로 이 믿음이 환상이었음을 깨닫고, 지식의 세계 너머에 있는, 의미화될 수 없는 '대상 a'의 실재와 대면하는 것이다.

따라서 분수령/방향 전환이란 '파셰'가 지식에 대한 믿음(상정)에서 실재와의 대면(외-재)으로 넘어가는, 분석의 방향을 완전히 바꾸는 결정적인 전환점tournant이 된다.

[노트 2] 이 글의 핵심은 라캉이 프로이트의 '무의식' 개념을 어떻게 급진적으로 재해석했는지를 보여주는, 그의 유명한 언어유희(pun)에 있다.

(1) 라캉의 재번역: Unbewusste → L'une-bévue

라캉은 프로이트의 독일어 단어인 '운베부스테(das Unbewusste, 무의식)'를 프랑스어로 들리는 대로 다시 번역한다. Unbewusste(독일어: 무의식) 이것이 프랑스어에서는 마치 l'une-bévue(륀-베뷔)처럼 들린다. L'une: "그 하나의(the one)" Bévue: "큰 실수, 실언, 얼빠진 짓 (blunder, slip)", 즉 라캉은 '무의식'이라는 단어를 '그 하나의-실수'라고 재번역한 것이다.

(2) 개념의 전환: '장소'에서 '사건'으로

이 언어유희는 단순한 말장난이 아니라, 라캉 사상의 거대한 전환을 의미한다.

초기/중기 라캉(프로이트적 무의식): 이때의 무의식은 억압된 진실이 숨겨져 있는 깊은 장소나 저장고와 같다. 분석은 그 의미를 해석해내는 작업이었다.

후기 라캉('하나의-실수'로서의 무의식): 이제 무의식은 의미를 담고 있는 장소가 아니라, 예기치 않게 발생하는 '사건event' 그 자체이다. 그것은 의미 있는 내용이 아니라, 말의 연쇄가 잠시 삐끗하는 '실수', '헛디딤', '미끄러짐'과 같은 것이다.

(3) 의미에서 기표의 물질성으로

밀레르가 설명하듯이, '하나의-실수'라는 번역은 무의식이 "다른 것을 의미한다"라는 것을 보여준다.

"넘어짐, 비틀거림, 말이 말에서 말로 미끄러져 가는 것"이란, 분석이 더는 숨겨진 '의미'를 찾는 작업이 아님을 뜻한다. 대신, 분석은 말실수, 동음이의어, 언어의 리듬 등 기표(언어) 자체의 물질적인 작용에 주목하는 작업이 된다. 무의식은 해석되어야 할 심오한 메시지가 아니라, 언어의 표면에서 일어나는 우연한 '실수' 그 자체라는 것이다.

요컨대, 밀레르는 라캉이 '무의식'을 '하나의-실수'로 재번역함으로써, 무의식을 의미의 심층에서 언어의 표면에서 일어나는 예측 불가능한 사건으로 전환시켰다는 점을 설명하고 있다. 이것이 바로 라캉 후기 사상의 핵심적인 변화이다.

[노트 3] 이 인용글은 라캉의 저술을 저자가 요약 해설한 글이다.

[노트 4] "Savoiry faire avec son symptôme, c'est ça la fin de l'analyse."

이 한 문장은 라캉 사상의 거대한 전환을 담고 있다. 분석의 목표가 더는 증상을 '해석'하여 '제거'하는 것이 아님을 선언하기 때문이다. 정신분석의 종결이란, 고통스러운 증상을 완전히 없애는 것이 아니라, 오히려 그것을 자신의 가장 고유한 일부로 받아들이고 그것을 다루는 자신만의 예술적이고 실천적인 방법을 터득하는 것이라는, 라캉 후기 사상의 윤리적 정점을 보여주고 있다.

1. 'savoiry faire'란 무엇인가?

   이 프랑스어 표현은 'know-how', 즉 '능숙하게 다루는 법', '요령껏 살아가는 법'을 의미하는 관용구이다. 이것은 다음과 같은 특징을 가진다. (1) 이론적 지식이 아니다: 'savoiry faire'는 책으로 배우는 지식(savoir)이 아니다. 마치 자전거를 타거나 악기를 연주하는 법처럼, 몸으로 체득하는 실천적인 지혜이자 기술이다. (2) 창조적 대처 방식: 이것은 정해진 매뉴얼이 아니라, 주어진 상황(자신의 증상)을 가지고 자신만의 고유한 방식으로 대처하고 살아나가는 창조적인 능력을 의미한다.

2. '증상'의 새로운 의미: 생톰sinthome

   라캉의 후기 사상에서, 증상은 더는 억압된 진실을 담고 있는 암호 메시지가 아니다. 그것은 주체가 자신의 고유한 향락(jouissance)을 다루고 존재를 유지하는, 없어서는 안 될 필수적인 방식, 즉 '생톰sinthome'이 된다. 증상은 주체를 고통스럽게 하지만, 동시에 그것 없이는 주체가 붕괴할 수도 있는 존재의 버팀목이다.

3. 분석의 끝: 증상과의 동일시

   따라서 분석의 끝은 이 '생톰'을 제거하는 것이 불가능하며, 바람직하지도 않다는 것을 깨닫는 것이다. (1) 해석을 넘어: 분석은 더는 "당신의 증상은 OOO을 의미합니다."라고 해석하는 작업이 아니다. (2) 새로운 목표: 대신,

주체가 자신의 증상(생톰)을 자신의 존재의 일부로 긍정하고, 그것과 '함께 잘 살아가는 자신만의 노하우(savoiry faire)'를 발명하도록 돕는 것이 분석의 새로운 목표가 된다.

[노트 5] 라랑그(lalangue): 우리가 배우는 문법적이고 체계적인 '언어^{langage}'와 구별하기 위해 라캉이 만든 용어이다. 정관사 'la'와 명사 'langue'를 붙여써서 이 새로운 개념을 만들었다.

(1) 의미 이전의 물질성: '라랑그'는 의미 전달을 목적으로 하는 소통의 도구가 아니다. 그것은 아이가 옹알이를 하거나 무의미한 소리를 반복하며 놀 때처럼, **의미가 부여되기 이전의 말의 물질성** 그 자체를 가리킨다. 옹알이처럼 **소리, 리듬, 억양, 말장난**과 같은 요소들이 바로 '라랑그'의 세계이다.

(2) 주이상스와의 연결: '라랑그'는 의미가 아니라 주이상스와 직접적으로 연결되어 있다. 우리는 뜻도 모르는 노래를 흥얼거리거나, 말장난을 하며 그 소리의 반복 자체에서 즐거움을 느낀다. 이처럼 말하는 행위 자체가 쾌락을 주는 것, 이것이 바로 '라랑그'의 기능이다.

(3) 무의식의 실질: 라캉의 후기 사상에서, 무의식은 더는 억압된 의미가 숨겨진 장소가 아니다. 무의식은 바로 이 **'라랑그'의 파편들로 이루어져 있다**고 본다. 즉, 우리의 무의식은 의미 있는 문장이 아니라, 우리에게 알 수 없는 방식으로 영향을 미치는 무의미한 소리의 흔적들로 구성되어 있다는 것이다.

[노트 6] 라캉에게 생톰은 상징계의 질서(아버지의 이름)가 제대로 기능하지 않을 때, 주체가 붕괴하지 않도록 붙들어주는 네 번째 고리이다. 즉 주체가 자신의 주이상스을 다루는 고유하고 특이한 방식이다. 라캉은 조이스의 글쓰기 자체가 바로 그의 생톰이었다고 보았다. 조이스는 자신의 글쓰기를 통해 정신병으로 치닫지 않고 자신의 주체성을 유지할 수 있었다는 것이다.

조이스의 글을 읽을 때, 우리는 하나의 확정된 의미에 도달할 수 없다. 그 대신 하나의 단어가 여러 가지 의미를 동시에 암시하며, 의미가 끊임없이 미끄러지고 증식한다. 이 '의미의 과잉'은 역설적으로 그 어떤 단일한 의미도 포착할 수 없게 만든다.

라캉은 조이스가 자신의 '생톰'으로서의 글쓰기를 통해, 의미와 소통의 질서를 벗어나 주이상스 그 자체를 담고 있는 언어, 즉 '라랑그'를 창조했다고 본다. 이는 이해를 위한 언어가 아니라, **향락을 위한 언어**이며, 바로 이것이 라캉 후기 사상이 도달한 무의식의 새로운 차원이다.

[노트 7] 이 글은 라캉 후기 사상의 목표, 즉 '생톰'**과의 동일시를 통한 분석의 끝을 묘사한다.

(1) '이해 불가능한 것'과 '발판 사다리': 정신분석의 끝에서 마주하는 것은 '의미'나 '이해'가 아니다. 그것은 주체의 가장 고유하지만, 결코 의미로 환원될 수 없는 '이해 불가능한 것', 즉 향락의 핵이다. '발판 사다리escabeau'는 바로 이 이해 불가능한 것을 딛고 올라서는 도구이다. 이 사다리에 올라선다는 것은 그것을 '이해'했다는 뜻이 아니라, 그것을 다룰 줄 아는 '주인'이 되었음을 증언하는 행위이다.

(2) 라랑그의 주인 되기: 라캉은 제임스 조이스를 그 모델로 삼으며, 자신 또한 "프랑스어라는 라랑그를 통달했다."라고 말한다. 이는 단순히 프랑스어를 유창하게 한다는 뜻이 아니다. 언어의 의미와 소통 규칙을 넘어서, 언어의 물질성 자체, 즉 '라랑그'가 품고 있는 무의미하고 향락적인 차원에 도달했음을 의미한다.

(3) 증상의 향락을 입증하기: 이 '통달'의 경지에서 오는 매력은 바로 "증상에 걸맞은 향락을 입증하는 것"이다. 이전까지 주체를 고통스럽게 하던 증상은 더는 제거해야 할 병이 아니다. 그 대신 그것은 자신의 존재를 구성하는 고유한 '생톰'이자, 의미는 없지만incompréhensible 자신만의 향락을 제공하는 원천이 된다. 분석의 끝은 증상을 없애는 것이 아니라, 이처럼 자신의 증상을 긍정하고 그 안에서 자신만의 향락을 누리는 법을 아는 것이다.

[노트 8] 프랑스 판 원문 "L'escabeau, sibeauqu'il soit d'être ce qui affecte chez l'homme, pour autant qu'il a un corps, le fait qu'il vive, qu'il fasse de l'être sa pitance, ce qui sous-entend qu'il le vide."(A.E., 565)

「에스카보(escabeau, 발판 사다리)는, 그것이 아무리 아름답(beau)다 한들, 인간이 신체를 가진 한, 인간에게서 그가 살아간다는 사실, 즉 존재(être)로 자신의 양식(pitance)을 삼는다는 사실(이는 존재를 비워낸다는 것을 함축한다)에 영향을 미치는 것이다.」

이 문장은 라캉 후기 사상의 핵심인 생톰(sinthome)의 기능을 '에스카보(escabeau)'라는 사물에 빗대어 설명하는 부분이다.

(1) **에스카보(Escabeau)의 언어유희**: 가장 먼저 주목해야 할 것은 라캉의 언어유희이다. '발판 사다리'를 의미하는 프랑스어 단어 'escabeau' 안에는 '아름답다'는 의미의 'beau'**라는 단어가 숨어있다. 라캉은 이를 이용해, 생톰이 주체의 고통스러운 현실을 다루는 실용적인 도구(사다리)이면서 동시에 예술 작품처럼 '아름다운' 창조물임을 암시한다.

's.k.beau'는 프랑스어 단어 'escabeau(에스카보)'의 철자를 분해하여 라캉의 언어유희를 시각적으로 보여주는 표기이다. escabeau라는 단어 안에 '아름답다'는 뜻의 beau가 들어있다. 's.k.beau'라는 표기는 바로 이 점을 독자에게 알려주기 위한 것이다. esca- → s.k.로 음차 표기, beau → beau로 철자를 그대로 노출. 즉 이 표기는 'escabeau'라는 단어를 'es-cabeau'로 나누어 독자에게 '이 단어 속에 **beau(아름다움)**라는 의미가 숨어있다'는 것을 알려주는, 저자나 번역가의 친절한 주석이라고 할 수 있다.

(2) **'존재로 양식을 삼는다(faire de l'être sa pitance)'**

인간의 조건: 동물은 그저 살아간다. 그렇지만 언어를 사용하는 인간은 자신의 '존재(être)' 자체와 관계를 맺는다. 우리는 언어를 통해 의미를 만들고, 자신을 표현하며 살아간다. 이렇게 상징적인 활동을 통해 삶의 의미와 양식을 얻는 것을 라캉은 "존재로 자신의 양식(pitance, 최소한의 양식)을 삼는다"라고 표현한다.

존재를 비워낸다는 역설: 그렇지만 이 과정에는 역설이 따른다. 우리가 언어를 통해 우리 자신과 세계에 의미를 부여하는 순간, 우리는 그 날것 그대로의 **'존재'를 상실하고 비워내게 된다**(이는 언어 속으로 들어가면서 주체의 존재가 사라지는 '아파니시스'와 연결된다). 즉 인간은 자신의 '존재'를 갉아먹으면서 살아가는 존재이다.

(3) **'에스카보'의 역할**: '에스카보', 즉 **생톰**은 바로 이 과정에 영향을 미친다. 생톰(조이스에게는 '글쓰기')은 언어를 사용하지만, 의미를 만들어내는 데 그치지 않고 의미 너머의 주이상스를 다룬다. 즉 생톰은 '존재를 비워내는' 고통스러운 과정을 예술 작품처럼 '아름다운' 것으로 변형시키고, 그것을 딛고 올라서서(마치 사다리처럼) 자신의 고유한 삶의 방식을 창조하게 하는 도구이다.

이 문장은 "인간은 언어를 사용하며 자신의 존재를 소진시키는 방식으로 살아가지만, 생톰(에스카보)은 바로 이 과정에 개입하여, 그 고통스러운 소진을 예술처럼 '아름다운' 창조 행위로 전환시키는 역할을 한다."라는 의미를 담고 있다.

[노트 9] "La maladie mentale qu'est l'inconscient, ça ne se réveille pas. Ce que Freud a énoncé et que je veux dire, c'est qu'il n'y a pas de réveil." 이 문장은 정신분석의 목표에 대한 일반적인 통념을 완전히 뒤엎는 라캉의 급진적인 주장이다. 정신분석이 완전한 치유나 깨달음을 약속하는 길이 아님을 분명히 한다. 그 대신, 그것은 우리가 벗어날 수 없는 근본적인 '병(무의식)'과 함께 살아가는 고유한 방식을 창조하도록 돕는 작업이라는, 라캉의 후기 사상이 도달한 냉철하고도 윤리적인 결론을 보여준다.

(1) 무의식은 정신질환이다. 라캉은 여기서 무의식을 더는 억압된 심오한 진실이나 지혜의 원천으로 보지 않는다. 후기 사상에서 무의식은 언어가 인간에게 들어오면서 발생한 근본적인 '실수 l'une-bévue'이자 '실패 ratage'이다. 그것은 우리가 의미의 세계에서 살아가도록 하는 대신, 의미 없는 주이상스에 평생 시달리게 만드는, 인간에게 내재한 구조적인 '병' 그 자체이다. 따라서

무의식은 우리가 가져야 할 건강한 핵심이 아니라, 우리가 벗어날 수 없는 근본적인 '정신질환'과 같다는 도발적인 선언이다.

(2) 깨어남은 없다. 이것은 분석의 목표에 대한 최종적인 결론이다. 많은 사람이 정신분석을 통해 무의식의 비밀을 모두 깨닫고 완전한 자기 이해에 도달하여 모든 문제로부터 '깨어나는 것'을 상상한다. 그렇지만 라캉은 프로이트의 진정한 발견은 그와 정반대라고 말한다. 즉 무의식은 결코 '치료'되거나 '극복'될 수 없다는 것이다. 분석의 끝은 무의식으로부터 해방되는 것이 아니라, 오히려 이 '무의식이라는 병'이 나의 일부임을 인정하고, 그것과 함께 '잘 살아가는 자신만의 방법savoiry faire avec son symptôme'을 발명하는 것이다.

[노트 10] "Au-delà du symptôme, il y a le fantasme" "증상 저편에 환상이 있다." 이 말은 정신분석 치료가 나아가야 할 방향을 제시하는 자크-알랭 밀레르의 매우 유명한 명제이다.

분석의 방향: 이 문장은 정신분석이 어디서 시작해서 어디로 나아가야 하는지를 명확히 보여준다.

(1) **분석의 시작점: 증상**Symptôme: 정신분석은 환자가 고통스러워하는 증상에서 시작된다. 불안, 강박, 공포 등 환자가 의식적으로 호소하는 문제가 바로 분석의 출발점이다. 분석의 초기 단계는 이 증상이 어떤 의미를 담고 있는지를 해석하는 작업에 집중한다.

(2) **'증상 저편으로': 해석을 넘어서**. 그렇지만 밀레르는 분석이 단순히 증상의 의미를 해석하는 데서 멈춰서는 안 된다고 말한다. 증상은 문제의 표면일 뿐이며, 그 '저편(au-delà)'에 있는 더 근본적인 것을 다루어야 한다는 것이다.

(3) **분석의 목표: 환상**Fantasme: 증상의 저편에 있는 것은 바로 '근본 환상 fantasme fondamental'이다.

환상은 주체가 자신의 욕망과 주이상스를 조직하는 무의식적인 기본 시나리오이자 뼈대이다. **증상**은 바로 이 근본적인 환상 구조가 겉으로 드러난

하나의 표현일 뿐이다.

쉽게 비유하자면, 정원에 자꾸만 돋아나는 이상한 잡초(**증상**)가 있을 때, 그 잡초의 잎만 계속 잘라내는 것은 임시방편에 불과하다. 진정한 해결책은 땅속 깊이 뻗어 있는 뿌리 시스템(환상)를 찾아내 다루는 것이다.

따라서 "증상 저편에 환상이 있다."라는 말은, **정신분석의 목표가 눈에 보이는 증상을 제거하는 것을 넘어, 그 증상을 만들어내는 주체의 근본적인 욕망의 구조, 즉 '환상'을 다루는 데 있다**는, 치료의 방향과 목표를 제시하는 핵심적인 임상적 지침이다.

[노트 11] "Une interprétation analytique n'est pas faite pour être comprise, elle est faite pour produire des vagues."

정신분석 해석의 목표가 '이해'를 제공하는 것이 아니라, 오히려 환자의 확신을 흔드는 '모호함(물결vagues(프), vague(영))'을 만들어 내어 그의 존재에 예측 불가능한 효과를 낳는 데 있다는 라캉 후기 임상의 혁명적인 전환을 보여준다.

vagues: 이 두 가지 의미를 동시에 가진다. (1) 모호함, 애매함vagueness, (2) 물결, 파도waves. 라캉은 이 중의적인 단어를 사용하여, 해석의 목표가 더는 환자에게 명확한 '의미'를 주어 그를 '이해'시키는 것이 아님을 선언한다. 라캉 후기에 '해석'은 분석가의 말은 환자의 굳어있는 의미 체계에 돌을 던져 '물결'을 일으키는 것과 같다. 이 '물결'은 기존의 확실성을 흔들고 예측 불가능한 '모호함'을 만들어낸다. 왜 '모호함'을 만드는가?

라캉의 후기 사상에서, 주체를 고통스럽게 하는 것은 의미의 부재가 아니라 오히려 의미의 과잉, 즉 환자가 자신의 증상에 부여하는 고정된 의미와 주이상스이다. 분석가의 해석은 이 고착된 의미를 해체하고 균열을 내야 한다. 명확한 의미를 주는 대신, 모호하고 수수께끼 같은 말을 던짐으로써, 환자의 의미 체계에 파문을 일으키고 그가 스스로 새로운 의미를 창조하거나 자신의 고정된 주이상스 방식에 의문을 제기하도록 유도하는 것이다.

[노트 12] "Le silence de l'analyste (...) fait apparaître que le but dernier de ce qui se dit n'est pas de l'ordre de la communication, mais qu'il est de l'ordre de la jouissance de lalangue." 밀레르가 2004~2005년에 진행한 세미나 『낱개들(Pièces détachées)』의 일부이며, 구체적으로 2004년 12월 15일자 강의에서 나온 것이다.

이 문장의 핵심은 "정신분석에서 말을 하는 진짜 목적은 '의미 전달'이 아니라 '주이상스'에 있다."라는 것이며, 분석가의 침묵은 바로 이 사실을 폭로하는 역할을 한다는 것이다. 분석가의 침묵은 환자를 '의미'의 세계에서 '주이상스/향유'의 세계로 이끄는 결정적인 도구이다. 침묵은 "당신이 진짜로 반복하고 있는 것은 당신 이야기의 의미가 아니라, 바로 그 말을 하는 방식에 묶여 있는 당신의 고유한 향유이다."라는 사실을 환자 스스로가 깨닫게 만드는 강력한 개입인 것이다.

(1) 분석가의 침묵: 환자는 분석가에게 자신의 이야기를 하고, 분석가가 그 의미를 이해하고 인정해주기를 기대한다. 즉 환자는 분석가와 '소통communication'하기를 원한다. 그렇지만 분석가는 자주 침묵한다. 이 침묵은 환자의 기대를 좌절시키며, "내가 여기서 말하는 목적이 과연 소통이 맞는가?"라는 근본적인 질문을 던지게 만든다.

(2) 의사 소통communication을 넘어서: 밀레르에 따르면, 말의 궁극적인 목적은 의미를 전달하고 이해받는 '소통'이 아니다. 만약 그것이 목적이라면, 분석은 두 사람 사이의 평범한 대화와 다를 바가 없을 것이다. 분석가의 침묵은 바로 이 소통의 차원을 깨뜨리고, 말하기의 더 깊은 차원으로 나아가게 한다.

(3) 라랑그의 향유Jouissance de lalangue: 분석가의 침묵 속에서 드러나는 말의 궁극적 목적은 바로 '라랑그의 향유'이다.

라랑그(Lalangue): 이것은 우리가 배우는 문법적인 '언어langage'와 다르다. '라랑그'는 아이가 옹알이를 하듯, 의미가 부여되기 이전의 말의 물질성, 소리, 리듬 그 자체를 의미한다. 그것은 의미가 아니라 주이상스, 즉 고통스러울 정도의 과도한 만족과 직접적으로 연결되어 있다.

주이상스(향유)의 드러남: 분석가의 침묵 속에서 환자는 더는 의미 있는 이야기를 구성하려 애쓰는 대신, 자신도 모르게 같은 단어나 소리를 반복하거나, 의미 없는 말들을 쏟아내게 된다. 바로 이 지점에서, 의미 전달과는 무관하게 말하는 행위 자체에 묶여 있는 주체의 근본적인 향유가 드러나는 것이다.

[노트 13] 분석가의 '참됨'은 그가 제공하는 해석의 '의미'에 있는 것이 아니라, 환자의 무의식에 예측 불가능한 파문을 일으키는 '행위' 그 자체에 있다는 것이다. 진정한 해석은 의미를 완성시키는 것이 아니라, 오히려 새로운 가능성을 여는 예측 불가능한 사건과 같다.

[노트 14] 생체 아민 가설biogenic amine hypothesis: 카테콜아민(노르아드레날린/노르에피네프린 및 도파민)과 인돌아민(세로토닌)의 생리 및 대사 결함이 특정 정신 질환, 특히 우울증과 병리학적으로 관련되어 있다는 이론

저자 후기

이 책은 2009년에 쓰인 필자의 박사 논문이 근거가 되었다. 책에 수록된 여러 논문들은 2000년대에 쓴 것이다. 필자 자신이 정신분석이나 정신분석적 심리치료를 씨름해 온 이후 어느 정도는 그 당시와 변화한 부분이 있다. 그러나 "존재론적으로 라캉의 체계를 해석하겠다."라는 필자 나름의 해석의 근본 부분은 바뀌지 않아 많은 수정을 가하지 않고 출판하기로 했다.

필자보다 라캉 정신분석을 더 잘 이해하는 연구자들과 임상 경험이 풍부한 임상가가 많은 상황에서 이런 또 하나의 해석을 제시한 것은 여러 가지 입장에서 많은 의견이나 지적을 받고자 기대했기 때문이다. 이를 참고로 앞으로도 라캉파의 실천을 모색하고 싶다.

라캉파의 실천에 한마디 더한다. 최근 라캉파는 응용 정신분석에 대한 대응이 바뀌고 있으나 그 변화는 이 책에 기재하지 않았다. 이 점에 관심 있는 분은 츠이키 코스케立木康介의 〈나타리·조델의 보고 서문)(『자크 라캉 연구 제 7호』(2009) 일본 라캉 협회)를 읽어볼 것을 추천한다.

이제 이 글을 감사의 말로 끝내고 싶다. 우선 연구 방향을 제시해 주신 여러 선생님께 이 자리를 빌려서 깊이 감사드린다. 나를 라캉의 연구로 이끌고 라캉과 돌토의 기초를 열심히 가르쳐 주시고, 귀국 후에는 라캉파에 관한 수많은 문헌과 연구 자료를 아낌없이 준 에노모토 유주르榎本讓 선생님(요코하마 시립대학)에게 새삼 감사를 표한다. 마지막 대학원생이 되고 졸업 후에도 지도해 주신 고 테라우치 레이지로우寺内礼治郎 선생님(중앙대), 그 후 거의 어디서도 본 적이 없는 나를 받아주신 무네요시 효도兵藤宗吉 선생님(중앙대), 일본 대학에서 좀처럼 정신분석학과가 없어 곤란해 하던 나에게 손을 내밀어주신 후쿠시마 아키라福島章(일본 죠오치 대학교)에 깊이 감사드린다.

파리 생드니 임상 섹션과 합동 세미나에서 직접 지도하신 피에르=지루・게겐Pierre-Gilles・Dr Gegen 선생님(파리 8 대학), 라캉의 난해함에 부닥쳤을 때 그 세미나를 통해서 하나의 답에 대한 안내의 실마리를 준 자크-알랭Jacques-Alain Miller 선생님(파리 8 대학), 라캉파와 다른 여러 정신분석 학파와의 대화가 건설적으로 정곡을 찌른 조언을 주신 후지야마 나오키藤山直樹(일본 죠오치 대학교), 라캉의 용어만 아니라 자신의 말 이용하기의 소중함을 일깨워주신 요코야마 쿄코横山恭子(일본 죠오치 대학교), 박사논문이란 무엇인가라는 근본적인 문제에 대해 재고할 기회를 주신 요시무라 사토루吉村聰(일본 죠오치 대학교), 박사 후기 과정 때 임상 지도를 해주신 후쿠모토 오사무福本修 선생님(게이센 조가 쿠엔 대학), 이따금 논문 작성에 힘쓰도록 조언을 주신 신구우 가즈니게新宮一成 선생님(교토 대학)에 심심한 감사의 뜻을 올린다.

이어서 이 책은 열거한 연구회 등에서 많은 논의를 통해 배운 결과물이다. 다음 분들에게도 감사의 뜻을 표한다.

상지上智대학 최초의 연구회가 된「정신분석 이론 연구회」에서 서로를 자극한 게시 아키라下司晶(일본 대학)와 마츠모토 쿄스케松本京介 씨(니가타 의료 복지 대학)와 이시카와 사토시石川智 씨(교린杏林 대학), 일본에서 구하기 힘든 문헌을 귀중한 시간을 할애하고 입수해 보내 주신 후쿠다 다이스케福田大輔 씨(아오야마青山 학원 대학), 임상을 더욱더 진지하게 생각하기 위해 만든「정신분석 임상 연구회」의 공동 주최자인 모리 아야코森綾子 씨(사이타마 현 와타나베 멘탈 클리닉埼玉県渡辺メンタルクリニック), 이 책의 내용에 대해서 항상 진지하게 논의해주신 센슈우専修 대학 인문 과학 연구소 특별 연구원 이토오 케이스케伊藤啓輔 씨에게도 깊이 감사드립니다. 또 이 책에 사례를 공표하도록 동의해 주신 분석 주체, 클라이언트 여러분께 진심으로 감사의 말씀을 드린다. 이 쪽의 제안과 요청을 흔쾌히 받아들여 납득이 가는 형태로 출판까지 이끌어 주신 편집부의 코지마 마사히로児島雅弘 씨에게 이 자리를 빌려 깊은 감사를 드린다.

마지막으로 가족에게 진심으로 감사의 말을 전하고 싶다. 항상 모르는 길을 가는 것을 가르쳐주신 아버지, 신체의 소중함을 삶의 처음부터 끝까지 가르쳐주신 지금은 돌아가신 어머니, 배움의 기초를 가르쳐주신 누님, 내가 아는 것보다 희로애락이 더 깊은 것임을 가르쳐준 아내, 인생에 전에 없던 의미를 부여해 준 아이들, 정말 고맙다.

2011년이 어느 새 지나가고, 매화 꽃 활짝 핀 시절도 끝나가는
도쿠시마德島에서
아카사카 가즈야赤坂和哉

참고 문헌

- Abraham, K. (1919). A particular form of neurotic resistance against the psychoanalytic method, in *Selected papers on psycho-analysis*. London : Hogarth Press, pp. 303-311, 1942.
- 赤坂和哉 (2000). エディプス三角形における精神分析 - 二項関係・三項関係の比重. 上智大学臨床心理研究, 23, 236-245.
- Akasaka, K. (2003). *La cunique dans la psychanalyse lacamenne: À la recherche des issues possibles de l'analyse*. Memoire de DEA, Département de Psychanalyse, Université de Paris VIII.
- 赤坂和哉 (2004). 象徴的な解釈と想像的な解釈の分岐点 - ラカン派における臨床実践の一形態. 上智大学臨床心理研究, 27, 187-195.
- 赤坂和哉 (2005). 精神療法から隔たったものとしての精神分析 - フロイト-ラカンの技法論の再考を通して. 上智大学臨床心理研究 , 28 , 197-205.
- 赤坂和哉 (2006). ラカン的 臨床への助走 - ジャック=アラン・ミレールの議論を通して. ジャック・ラカン研究, 5, 76-100.
- 赤坂和哉 (2007). 精神分析における幻想の役割 - 治癒に向けて反覆として機能するもの. 精神分析研究, 51(1), 31-42.
- 赤坂和哉 (2008). 沈黙における脱同一化の機能. 精神分析研究, 52(4), 43-53.
- 赤坂和哉 (2009). ラカン派精神分析の治療論 - 理論と実践の交点. 上智大学大学院文学研究科博士論文
- Arlow, J. (1961). Silence and tne theory of technique. *Journal of the American*

Psychoanalytic Association, 9, 44-55.
- Arlow, J. (1969). Unconscious fantasy and disturbances of conscious experience. *Psychoanalytic Quarterly*, 38, 1-27.
- Balint, M. (1992). *The basic fault: Therapeutic aspects of regression*. Reprinted, Evanston: Northwestern University Press. 1st, London: Tavistock, 1969. (バリント, M. 中井久夫(訳) 1978. 治療論からみた退行 - 基底欠損の精神分析. 金剛出版)
- Benabou, M., Comaz, L., Liège D., & Pélissier Y. (2002). *789 neologismes de Jacques Lacan*. Paris : EPEL.
- Beres, D. (1962). The unconscious fantasy. *Psychoanalytic Quarterly*, 31, 309-328.
- Bion, W. (1954). Notes on the theory of schizophrenia. *International Journal of Psycho-analysis*, 35, 113-118.
- Bion, W. (1955). Language and the schizophrenic, in Klein, M., Heimann, P., & Money-Kyrle, R. (Eds.), *New directions in psycho-analysis*. London: Tavistock, pp. 220-239.
- Bion, W. (1956). The development of schizophrenic thought. *International Journal of Psycho-analysis*, 37, 344-346.
- Bion, W. (1962). A theory of thinking. *International Journal of Psycho-analysis*, 43, 306-310.
- Bion, W. (1977). Seven servants. New York: Jason Aronson. (Bion, W. 福本修(訳) (1999). 精神分析の方法 - セブン・サーヴァンツ. 法政大学出版局)
- Bion, W. (1984). *Second thoughts*. Reprinted, London: Karnac Books. 1st, London: William Heinemann Medical Books, 1967.
- Bios, P. Jr. (1972). Silence: A clinical exploration. *Psychoanalytic Quarterly*, 41, 348-363.
- Burgoyne, B., & Sullivan, M. (Eds.) (1997). The Klein-Lacan dialogues. London: Rebus Press. (バゴーイン, B., & サリヴァン, M. (編)新宮一成(監訳)宇梶卓・上尾真道・德永健介 (訳) (2006). クライン-ラカンダイアローグ. 誠信書房)
- Chamizo, M. I. (1987). Le silence de l'analyste. *Ornicar?*, 42, 117-120.
- Chemama, R. (sous la dir.) (1995). *Dictionnaire de la psychanalyse: Dictionnaire actuel des signifiants, concepts et mathemes de la psychanalyse*. Paris: Larousse. (シェママ, R. (編)小出浩之・加藤敏・新宮一成・鈴木國文・小川豊昭他(訳) (1995). 精神分析事典. 弘文堂)
- Collectif (1997a). *La conversation d'Archachon*. Paris: Agalma; Seuil.

- Collectif (1997b). *Le conciliabule d'Angers*. Paris: Agalma; Seuil.
- Collectif (1999). *La psychose ordinaire*. Paris: Agalma; Seuil.
- Collectif (2002). Rapports des cartels de la passe de l'ECF (1998-2000). *La Cause Freudienne*, 50, 95-111.
- Derrida, J. (1990). Limited inc. Paris: Galilee. (デリダ, J. 高橋哲哉・増田一夫・宮崎裕助(訳) (2002). 有限責任会社. 法政大学出版局)
- 土居健郎 (1995). 甘えの思想. 弘文堂
- Dolto, F. (1981). *Au jeu du désir. Essais cliniques*. Paris: Seuil.(ドルト, F. 小川周二・織田年和・加藤伊律子・鈴木國文・山縣直子(訳) (2004). 無意識の花人形 - 子どもの心的障害とその治療. 青土社)
- Dolto, F. (1984). *L'image inconsciente du corps*. Paris: Seuil.(ドルト, F. 榎本讓(訳) (1994). 無意識的身体像 - 子供の心の発達と病理(I). 言叢社)
- Dolto, F. (1987). Dialogues québécois. Paris: Seuil. (ドルト, F. 小川豊昭・山中哲夫(訳) (1994). 子どもの無意識. 青土社)
- Dolto, F., & Sévérin, G. (1977). *L'evangile au risque de la psychanalyse*. Tome 1. Paris: J.-P. Delarge. (ドルト, F., & セヴェラン, G. 寺内礼・小杉恵子(訳) (1985). 欲望への誘い - ドルト女史の聖書分析. 勁草書房)
- Dolto, F., & Severin, G. (1978). *L'evangile au risque de la psychanalyse*. Tome 2. Paris: J.-P. Delarge. (ドルト, F., & セヴェラン, G. 寺内礼・小杉恵子(訳) (1985). 欲望の世界 -ドルト女史, 聖書を語る. 勁草書房)
- Dolto, F., & Winter, J.-P. (2002). *Les images, les mots, le corps*. Paris: Gallimard.
- Dor, J. (1994). *Clinique psychanalytique*. Paris: Denoel.
- Fenichel, O. (1928). 'On isolation', in *The collected papers of Otto Fenichel* 1. New York: Norton, pp. 147-152, 1953.
- Ferenczi, S. (1916). Silence is golden, in *Further contributions to the theory and technique of psycho-analysis*. London: Hogarth Press, pp. 250-251, 1950.
- Fink, B. (1997). *A clinical introduction to lacanian psychoanalysis: Theory and technique*. Cambridge: Harvard University Press. (フィンク, B. 中西之信・椿田貴史・舟木徹男・信友建志(訳) (2008). ラカン派精神分析入門 - 理論と技法. 誠信書房)
- Fink, B. (2007). *Fundamentals of psychoanalytic technique: A lacanian approach for practitioners*. New York: W. W. Norton.
- Fliess, R. (1949). Silence and verbalization: A supplement to the theory of the Analytic rule'. *International Journal of Psychoanalysis*, 30, 21-30.

- Freud, A. (1949). *Le moi et les mecanisimes de defense*. Trad, par Berman, A., Paris: Presses Universitaires de France. (フロイト, A. 外林大作(訳) (1958). 自我と防衛. 誠信書房)
- Freud, S. (1895). *Studies on hysteria*. S.E., II. (フロイト, S. 懸田克躬(訳) (1974). ヒステリー研究. フロイト著作集7. 人文書院 3-229)
- Freud, S. (1900). The interpretation of dreams. *S.E.*, IV-V, pp. 1-621. (フロイト, S. 高橋義孝(訳) (1968). 夢判断. フロイト著作集2. 人文書院)
- Freud, S. (1905a). On psychotherapy. *S.E.*, VII, pp. 255-268. (フロイト, S. 小此木啓吾(訳) (1983). 精神療法について. フロイト著作集9. 人文書院13-24)
- Freud, S. (1905b). Three essays on the theory of sexuality. *S.E.*, VII, pp. 123-243. (フロイト, S. 懸田克躬・吉村博次(訳) (1969). 性欲論三篇. フロイト著作集5. 人文書院 7-94)
- Freud, S. (1905c). fragment of an analysis of a case of hysteria. *S.E.*, VII, pp. 1-122. (フロイト, S. 細木照敏・飯田眞(訳) (1969). あるヒステリー患者の分析の断片. フロイト著作集5. 人文書院 276-366)
- Freud, S. (1905d). Jokes and their relation to the unconscious. *S.E.*, VIII. (フロイト, S. 生松敬三(訳) (1970). 機知―その無意識との関係. フロイト著作集4. 人文書院 237-421)
- Freud, S. (1906). My views on the part played by sexuality in the aetiology ot the neuroses. *S.E.*, VII, pp. 269-279. (フロイト, S. 木村政資(訳) (1983). 神経症病因論における性の役割についての私見. フロイト著作集10. 人文書院 101-107)
- Freud, S. (1908a). Hysterical phantasies and tneir relation to bisexuality. *S.E.*, IX, pp. 155-156.(フロイト, S. 髙橋義孝(訳) (1983). ヒステリー症者の空想と両性具有に対するその関係. フロイト著作集10. 人文書院 128-134)
- Freud, S. (1908b). Creative writers and day-dreaming. *S.E.*, IX, pp.141-153. (フロイト, S. 高橋義孝(訳) (1969). 詩人と空想すること. フロイト著作集3. 人文書院 81-89)
- Freud, S. (1909). Notes upon a case of obsessional neurosis. *S.E.*, X, pp. 151-249. (フロイト, S. 小此木啓吾(訳) (1983). 強迫神経症の一症例に関する考察. フロイト著作集9. 人文書院 213-282)
- Freud, S. (1910a). The future prospects of psycho-analytic therapy. *S.E.*, XI, pp. 139-151. (フロイト, S. 小此木啓吾(訳) (1983). 精神分析療法の今後の可能性. フロイト著作集9. 人文書院 44-54)
- Freud, S. (1910b). The antithetical meaning of primal words. *S.E.*, XI, pp. 153-

161. (フロイト, S. 浜川祥枝(訳) (1983). 原始言語における単語の意味の相反性について. フロイト著作集10. 人文書院 201-207)
- Freud, S. (1911a). Psycho-analytic notes on an autobiographical account of a case of paranoia (dementia paranoides). *S.E.*, XII, pp. 1-79. (フロイト, S. 小此木啓吾(訳) (1983). 自伝的に記述されたパラノイア(妄想性痴呆)の一症例に関する精神分析的考察. フロイト著作集9. 人文書院 283-347)
- Freud, S. (1911d). l'he handling of dream-interpretation in psycho-analysis. *S.E.*, XII, pp. 89-96. (フロイト, S. 小此木啓吾(訳) (1983). 精神分析療法中における夢解釈の使用. フロイト著作集9. 人文書院 62-67)
- Freud, S. (1912a). The dynamics of transference. *S.E.*, XII, pp. 97-108. (フロイト, S. 小此木啓吾(訳) (1983). 転移の力動性について. フロイト著作集9. 人文書院 68-77)
- Freud, S. (1912b). Recommendations to physicians practising psycho-analysis. *S.E.*, XII, pp. 109-120. (フロイト, S. 小此木啓吾(訳) (1983). 分析医に対する分析治療上の注意. フロイト著作集9. 人文書院 78-86)
- Freud, S. (1913). On beginning the treatment. *S.E.*, XII, pp. 121-144. (フロイト, S. 小此木啓吾(訳) (1983). 分析治療の開始について. フロイト著作集9. 人文書院 87-107)
- Freud, S. (1914). Remembering, repeating and working-through. *S.E.*, XII, pp. 145-156. (フロイト, S. 小此木啓吾訳. (1969). 想起, 反復, 徹底操作. フロイト著作集6. 人文書院 49-58)
- Freud, S. (1915a). Observations on tranceference-love. *S.E.*, XII, Dp. 157-171. (フロイト, S. 小此木啓吾訳. (1983). 転移性恋愛について. フロイト著作集9. 人文書院 115-126)
- Freud, S. (1915b). The unconscious. *S.E.*, XIV, pp. 159-215. (フロイト, S. 井村恒郎(訳) (1969). 無意識について. フロイト著作集6. 人文書院 87-113)
- Freud, S. (1916-17). Introductory lectures on psycho-analysis. *S.E.*, XVI. (フロイト, S. 懸田克躬・高橋義孝(訳) (1971). 精神分析入門. フロイト著作集1. 人文書院 5-383)
- Freud, S. (1917). A metapsychological supplement to the theory or areams. *S.E.*, XIV, pp. 217-235. (フロイト, S. 木村政資(訳) (1983). 夢理論のメタ心理学的補遺. フロイト著作集10. 人文書院 315-324)
- Freud, S. (1918). From the history of an infantile neurosis. *S.E.*, XVII, pp. 1-122. (フロイト, S. 小此木啓吾(訳) (1983). ある幼児期神経症の病歴より. フロイト著作集9. 人文書院 348-454)
- Freud, S. (1919a). Lines of advance in psycho-analytic therapy. *S.E.*, XVII, pp.

157-168. (フロイト, S. 小此木啓吾(訳) (1983). 精神分析療法の道. フロイト著作集9. 人文書院 127-135)
- Freud, S. (1919b). 'A child is being beaten'. *S.E.*, XVII, pp. 175-204. (フロイト, S. 高橋淑(訳) (1984).「子供が叩かれる」. フロイト著作集 11. 人文書院 7-29)
- Freud, S. (1923). The ego and the id. *S.E.*, XIX, pp. 1-59. (フロイト, S. 小此木啓吾(訳) (1969). 自我とエス. フロイト著作集6. 人文書院 263-299)
- Freud, S. (1925a). An autobiographical study. *S.E.*, XX, pp. 1-70. (フロイト, S. 懸田克躬(訳) (1969). 自己を語る. フロイト著作集4. 人文書院 422-476)
- Freud, S. (1925b). Some additional notes upon aream-interpretation as a whole. *S.E.*, XIX, pp. 123-138.
- Freud, S. (1933). New introductory lectures on psycho-analysis. *S.E.*, XXII, pp. 1-82. (フロイト, S. 懸田克躬・高橋義孝(訳) (1971). 精神分析入門(続). フロイト著作集 1. 人文書院 385-536)
- Freud, S. (1937). Analysis terminable and interminable. *S.E.*, XXIII, pp. 209-253. (フロイト, S. 馬場謙一(訳) (1969). 終わりある分析と終わりなき分析. フロイト著作集 6. 人文書院 377-413)
- Freud, S. (1940). An outline of psycho-analysis. *S.E.*, XXIII, pp. 139-207. (フロイト, S. 小此木啓吾(訳) (1983). 精神分析学概説. フロイト著作集9. 人文書院 156-209)
- Freud, S. (1954). *Che origins of psycho-analysis: Letters to Wilhelm Fliess, drafts and notes, 1887-1902*. Mosbacher, E., & Strachey, J. (Trans.), London: Imago.
- 藤田博史 (1990). 精神病の構造. 青土社
- 藤山直樹 (1993). 原光景幻想の治療的あらわれと変形. 精神分析研究, 37(5), 493-504.
- 藤山直樹 (2005a). 特集: いま「古典を読む」こと - 特集にあたって. 精神分析研究, 49(1), 1-2.
- 藤山直樹 (2005b).「終わりある分析と終わりなき分析」を読む - フェレンツィへの喪の仕事という視点. 精神分析研究, 49(1), 17-23.
- 福井敏 (1999).「支持療法」再考. 精神分析研究, 43(5), 13-16.
- Glover, E. (1955). *The technique of psychoanalysis*. New York: International Universities Press.
- Greenson, R. R. (1961). On the silence and sounds of the analytic hour. *Journal of the American Psychoanalytic Association*, 9, 79-84.
- Grinberg, L. (1995). Nonverbal communication in the clinic with borderline patients. *Contemporary Psychoanalysis*, 31, 92-105.

- Guegen, P.-G. (2002). L'analyse comme traitement de la jouissance. *La Cause Freudienne*, 51, 66-69.
- 浜六郎 (2005). インフルエンザの症状が出たらどうする? 薬のチェックは命のチェック, 12 (改訂増補版), 15-24.
- Hinshelwood, R. D. (1991). *A dictionary of kleinian thought*. London: Free Association Books.
- Hinshelwood, R. D. (1994). *Clinical Klein*. London: Free Association Books. (ヒンシェルウッド, R. D. 福本修・木部則雄・平井正三(訳) (1999). クリニカル・クライン - クライン派の源泉から現代的展開まで. 誠信書房)
- 生田憲正 (1996). 精神分析および精神分析的精神療法の実証研究(その1). 精神分析研究, 40(1), 1-9.
- Inderbitzin, L., & Levy, S. (1990). Unconscious fantasy: A reconsideration of the concept. *Journal of the American Psychoanalytic Association*, 38, 113-130.
- Isaacs, S. (1948). The nature and function of phantasy. *International Journal of Psycho-Analysis*, 29, 73-97. (松木邦裕(編) (2003). 対象関係論の基礎. 新曜社 101-178)
- 自殺実態解析プロジュクトチーム (2008). 自殺実態白書2008第二版. NPO 法人ライフリンク
- Julien, P. (2004). Le silence est un sujet tres vaste, in Periac Daoud, S., & Platier-Zeitoun, D. (ed.), *Silences: Paroles de psychanalystes*. Ramonville-Saint-Ange: Eres, pp. 99-114.
- Kaufmann, P. (1998). *L'apport freudien*. Paris: Larousse.
- Kernberg, O. (1965). Notes on countertransference. *Journal of the American Psychoanalytic Association*, 13, 38-56.
- Kernberg, O. (1986). *Severe personality disorders*. New York: Yale University Press. (カーンバーグ, O. 西園昌久(監訳) (1996). 重症パーソナリティ障害 - 精神療法的方略. 岩崎学術出版社)
- Khan, M. M. R. (1963). *Silence as communication*. Bulletin Menninger Clinic, 27, 300-313.
- 衣笠隆幸 (2002). 中立性と禁欲原則.精神分析研究, 46(2), 143-150.
- Kohut, H. (1971). *The analysis of the self*. New York: International Universities Press. (コフート, H. 水野信義・笠原嘉(監訳)近藤三男・滝川健司・小久保勲(訳) (1994). 自己の分析. みすず書房)

- Kohut, H. (1977). *The restoration of the self*. New York: International Universities Press. (コフート, H. 本城秀次・笠原嘉(監訳)本城美恵・山内正美(訳) (1995). 自己の修復. みすず書房)
- Kohut, H. (1984). How does analysis cure? Chicago: The Universityof Chicago Press. (コフート, H. 本城秀次・笠原嘉(監訳)幸順子・緒賀聡・吉井健治・渡辺ちはる(訳) (1995). 自己の治癒. みすず書房)
- 小出浩之(編) (1990). ラカンと臨床問題. 弘文堂
- 小出浩之(編) (1993). ラカンと精神分析の基本問題. 弘文堂
- Kopp, C. (2006). *The world health organization in the hot seat*. 5th Pharmacovigilance Seminar. (NPOJIP 編集部(訳) (2007). 世界保健機関 WHO を批判する. 薬のチェックは命のチェック, 25, 91-103)
- Kupfer, D. J. , First, M. B., & Regier, D. A. (Eds.) (2002). *A research agenda for DSM-V*. Washington D. C.: American Psychiatric Publishing. (クッファー, D. J, ファースト, M. B., & レジエ, D. A. (編) 黒木俊秀・松尾信一郎・中井久夫(訳) (2008). DSM-V 研究行動計画.みすず書房)
- Kutchins, H. , & Kirk, S. A. (1997). *Making us crazy: DSM: The psychiatric bible and the creation of mental disorders*. New York: Free Press. (カチンス , H. , & カーク, S. A. 高木俊介・塚本千秋(監訳) (2002). 精神疾患はつくられる - DSM 診断の罠. 日本評論社)
- Lacan, J. (1933). Motifs du crime paranoiaque, le crime des soeurs Papin. Le Minotaure, 3/4, 25-28.(ラカン, J. 宮本忠雄・関忠盛(監訳) (1981). パラノイア性犯罪の動機.現代思想, 臨時増刊総特集ラカン vol. 9-8. 青土社 184-191)
- Lacan, J. (1936). Au-dela du « principe de realite ». *E.*, pp. 73-92. (ラカン, J. 佐々木孝次(訳) (1972).《現実原則》を越えて. エクリ弘文堂 95-121)
- Lacan, J. (1938). La tamille: Le complexe, facteur concret de la psvchologie familiale, les complexes familiaux en pathologie, in *Encyclopedie franqaise*. Tome 8. Paris: Larousse. (ラカン, J. 宮本忠雄・関忠盛(訳) (1986). 家族複合. 哲学書房)
- Lacan, J. (1948). L'agressivite en psychanalyse. *E.*, pp. 101-124. (ラカン, J. 高橋徹(訳) (1972). 精神分析における攻撃性. エクリ弘文堂 135-167)
- Lacan, J. (1949). Le stade du miroir comme formateur de la tonction du Je. *E.*, pp. 93-100. (ラカン, J. 宮本忠雄(訳) (1972). 〈わたし〉の機能を形成するものとしての鏡像段階. エクリ弘文堂 123-134)
- Lacan, J. (1953). Fonction et champ de la parole et du langage en psychanalyse.

- *E.*, pp. 237-322. (ラカン, J. 竹内迪也(訳) (1972). 精神分析における言葉と言語活動の機能と領野. エクリI弘文堂 321-445)
- Lacan, J. (1955a). Variants de la cure-type. *E.*, pp. 323-362. (ラカン, J. 三好曉光(訳) (1977). 治療=型の異型について. エクリII弘文堂 1-53)
- Lacan, J. (1955b). Le seminaire sur « la Lettre volee » *E.*, pp. 11-61. (ラカン, J. 佐々木孝次 (訳) (1972).《盗まれた手紙》についてのゼミナール. エクリ弘文堂 5-80)
- Lacan, J. (1955c). La chose freudienne. *E.*, pp. 401-436. (ラカン, J. 佐々木孝次(訳) (1977). フロイト的事象, あるいは精神分析におけるフロイトへの回帰の〈意味〉. エクリII弘文堂 111-160)
- Lacan, J. (1956). Situation de la psychanalyse et formation du psychanalyste en 1956. *E.*, pp. 459-492. (ラカン, J. 早水洋太郎 (訳) (1977). 一九五六年における精神分析の状況と精神分析家の養成. エクリII弘文堂 195-236)
- Lacan, J. (1957). D'une question preliminaire a tout traitement possible de la psychose. *E.*, pp. 531-584. (ラカン, J. 佐々木孝次(訳) (1977). 精神病のあらゆる可能な治療に対する前提的問題について. エクリII弘文堂 289-358)
- Lacan, J. (1958a). La signification du phallus. *E.*, pp. 685-696. (ラカン, J. 佐々木孝次(訳) (1981). ファルスの意味作用. エクリIII弘文堂 145-162)
- Lacan, J. (1958b). La direction de la cure et les pnncipes de son pouvoir. *E.*, pp. 585-646. (ラカン, J. 海老原英彦(訳) (1981). 治療の指導とその能力の諸原則. エクリIII弘文堂 1-90)
- Lacan, J. (1958-59). *Le seminaire VI: Le desir et ses interpretations*. Inédit.
- Lacan, J. (1960a). Subversion du sujet et dialectique du desir dans l'inconscient freudien. *E.*, pp. 793-828. (ラカン, J. 佐々木孝次(訳) (1981). フロイトの無意識における主体の壊乱と欲求の弁証法. エクリIII弘文堂 295-346)
- Lacan, J. (1960b). Position de l'inconscient. *E.*, pp. 829-850. (ラカン, J. 佐々木孝次(訳) (1981). 無意識の位置. エクリIII弘文堂 347-378)
- Lacan, J. (1961-62). *Leseminaire IX: L'identification*. Inédit.
- Lacan, J. (1962-63). *Leseminaire X: L'angoisse*. Inédit.
- Lacan, J. (1966-67). *Le seminaire XIV: La logique du fantasme*. Inédit.
- Lacan, J. (1967). Proposition du 9 octobre 1967 sur le psychanalyste de PEcole. *A.E.*, pp. 243-260.
- Lacan, J. (1967-68). *Le seminaire XV: L'acte psychanalytique*. Inédit.
- Lacan, J. (1968). Allocution sur les psychoses de l'enfant. *A.E.*, pp. 361-372.

- Lacan, J. (1968-69). *Le seminaire XVI: D'un Autre a l'autre*. Inédit.
- Lacan, J. (1969). La logique du fantasme. *A.E.*, pp. 323-328.
- Lacan, J. (1971). Lituraterre. *A.E.*, pp. 11-20. (ラカン, J. 若森栄樹(訳) (1986). リチュラテール - 精神分析・文学・日本. ユリイカ, 12月号, 105-117)
- Lacan, J. (1971-72a). *Le savoir du psvchanalvste, entretiens de Sainte-Anne*. Inédit.
- Lacan, J. (1971-72b). *Le seminaire XIX: ... ou pire*. Inédit.
- Lacan, J. (1972a). Avis au lecteur japonais. *A.E.*, pp. 497-499. (ラカン, J. 佐々木孝次(訳) (1972). 日本の読者に寄せて. エクリ弘文堂 I-V)
- Lacan, J. (1972b). L'tourdit. *A.E.*, pp. 449-496.
- Lacan, J. (1973). Le seminaire, uvre XI: Les quatre concepts fondamentaux de la psychanalyse. Paris: Seuil. (ラカン, J. 小出浩之・新宮一成・鈴木國文・小川豊昭(訳) (2000). 精神分析の四基本概念.セミネール第一一巻岩波書店)
- Lacan, J. (1973-74). *Le seminaire XXI: Les non-dupes errent*. Inédit.
- Lacan, J. (1974). La troisieme. *Lettres de VE. F. P.*, 16, 178-203.
- Lacan, J. (1974-75). *Le seminaire XXII : R. S. I.*. Inédit.
- Lacan, J. (1975a). *De la psychose paranoiaque dans ses rapports avec la personnalite*. Paris: Seuil. (ラカン, J. 宮本忠雄・関忠盛(訳) (1987). パラノイア性精神病. 朝日出版社)
- Lacan, J. (1975b). *Le seminaire, livre I: Les ecrits techniques de Freud*. Paris : Seuil. (ラカン, J. 小出浩之・小川豊昭・小川周二・笠原嘉・鈴木國文(訳) (1991). フロイトの技法論. セミネール第一巻(上下) 岩波書店)
- Lacan, J. (1975c). *Le seminaire, livre XX: Encore*. Paris: Seuil.
- Lacan, J. (1975d). Introduction a l'edition allemande d'un premier volume des Ecrits. *A.E.*, pp. 553-560.
- Lacan, J. (1975e). Conferences et entretiens dans les Universite nord-americaines. *Scilicet, 6/7*, 5-63.
- Lacan, J. (1975f). Joyce le symptome. *A.E.*, pp. 565-570.
- Lacan, J. (1976-77). *Le seminaire XXIV: L'insu que sait de Vune bevue s,aile a. mourre*. Inédit.
- Lacan, J. (1977-78). *Le seminaire XXV: Le moment de conclure*. Inédit.
- Lacan, J. (1978). *Le seminaire, livre II: Le moi dans la theorie de Freud et dans la technique de la psychanalyse*. Paris: Seuil. (ラカン, J. 小出浩之・鈴木國文・小川豊

昭・南淳三(訳) (1998). フロイト理論と精神分析技法における自我. セミネール第二巻 (上下) 岩波書店
- Lacan, J. (1980). Le seminaire de Caracas. *L'ane*, 1, 30-31. (ラカン, J. 宇波彰(訳) (1981). カラカスのゼミナール. 現代思想, 臨時増刊総特集ラカン vol. 9-8. 青土社 10-15)
- Lacan, J. (1981). *Le seminaire, livre III: Les psychoses*. Paris: Seuil. (ラカン, J. 小出浩之・鈴木國文・川津芳照・笠原嘉(訳) (1987). 精神病. セミネール第三巻(上下) 岩波書店)
- Lacan, J. (1986). *Le seminaire, livre VII: L'ethique de la psychanalyse*. Paris: Seuil. (ラカン, J. 小出浩之・鈴木國文・保科正章・菅原誠一(訳) (2002). 精神分析の倫理. セミネール第七巻(上下) 岩波書店)
- Lacan, J. (1991). *Le seminaire, livre VIII: Le transfers*. Paris: Seuil.
- Lacan, J. (1994). *Le seminaire, livre IV: La relation dobiet*. Paris: Seuil. (ラカン, J. 小出浩之・鈴木國文・菅原誠一(訳) (2006). 対象関係. セミネール第四巻(上下) 岩波書店)
- Lacan, J. (1998). *Le seminaire, livre V: Les formations de rinconscient*. Paris: Seuil. (ラカン, J. 佐々木孝次・原和之・川崎惣一(訳) (2005). 無意識の形成物. セミネール第五巻(上下) 岩波書店)
- Lacan, J. (2004). *Leseminaire, livre X: L'angoisse*. Paris: Seuil.
- Lacan, J. (2005). *Leseminaire, livre XXIII: Le sinthome*. Paris: Seuil.
- Lacan, J. (2006). *Leseminaire, livre XVI: D'un Autre a l'autre*. Paris: Seuil.
- Lacan, J. (2007). *Le seminaire, livre XVIII: Dun discours qui ne seraitpas du semblant*. Paris: Seuil.
- Langs, R. (1992). *A clinical workbook for psychotherapists*. London: Karnac Books.
- Laplanche, J., & Pontalis, J.-B. (1967). *Vocabulaire de la psychanalyse*. Paris: Presses Universitaires de France. (ラプランシュ, J., &ポンタリス, J.-B. 村上 仁(監訳) (1977). 精神分析用語 辞典. みすず書房)
- Laplanche, J" & Pontalis, J.-B. (1985). *Fantasme originaire. Fantasmes des origines, origines du fantasme*. Paris: Hachette. (ラプランシュ, J., & ポンタリス, J.-B. 福本修(訳) (1996). 幻想の起源. 法政大学出版局)
- Loewenstein , R. M. (1961). The silent patient: Introduction. *Journal of the American Psychoanalytic Association*, 9, 2-6.
- Mannoni, M. (1967). *L'enfant, sa "maladie" et les autres*. Paris: Seuil. (マリーニ,

- M. 高木隆郎・新井清(訳) (1975). 症状と言葉 - 子供の精神障害とその周辺. ミネルヴァ書房)
- Marini, M. (1986). *Lacan*. Paris: Belfond. (マリーニ, M.榎本譲(訳) (1989). ラカン - 思想・生涯・作品. 新曜社)
- 丸山圭三郎(編) (1985). ソシュール小事典. 大修館書店
- Masson, J. M. (Trans. & Ed.) (1985). *The complete letters of Sigmund Freud to Wilhelm Fliess 1887-1904*. Cambridge, Massachusetts, and London: Belknap Press of Harvard University Press. (マッソン, J. M. (編) 河田晃(訳) (2001). フロイトフリースへの手紙. 誠信書房)
- Masson, J. M. (1998). *The assault on truth: Freud's surpresston of the seduction theory*. New York: Pocket Books. 1st, New York: Straus and Giroux, 1984.
- 松木邦裕 (1985). 神経性無食欲症者にみる空想(Superman Fantasy)の病理をめぐって. 精神分析研究, 28(5), 297-306.
- Mcdougail, J. (2004). Les anges n'ont pas de sexe, in Periac Daoud, S., & Platier-Zeitoun, D. (ed.), *Silences: Paroles de psychanalystes*. Ramonville-Saint-Ange: Eres, pp. 139-150.
- Melman, C. (1985-86). *Questions de clinique psychanalytique*. Paris : Association Freudienne Internationale.
- Menninger, K. (1958). Theory of psychoanalytic technique. New York: Basic Books. (メニンガー, K. 小此木啓吾・岩崎徹也(訳) (1969). 精神分析技法論. 岩崎学術出版社)
- Miller, J.-A. (1982). Symptome-fantasme. *La Cause Freudienne*, 3, 13-19.
- Miller, J.-A. (1982-83). *Du symptome au fantasme, et retour*. Inédit.
- Miller, J.-A. (1983). Produire le sujet? *La Cause Freudienne*, 4, 50-52.
- Miller, J.-A. (1984). Transfert et interpretation. *La Cause Freudienne*, 6, 33-37.
- Miller, J.-A. (1989). Vue de la sortie. *La Cause Freudienne*, 16, 49-53.
- Miller, J.-A. (1990). Remarque sur la traversee du transfert. *La Cause Freudienne*, 18, 28-30.
- Miller, J.-A. (1992). Microscopie. *Ornicar?*, 47, 46-64.
- Miller, J.-A. (1993a). Forclusion generalisee. *Cahier (ACF-VLB)*, 1, 4-8.
- Miller, J.-A. (1993b). Clinique ironique. *La Cause Freudienne*, 23, 7-13.
- Miller, J.-A. (1993c). La sortie d'analyse II: Sur le declenchenjent de la sortie d'analyse(conjonctures freudiennes). *Lettre Mensuelle*, 119, 31-38.

- Miller, J.-A. (1994-95). *Silet*. Inédit.
- Miller, J.-A. (1998a). Le sinthome, un mixte de symptome et fantasme. *La Cause Freudienne*, 39 , 7-17.
- Miller, J.-A. (1998b). Lacan avec Joyce. *La Cause Freudienne*, 38, 7-20.
- Miller, J.-A. (1999a). Une nouvelle modalite du symptome. *Feuillets Psychanalytiques du Courtil*, 16, 11-29.
- Miller, J.-A. (1999b). Les six paradigmes de la jouissance. *La Cause Freudienne*, 43, 7-29.
- Miller, J.-A. (2000-01). *Le lieu et le lien*. Inédit.
- Miller, J.-A. (2001-02). *Le dasenchantement de la psychanalyse*. Inédit.
- Miller, J.-A. (2001a). Psychanalyse pure, psychanalyse appliquee & psychotherapie. *La Cause Freudienne*, 48, 7-37.
- Miller, J.-A. (2001b). Le reel et sans loi. *La Cause Freudienne*, 49, 7-19.
- Miller, J.-A. (2002a). L'ex-sistence. *La Cause Freudienne*, 50, 7-2S
- Miller, J.-A. (2002b). Le dernier enseignement de Lacan. *La Cauae Freudienne*, 51, 7-32.
- Miller, J.-A. (2003a). Contre-transfert et intersubjectivite. *La Caube Freudienne*, 53, 7-39.
- Miller, J.-A. (2003b). Intuitions milanaises [2]. *Mental*, 12, 9-26.
- Miller, J.-A. (2004-05). *Pieces detachees*. Inédit.
- 皆川邦直 (1985). 沈黙・転移・逆転移. 精神分析研究, 29(3), 125-132.
- Mitchell, S. A., & Black, M. J. (1995). *Freud and beyond: A history of modern psychoanalytic thought*. New York: Basic Books.
- Moynihan, R., & Cassels, A. (2005). *Selling sickness : How the world's biggest pharmaceutical companies are turning us all into patients*. New York: Nation Books. (モイニハン, R., &カッセルズ, A. 古川奈々子(訳) (2006). 怖くて飲めない！ - 薬を売るために病気はつくられる. ヴィレッジブックス)
- Nacht , S. (1964). Silence as an integrative factor. *International Journal of Psychoanalysis*, 45, 299-303.
- Nasio, J.-D. (1988). Enseignement de 7 concepts cruciaux de la psychanalyse. Paris: Rivages. (ナシオ, J.-D. 榎本譲(訳) (1990). 精神分析7つのキーワード. 新曜社)
- Nasio, J.-D. (1992). Cinq lemons sur la theorie de Jacques Lacan. Paris: Rivages. (ナシオ, J.-D. 姉歯一彦・榎本譲・山崎冬太(訳) (1995). ラカン理論5つのレッスン.

三元社)
- Nasio, J.-D. (2001). Chronique psychanalytique d'un silence, in Nasio, J.-D. (sous la dir.), *Le silence en psychanalyse*. Paris: Payot & Rivages pour l'édition de poche, pp. 243-256. 1er, Paris: Rivages, 1987.
- NPOJIP編集部 (2004). 新「抗うつ剤」SSRIの害は日本にも. 薬のチェックは命の チェック, 13, 25-30.
- Ogasawara, S. (1996). Le japonais est-il inanalysable? *Lettre Mensuelle*, 145, 25-26.
- Ogden, T. (1992a). The dialectically constituted/decentered subject of psychoanalysis. I. The Freudian subject. *International Journal of Psycho-Analysis*, 73, 517-526.
- Ogden, T. (1992b). The dialectically constituted/decentred subject of psychoanalysis. II. The contributions of Klein and Winnicott. *International Journal of Psycho-Analysis*, 73, 613-626.
- Ogden, T. (1994). The analytic third : Working with intersubjective clinical facts. *International Journal of Psycho-Analysis*, 75, 3-20.(オグデン, T. 和田秀樹(訳) (1996).「あいだ」の空間 - 精神分析の第三主体. 新評論 99-142)
- 岡野憲一郎 (1999a). 新しい精神分析理論. 岩崎学術出版社
- 岡野憲一郎 (1999b). いまなぜ支持療法なのか？ 精神分析研究, 43(5), 2-12.
- 小此木啓吾 (1990). 治療構造論. 岩崎学術出版社
- Reik, T. (1926). Au debut est le silence, trad. par Ochs, E. , in Nasio, J.-D. (sous la dir.), *Le silence en psychanalyse*. Paris: Payot & Rivages pour redition de poche, pp. 19-28. 1er, Paris: Rivages, 1987.
- Renik, O. (1995). The ideal of the anonymous analyst and the problem of selfdisclosure. *Psychoanalytic Quarterly*, 64, 466-495.
- Renik, O. (1998). Getting real in analysis. *Psychoanalytic Quarterly*, 67, 566-593.
- Renik, O. (1999). Playing one's cards face up in analysis: An approach to the problem of self-disclosure. *Psychoanalytic Quarterly*, 68 , 521-540.
- Sabbadini, A. (1992). Listening to silence. *Scandinavian Psychoanalytic Review*, 15 (1), 27-36.
- Safouan, M. (2004). Un rnoment de silence ou quelque chose vacille, in Périac Daoud, S., & Platier-Zeitoun, D. (ed.), *Silences: Paroles de psychanalystes*. Ramonville-Saint-Ange: Érès, pp. 225-232.
- Sandler, J., & Nagera, H. (1963). Aspects of the metapsychology of fantasy.

Psychoanalytic Study of the Child, 18, 159-194.
- Sandler, J., Dare, C., & Holder, A. (1992). *The patient and the analyst: The basis of the psychoanalytic process*. 2nd ed., London: Karnac Books. 1st, London : George Allen & Unwin, 1973. (サンドラー, J., デア, C., & ホルダー, A. 藤山直樹・北山修(監訳) (2008). 患者と分析者 - 精神分析の基礎知識. 誠信書房)
- 佐々木孝次 (1987). 甦るフロイト思想. 講談社
- 佐々木孝次 (1996). エディプス・コンプレックスから模倣の欲望へ. 情況出版 Segal, H. (1964). Symposiurn on fantasy: Fantasy and other mental processes. *International Journal of Psycho-Analysis*, 45, 191-194.
- 新宮一成 (1988). 夢と構造 - フロイトからラカンへの隠された道. 弘文堂
- 新宮一成(編) (1996). 意味の彼方へ - ラカンの治療学. 金剛出版
- Skriabine, P. (2004). Evidences ou questions? *La Cause Freudienne*, 56, 111-114.
- 外林大作 (1988). ナルシズムの喪失 - フロイトの読み方2. 誠信書房
- 高岡健 (2003). 新しいうつ病論 - 絶望の中に見える希望. 雲母書房
- Valenstein, E. S. (1998). *Blaming the brain: The truth about drugs and mental health*. New York: Free Press. (ヴァレンスタイン, E. S. 功刀浩(監訳) 中塚公子(訳) (2008). 精神疾患は病気か？ みすず書房)
- 和田秀樹 (1999). 「自己愛」の構造 - 「他者」を失った若者たち. 講談社
- Wallerstein, R., & Hoch, S. (1992). Psychoanalysis and psychoanalytic psychotherapy -Similarities and differences: Conceptual overview. *Journal of the American Psychoanalytic Association*, 40 , 233-238.
- Winter, J.-P. (2004). A quoi ressemble un embryon dans le ventre de sa mere, in Periac Daoud, S., & Plafier-Zeitoun, D. (ed.), *Silences: Paroles de psychanalystes*. Ramonville-Saint-Ange: Eres, pp. 225-232.
- 安田一郎 (1992). ナルシシズム概念の変遷. 横浜市立大学論叢, 43(2-3), 9-75.
- Zeligs, M. A. (1961). The psychology of silence: Its role in transference, counter-transference and the psychoanalytic process. *Journal of the American Psychoanalytic Association*, 9, 7-43.

색인

A

2항 관계 57
2항 대립 불가능의 장 246, 249
3항 관계 57
A/B의 혼돈 249
analytic operation 166
DSM(『정신질환 진단·통계 매뉴얼』) 302
Gleichschewebende Aufmerksamkeit 195
intersebjectivity 60
intersubjectivité 60
Itération 270
l'hommelette(인간-오믈레트) 228, 229
l'Unbewusste 283
L 도식(schéma-L) 84
omelette(오믈레트) 228, 229
Phantasie 244
phantasy 238, 240, 265, 267, 269
Répétition 270
SSRI(세로토닌 재흡수억제제) 307

反復과 反覆 270

ㄱ

감각으로 체험되는 환상 236
강요된 선택 203
같은 표현으로 반대의 의미 246
개별성의 중시와 익명성에 대한 배려 25
거세 콤플렉스 192
건강한 자아 166
결론을 내리는 시점 142
'결여'가 아직 발생하기 전 229
결여의 시니피앙 98
고된 작업 266, 267
고르게 떠 있는 주의 185
고유한 임상 형태가 없기 때문 25
고치려는 열정 46
고통의 체제에서 기쁨이나 쾌감 체제로의 이행 28
공空[텅 빈] 대상 135

공백 경험 191
공백으로서의 치료자 190
공백을 지닌 해석 151, 223, 224, 226, 227, 294, 297, 298
공시적synchrone 관계 159
공시共時적인 시간 143
과거에서 현재라는 시간의 방향성 225
과거에서 현재로 가는 방향 225
광장공포증 174
구멍의 현전 160
'구성construction'의 과정 266
구타 환상 242
궁극의 권위 123
궁극적인 한계 지점 159
그 사람을 위한 내가 된다 175
그 하나의-실수 316
그린버그Grinberg, L. 172
그을린 은燻し銀 314
극단적 의존 176
근본/근원 환상fantasme fondamental 136
근원 환상의 반복反覆 259, 263
근원적인 '불안anxiety' 95
기관 없는 신체 229
기다림의 중요성 198
기분 저하 장애dysthymic disorder 174
기술적 무의식적 환상 238
기술적記述的 방법론 304
기술記述적인 무의식적 환상 238, 241
기억 흔적은 환상 생활에 삽입 253
기저 결손basic fault 196
기저 결손과 침묵의 기능 196
깨어남이 없다 289
꿈 내용(현재顯在 내용) 243

꿈 배꼽臍 258
꿈 사고(잠재 내용) 243
꿈 작업(꿈 사고를 포함한 꿈 재료를 꿈 내용으로 변용하는 작업) 244
꿈과 환상의 관계 243
꿈은 무의식에의 왕도이다 231
꿈은 환상 활동이다 267
꿈꾸는 행위는 근본적으로 환상 작용 267
끝없는 순환 126

ㄴ

나눗셈의 결과 161
나눗셈의 은유 161
'나를 바라보고 평가하는 타자의 관점'이다 51
나를 지켜보고 있는 '보이지 않는 카메라' 51
나슈히트Nacht, S. 172
나지오Nasio, J.-D. 173
남의 기대대로 응답하는 느낌 175
내가 되고 싶은 완벽한 이미지 51
내가 볼 수 없는 곳에서 나를 보고 있다고 느껴지는 161
내면의 가족 이미지 232
내용 있는 해석 116, 223, 225, 226, 227, 294, 296, 297
내적인 8자형huit intérieur 213
냉정한 중립성 49
네 번째 고리 287, 318
느낌이 좋은 자기 대상 88
능동적인 남성적 태도 130

ㄷ

'다시' 반복하는 행위가 필연적으로 '다른' 것을 만들어낸다 270
다의적으로 기능한 침묵 150
다의적인 반복反復 256, 257, 258
단서 수집 266
단서로서의 망설임 270
단순한 기법technique 166
대립물 A/B의 한쪽에는 다른 한쪽이 포함되어 있다 248, 249
대립물의 교류(상호작용, 이행) 249
대립물의 혼돈된 매개 250
대문자 타자 53
대문자 타자 속의 대문자 타자이다 123
대문자 타자의 기표signifiant de l'Autre 53
대문자 타자의 대문자 타자는 존재하지 않는다 133
대문자 타자의 대문자 타자는 존재한다 99, 124, 133, 274
대문자 타자의 결여Le manque dans l'Autre, A 123, 202, 207, 208, 210, 294
'대문자 타자'의 이중적 의미 123
「대상 a」를 순환하는 분석 140
대칭적 상상적 상호작용 83
데자-라déjà-là 230
도파민 가설 304, 306
도이 다케오土居健郞 173
돌고 있는 것을 알 수 있는 환상 258
동음이의어同音異議語 114
동일성의 반복 256, 270
동일한 성질의 것mêmeté 257
되고 싶어 하는 '이상적인 나의 모습' 51
두 개의 토러스torus 圓環面 117
두 토러스의 뒤얽힘 118
뒤틀림torsion 207
뒷받침된 것[배접褙接된 것] 284
듣고 있는 사람과 함께 말하는 내가 구성되는 장소場 44
들어주는 경험 184
똑같이 적용될 수 있는 절대적인 규칙 49

ㄹ

'라랑그'의 기능 318
라랑그의 향유jouissance de lalangue 324
라멜라lamella 208, 229
'라멜라'는 주체가 탄생하는 과정 229
라캉의 아갈마 164
라캉파의 환상 238
라이크Riek, T. 172
랑가쥬(langage: 언어 활동) 85
랭스Langs, R. 187
레닉Renik, O. 58
레벤슈타인Loewenstein, R. M. 172
뢰루leurre[미끼, 낚시 바늘] 211
루도빅 뒤가Ludovic Dugas 194
리비도 응축 137
리비도 투자/備給 cathexis 137
리비도 투자(애착, 집착) 163

ㅁ

마음의 방황 74
마템(mathème: 분석소素) 87
말 너머에 있는 무의식의 '원어(이미지)' 269

말실수 106
말wort은 본래 귀로 들은 말의 기억 흔적인 것 251
말을 중시하는 태도 310
말의 청각적인 기억 흔적(언어 표상) 251
말하는 행위 자체가 쾌락 318
망설임hesitation 269
망설임 속에 드러나는 진실 269
매 맞는 아이 153
매개 45, 143, 154, 191, 209, 210, 216, 249, 250, 251
매슨Masson, J. M. 246
메타 언어 124
메타볼릭metabolic 신드롬/대사증후군 308
모드 마노니Mannoni, M. 58
모방으로 지배된 상상적 영역 42
몽상rêverie 74
뫼비우스 띠 213
무의미한 소리의 흔적들로 구성 318
무의미한 의미의 증식 285
무의식에 있는 생각(이미지) 269
무의식에의 왕도에는 언어적 환상이란 문 254
무의식에의 입구인 꿈 243
무의식의 근본적인 진실 166
무의식의 의식화 243
무의식의 형성물 92
무의식은 대문자 타자의 담화discours 74
무의식은 바로 이 '라랑그'의 파편들로 이루어져 있다 318
무의식은 상정된 앎知이다 134, 278
무의식은 폐쇄돼버린다 213
무의식은 하나의 〈랑가쥬langage/언어 활동〉

로 구조화되어 있다 34, 99, 100, 274
무의식적 단서를 놓치게 될 위험 195
무의식적 발화에 '구두점' 찍기 49
무의식적 환상 70, 234
무의식적 환상을 특권화 239
무의식적인 감각 251
무의식적인 '사고 과정' 251
무의식적인 양성 전이陽性轉移 145, 192, 218, 219, 221, 222
무한 분열 229
문자나 말의 전이轉移 114, 311
미지의 대수代數 191

ㅂ

'박탈당하고 버려짐'으로써 완성 199
반복 가능성 125, 270
반복反覆되면서 갱신되는 환상 258
'반복하기' 기법 115
발린트Balint, M. 186
발화하는 것 235
발화행위énonciation 191
방어 자체를 먼저 다루라 48
백일몽과 증상의 연결 265
백일몽은 환상의 대표적인 형태 265
법 안의 법 123
법에 의해 규정된 상징적인 차원 42
벨레스Beres, D. 234
변증법적이고 종합적인 다의성 257
보증인의 부재 162
본능의 정신 표상으로 정의되는 환상 240
부재의 물질적 현전presence of an absence 161
부재의 침묵 187

색인 / 349

분리의 연산 209
분석 조작分析操作 166
분석 주체의 무의식과 '조율'을 유지 48
분석 주체의 침묵 186
분석가 개인의 특수성personal equation 49
분석가에 대한 감정적 신뢰 220
분석가에 의한 긍정적 침묵 173
분석가의 긍정적 침묵 173
분석가의 실추 199
분석가의 역할 164
분석가의 욕망désir de l'analyste 116, 117, 118, 119, 120, 121, 191, 193, 211, 212, 213, 214, 215, 216, 217, 223
분석가의 욕망을 욕망하는 주체 120
분석가의 전이 환상 189
분석가의 존재와 연결된 침묵 149
분석가의 지식/앎에 대한 믿음 220
분석가의 '참됨' 325
분석가의 침묵 148, 150, 172, 185, 186, 193, 201, 298, 324, 325
분석의 제3주체analytic third 69
분석의 종결 28, 136, 139, 276, 279, 284, 285, 292
분석의 피안 217
분석이 더는 숨겨진 '의미'를 찾는 작업이 아님 316
분석적 전이 211
분석적 현실 80
불멸하지만 기괴한 리비도의 신화적 형상 229
불사의 무성생물 208
불확정적으로 환상을 구성 258
비-통각Non-aperception 160

비신체적 기관 229
비온Bion, W. 187
뼈가 형성되는(골화骨化 osification) 형태 137

ㅅ
사다리 발판ecabeau 288
사다리에 올라선다는 것 319
사랑에 의한 동일시 131
사랑에 의해 분석이 하나의 진실로 멈춰버릴 수 있다 140
사랑에 의해 엇갈린/뒤바뀐 상상적 진실 121
사로잡힘 205
사물의 시각적인 기억 흔적(사물 표상) 251
사바디니Sabbadini, A. 173
산도르 피렌체Ferenczi, S. 171
상상의 이자 관계 53
상상적 이자 관계imaginary dyad 93
상상적 팔루스 40, 41, 42, 44, 97, 98, 104, 192, 294
상상적 팔루스의 양화陽畵化 98
상상적 팔루스의 음화陰畵化 98
상징계의 선재성preexistence 230
상징적 거세 38, 42, 43, 44, 45, 46, 52, 57, 58, 97, 98, 104, 105
상징적 거세에 의한 주체 욕망의 실현 103, 105
상징적 공식 87
상징적 권위Symbolic authority 93
상징적 질서 123
상징화 과정 103, 105, 229
상호주관성intersubjectivity 60, 185

상호주관주의 59, 60, 77
상호주체성 60, 185
상호 침투적 혼합상태調和的揮然体 harmonious interpenetrating, mix-up 186
새로운 판과 복사 256
생물학적 암반 159
생체 아민 가설 biogenic amine hypothesis 306, 325
선행하는 결여 205
선행하는 현실적 결여 208
선험적인(선행하는) 무의식적 도식 schema 268
설리번 Sullivan, H. S. 59
성급한 해석의 위험 198
성의 차이화差異化라는 질서 42
성인의 신경증은 유아 신경증의 반복이자 재판再版 93
성인형 주의력 겹핍 과잉행동 장애(성인 ADHD) 308
세로토닌-노르아드레날린 가설 304, 306
섹스=회기는 중단 181
소피즘 sophism 165
소외로부터 회귀/귀환의 길 205
속이지 못하는 자들은 방황한다 134
수수께끼[미지未知/알 수 없음] 193
수용적인 듣기 상태 195
수치심 shame 269
수학적 엄밀함으로 전달되는 지식 87
순환[円環]적인 도식 250
스스로 성문을 열어 문제의 핵심에 다가갈 힘 48
스크라빈 Skriabine 150
슬픔과 위험을 나타내는 시니피앙 109

시각 이미지로 사고 234
시간과 돈의 교환을 넘어서 50
시간과 행위(act)를 통해 진리가 구성되는 과정 165
시걸 Segal, H. 232
시니피앙 연쇄 23, 105, 111, 134, 136, 138, 151, 152, 153, 156, 158, 201, 210, 260, 261, 270, 294
시니피앙 연쇄 뒤따르기 106, 107, 114, 115, 151
시니피앙 연쇄 위에 진실이 여러 개 존재 136
시니피앙 연쇄에서의 예측 111
시니피앙과 시니피앙 사이의 틈 206
시니피앙에 의한 향락의 응축 192
시니피앙으로 연쇄되어 새로운 의미가 산출 112
시니피앙의 배열 137
시니피앙의 연쇄를 뒤쫓아 간다 130
시니피앙의 응집 과정 111
시니피앙의 집합 133
신경증의 뿌리는 어린 시절 93
신경증자의 환상 The Neurotic's Fantasy 124
신체 없는 기관 229
실재의 찌꺼기 162
실체적인 것과 거리를 두는 기법 25
실패로서의 무의식 283
쓸데없는 말 285

ㅇ

아갈마($\check{\alpha}\gamma\alpha\lambda\mu\alpha$) 139, 164, 165
아갈마(Agalma)에 헌신하기 165

아리스토파네스의 신화 228
'아버지'라는 제삼자 94
아버지를 향한 이본異本이나 개작改作 285
아우스アウス auskratzen 178
아이작스 Isaacs, S. 232
아파니시스 aphanisis 消失/消滅 203, 204, 206, 207, 208, 228, 321
안전한 하나됨의 느낌 197
알고 있다고 가정된 주체 sujet supposé savoir/ subject supposed to know 50, 134, 138, 139, 152, 220, 221, 277, 278
'알고 있다고 가정된 주체'에서 끌어내리기 50
알파 요소 237
암시적 전이 211
암페타민 305
약의 유효성 307, 309
양가감정 ambivalent 78
양날의 도끼 211, 215
양성 전이 陽性転移 145, 146, 176, 188, 189, 192, 218, 219, 220, 221, 222
양의적인 의미를 가진 한 단어 246
어느 과거와 같은 과거 259
어머니 욕망의 대상 40
'어머니의 팔루스'가 되려는 환상 être le phallus 52
어부바 183
억압된 것이 증상으로 말하고 있는 것 109
언령 言霊 310
언어 표상은 억압되어 합성어나 철자 바꾸기 252
언어 표상의 매개성 250
언어로 생각하기 Thinking in words 264

언어의 물질성 자체 319
언어의 진실성 124
언어적 사고 verbal thought 237
언어화는 환상을 의식화하는 과정의 일부 234
엉터리/졸작으로서의 지식/앎 283
에스카보(escabeau, 발판 사다리) 320
여성성의 거절 130
역사 재구축 103, 105, 225
역사적 진실 121
연쇄에 구두점을 넣어 사후적으로 의미를 산출 101
예술적 기술 288
오믈레트 omelette 208
'오믈레트'가 결여가 없는 원초적 생명 229
오이디푸스 삼각형 68
오이디푸스적 죄책감 61
오인 57
오코노기 게이고 小此木啓吾 187
완벽하고 일관된 타자 124
완전하게 전수 integral transmission 87
외상에는 현실도 환상도 있다 247
외상의 다의적인 반복 反復 257
'요구'의 회전(작은 회전) 126
욕망과 요구가 동일시의 교착선에 의해 접속 213
욕망을 환유 121
'욕망의 원인'이라는 그 빈자리 160
'욕망'의 회전 126
욕망이 양화화 陽画化 213
욕망이 요구라는 구조의 중심에 있는 구멍 127
우리는 자아 이상의 눈으로 이상 자아를 본

다 52
우주적인 차원의 향락 271
원시적 사고 237
원초적 커플 206
원하지 않는 아이 74
원환상 268
위니컷D. Winnicott 187
유아 퇴행 176
유아기적 성 환상 268
유아기적 성적 소망을 담은 환상 266
음성 전이라는 공격성 222
응용정신분석psychanalyse appliquée 274, 276
응축condensation 137, 138, 163, 192, 300
의미가 부여되지 않는 '제로 지점' 258
의미를 공백인 채 두는 회기의 일단락 140
의미를 구성하지 않는 해석 141
의미를 부여하지 않는 해석 140
의미를 획득하는 순간 120
의미와 향락의 촉성 재배forçage 285
의미의 과잉 318, 323
의미의 부재 323
의미의 저편 166
의미작용signification 91, 92, 100, 115, 131, 138, 143, 157, 158, 189, 294, 297, 298, 311, 313
의식과 무의식을 넘나드는 환상 243
의식과 무의식의 「매개」 250
의식으로 떠오를 때의 생각(언어) 269
이미-거기déja-là, already-there 225, 226, 230
이미-그곳 241, 294
이미-거기에 있는already-there 230
이미지로 사고하는 것 235
이미지로 생각하기Thinking in pictures 264

이상 자아 40, 41, 51, 52, 109, 145, 191
이인증 174
이해를 위한 시간 142
이해할 수 없는 것의 끝/첨단 286
이행 대상[과도기 대상] 131
인간은 자신의 '존재(être)' 자체와 관계를 맺는다 320
인간은 자신의 '존재'를 갉아먹으면서 살아가는 존재 321
일의적인 반복反復 256, 257
일자적 기표trait unaire 161
일차적 사랑primary love 196
잃어버린 대상 131

ㅈ

자가 성애(자체애) → 자기애 → 대상애 50
자기 노출 77
자기 자신부터 잃어 버리는 것 208
자기 자신으로부터 분리됨 194
자기 자신으로부터 영구히 상실되어 버린 부분의 탐구 132
자신과 분신 사이의 기묘한 관계 95
자신을 마음대로 하는 남성 188
자신의 말을 듣는 경험 184
자신의 말이 경청받는 경험 184
자신의 무의식이 환자의 무의식과 직접 소통 195
자신의 존재를 구성하는 고유한 '생톰' 319
자아심리학Ego Psychology 59
자아 이상自我理想 41, 51, 52, 105, 116, 118, 119, 120, 190, 192, 193, 198, 213, 214, 215, 217, 219, 293

색인 / 353

자아의 강화나 통합이라는 치료 이론 170
자아ego의 방어와 저항을 무너뜨리기 50
자아의 해체로 주체가 산출 170
자연의 암반(기원) 130
자위 환상 248
자유연상 185
자유연상의 설정 91
잠재적인 것으로서의 환상 238
'장소'에서 '사건'으로 316
장소와 연결Le lieu et le lien 27
재구성reconstruction 266
재부재在不在 교대의 원칙 107
재창조의 시도로서의 침묵 196
재촉/안달 143
'저항'으로 작용하는 순간 198
저항으로서의 망설임 269
저항의 목적 설명하기 48
저항의 방식 명확히 하기 48
저항적인 전이 218
전前-개념 작용 237
전前성기적 관계 192
전이-역전이 관계 69
전이 환상은 「새로운 판과 복사」 256
전이가 해결될 때까지 기다려라 197
전이는 치료의 가장 강력한 동력이지만, 동시에 가장 큰 저항 197
전이는 환상의 산물 255
전이는 환상의 일종 255
전이라는 양날의 도끼 축이 되고 공유점은 분석가의 욕망 211
전이성 치유 219
전이성 침묵 173
전이의 역동성에 대하여 176

전이의 저항적 측면 218
전이의 효과적 측면 218
정반대의 것이 동일한 요소로 표현된다 245
정신분석의 제3주체 68
정신분석이 시니피앙의 응집 과정 111
정신질환의 생화학설 306
제3의 심판관 94
제3의 장소 94
제로 지점 258
제삼자에 의한 조합照合 Recours au tiers/Recourse to a Third Party 62
제이콥 알로우Arlow, J. 232
조이스 맥두걸Joyce McDougall 147
조현병의 원인 304
존스Jones, E. 203
존재의 보여주기(semblant) 133
죄수들의 우화 165
주관적 박탈subjective destitution 198
주시注視[응시]의 순간 142
주이상스jouisssce/향락享樂 131
〈주이상스〉의 잔여에 대한 고착을 아는 것 139
주체 개념을 실체화하지 않기 위해서 24
주체는 나눗셈의 몫으로 표시 132
주체는 증상의 의미를 아는 것으로 거세되는 것 105
주체는 해임된다 135
주체의 가장 내밀한 진실인 환상 270
주체의 관계성 60
주체의 분할division du sujet 155, 203
주체의 시간 225
주체의 진실 101, 116

죽음 충동 209
줄리앙Julien, P. 173
중심의 구멍 126
중지의 시간 143
증상 저편에 환상이 있다 322, 323
증상은 문제의 표면일 뿐 322
증상을 해독하고 진실(증상의 의미)을 출현 152
증상의 '엄밀화' 293
증상을 작품으로 만드는 행위 288
증상을 해독하고 진실(증상의 의미)를 출현시키는 것 152
지금-여기 77
지금-현재 관계 114
지성화知性化 202
지지요법 88
지지하는 침묵의 경험 186
진동(oscillation) 196
진실과 의미의 결정인자 284
진실로의 동일시 223
진실은 시니피앙을 연쇄시켜 주체를 의미로 대리표상 121
진실은 픽션fiction이 된다 135
진실을 담고 있는 '환상phantasy' 269
진실이 환상으로만 보증된다 152
진실한 사람으로 존재하는 것 28
진정한 의미로 살아 존재하게 되는 것 70
진정한 의미의 동일한 반복(répétition) 270
진정한 파롤에 의한 사후적 주체의 역사 재구축 103
진짜와 가짜 129
질적인 순간 50
짧은 회기séance cours 187

ㅊ

차미소Chamizo, M. I. 148
차이가 없는 존재론적으로 동일한 반복反復 259
차이를 반복反復하는 다의성 257
차이를 생산하는 반복(itération) 270
차이를 포함한 사후적으로 동일한 반복反覆 259
차이(를 내포한)의 반복 256
착각 57
착종錯綜[뒤섞여 있음] 233
철자 바꾸기anagramme 106, 107, 114, 116, 177, 252, 294, 296
최소한의 것 늘 놓지 못하고 남는 것 31
추정과 구성 267
충동적 무의식 202
충분히 좋은 어머니 88
충족 상태의 붕괴라는 위기 40
치료 구조론 188
치료 효과적인 전이 218
치료자가 현전現前 187
침묵silence 140
침묵 대상과의 동일시 172
〈침묵〉과 항문성애 171
침묵의 탈동일시 193
침입 불안 224

ㅋ

칸Khan, M.M.R. 172
칼 아브라함Abraham, K. 171
컨테이너container/컨테인드contained[담아주기/담아내기] 187

코카인 305
쿠르트 아이슬러Eissler, K. 59
크리스Kris, E. 246
큰 실수l'une bévue 283, 316
클라인파는 파롤보다 환상이 선행 236
클라인파에게 환상 240

ㅌ

타인의 행동과 나의 결단 사이의 관계 165
타자의 결여 53
타자의 기표 53
탈가치화 176
탈동일시désidentification 170, 174, 184, 190, 191, 192, 193, 201, 215, 216, 217
탈동일시에 기반을 둔 환상의 반복itération 216
탈존재(dés-être) 138
토러스 117, 118, 126, 127
토마스 옥덴Ogden, T. 58
통각aperception 160
통시通時적인 시간 143
통일된 신체 이미지 95
통증을 동반한 발기 61
퇴행을 관용할 수 있는 환경 187
투명 인간 188
투사적 동일시 72

ㅍ

파라노이아paranoia적[편집 망상적] 57
파라미터parameter 58
파롤(parole: 말하는 말, 구두 언어) 85

〈파롤〉없는 디스크루 173
파롤parole 이전에 랑가쥬는 존재하고 있다 237
〈파롤parole〉로 연결되지 않은 〈랑가쥬langage: 언어 활동〉의 구조 149
〈파롤〉로 전이轉移된 문자나 말은 다른 의미를 떠맡고 있다 115
파롤의 장소場 44
팍실Paxil(일반명 파록세틴Paroxetine) 307
페니스 갖기를 고집 130
페니스 선망 130
평면적인 생명체 229
포기와 응축의 역설 163
폴 페데른Paul Federn 194
표상을 수반하지 않는 감각 240
프랑소아즈 돌토Françoise Dolto 58
프러이트 환상 개념 239
플라톤의 『향연』속 아갈마 164
플리스Fliess, R. 171
피네간 경야Finnegans wake 285
핀다로스Pindaros 169
필연적인 '실추déchoir' 198

ㅎ

'하나의-실수'로서의 무의식 316
한 걸음 한 걸음 추정하고 구성guessed at and constructed step by step 267
한 쌍雙手 관계 60, 62
한결같이 고르게 '배분된↔떠 있는' 주의와 배려 196
한쪽의 욕망[은] 다른 쪽의 요구[이며], 한쪽의 요구[는] 다른 쪽의 욕망[이다] 117

함께 잘 살아가는 자신만의 노하우(savoiry faire)'를 발명 318
향락을 위한 언어 319
향정신성의약품 303, 306, 311
해독하는 것이 아니라 구성하는 것 156
해석된 진실 121
해석에 도달하는 환상(끝이 있는 환상) 239
해석에 의해 보이는 결과로서 하나의 구성 156
해석은 욕망의 원인을 대상으로 한다 157
해석은 증상에 의미라는 음식을 준다 121
해석을 지적인 정보로만 받아들이거나 198
해석의 대상이 되는 환상 239
해석이 금기인 이유 197
'해석'이라는 결정적인 개입 197
행동화 acting out 172
헛디딤/걸려 넘어짐 躓き 283
현상을 이론으로 바꾸어 버리는 일 117
현실 체험의 기억 흔적 236
현실에는 없는 진실 103
현재에서 과거로 가는 방향 225
확신을 흔드는 '모호함(물결 vagues(프), vague(영))' 323
환상 내용(현재 顯在 내용) 244
환상 사고(잠재 내용) 244
환상 생활의 비언어적인 원시적 수준 nonverbal primitive level 235
환상 작업(환상 사고를 포함한 환상의 재료를 환상 내용으로 변용하는 작업) 244
환상 형성은 꿈 형성과 완전히 유사하다 243
환상과 언어 표상의 유사점 252

환상과 언어의 관련성 235
환상은 꿈에 선행한다 243
환상은 더 오래된 것이다 267
환상은 무의식으로 가는 왕도이다 231
환상은 발달론적으로 자아보다 늦게 출현 240
환상은 시니피앙[음소]의 배열 253
환상은 억압되어 증상 252
환상은 언어적이다 233, 238
환상은 의식과 무의식 사이를 이행한다 233
환상은 파롤에 선행하고 랑가쥬에 후행 237
환상을 백일몽에 한정 239
환상을 상상력으로 환원하겠다는 온갖 유혹 237
환상의 국소론적 자리매김 239
환상의 내용은 기억 흔적에 기초 253
환상의 내용은 기억 흔적에 토대를 두고 있다 234
환상의 모체 262
환상의 반복 itération 216, 231, 259, 263
환상의 언어적인 면 234
환상의 특징인 이항 대립의 불가능성 257
환상의 형성물 239
환상의 횡단 traversée edu fantasme 135, 140, 163, 190, 241, 279
환상이 일차적 본능 충동의 언어 language 이다 236
환상이 꿈의 원재료나 초안이 된다 268
환상이라는 의식적 양성 전이 222
환상이라는 전이 217
환상이란 전이는 음화화 陰画化 215

'환상'이란 현실에서 충족되지 못한 소망 265
환유의 자리・거처 206
환자의 가장 깊은 진실을 담고 있는 '환상 phantasy' 269
회기 끝내기 scansion 140, 141, 143, 144, 147, 150, 151, 201, 216, 217, 221, 231, 294, 297, 298, 299, 300
효과적인 전이란 환상이다 220
힌셸우드 Hinshelwood, R. D. 232

역자 소개

김상복

한국코칭수퍼비전아카데미. 코칭북스 대표
코칭수퍼비전, 내러티브 코칭, 정신분석 코칭
www.supervision.co.kr

정신분석 전공(Ph.D). 정신분석 심리치료 훈련 중
논문: 프로이트의 "der Einfall" 연구.
개인 개업: 자유연상 터. 〈비온뒤 숲속-서서듣는 나무〉
www.biondysupsok.co.kr

번역: 『정신역동과 임원 코칭』(2019), 『정신분석 심리치료의 기본과 실천』(2021, 공역), 『코칭과 정신건강 가이드』(2022), 『정신역동 코칭』(2022), 『트라우마와 정신분석적 접근』(2023), 『라캉 정신분석 치료 이론』(2025)

역자 후기

『라캉 정신분석 치료 이론』(아카사카 가즈야赤坂和哉). 이 책은 역자의 뒤늦은 박사 과정 중에 읽게 되었다. 박사 과정 매 학기 진행되던 라캉의 에크리, 세미나 수업은 당시 고통이었다. 난해함을 핑계하기보다는 역자의 미천한 수준 때문이다. 당시 어렵고 현란한 라캉 이론의 숲을 헤매며 발걸음마저 어지러웠던 이유는 "그래서 어떻게 한다는 건가?"라는 의문과 저항 때문이었다. 그동안 배운 다른 정신분석 분야와 사뭇 다른 논리 전개와 단정적 주장이 무척 낯설었다.

대부분 분석가는 자신의 임상 사례를 제시하며 이론 전개를 뒷받침하거나 최소한 분석 경험을 예로 들지만 라캉의 저서는 이 점에 너무 인색했다.

당시 개인 분석가와의 보장된 '자유연상 회기'를 병행하지 않았다면 견디기 어려운 시기였다. 매주 수업에서 라캉을 다시 읽고 의문에 시달리며 간신히 살아 돌아와서는 온갖 저항과 정서를 분석가에게 쏟아냈다. 늘 비틀거리며 연상했다. 이런 와중에 라캉에 근거를 둔 '실천 방안'을 언급한 이 책을 발견했다. 그러고 보니 결국 박사 수업과 개인 분석 두 스승의 눈을 피해 남몰래 한 짓이 이 책 '혼자-읽기'였던 것 같다.

이 책의 저자는 돌토와 마노니를 딛고 라캉 임상 실천의 길을 냈다. 밀레르의 수업을 소화하며 라캉 후기 이론까지 연결해 라캉 임상 실천에 관한 자기 구상을 정리한 점은 매우 흥미로웠고 다른 책과 달랐다. 그 무렵 영어권에서 브르스 핑크 이후 라캉 정신분석 임상 실천을 다룬 두 권의 저서가 나와서 살펴보긴 했다. 나에게는 여전히 이해가 쉽지 않았다. 심지어 라캉 저서보다 더 어려웠다. 반면에 나에게 이 책은 마치 가보지 않은 길의 여행기를 읽는 것과 흡사했다. 실천 임상의 모습을 연상하고 구경하는 여행기로 더 끌렸다.

특히 가다가나와 히라가나를 오가는 일본어의 자유연상과 연상 연쇄, 시니피앙 전개는 프로이트의 자유연상을 이해하는 데도 한 걸음 깊은 암시를 내게 주었다. 회기 안에서 내 연상은 주로 내러티브의 다초점 연쇄로 번져나가 결국 무슨 의미로 구성되는지 수습하며 마무리되었다. 그렇지만 회기 후 나는 내 말실수 외에도 습관적으로 말 바꾸기와 말 바꾸기 전의 '말'이나, '말' 이전 내가 가졌던 이미지를 회기 직후 떠올렸고 내 '말-하기' 이후에 내 몸에 간직된 구술성을 감지해 냈다. 그리고 다음 회기까지 라캉 수업이 조금씩 차분해졌다. 심지어 제임스 조이스의 피네간의 경야 Finnegans Wake에 관한 라캉의 언급과 후기의 증상 symptom과 다른 생톰 sinthome 개념은 역자가 소년 시절 읽었던 '보물섬'

을 연상하며 앞으로 만나게 될 방문지로 손꼽게 되었다. 심지어 이를 한국어로는 어떻게 번역되었는지 들춰보기도 했다.

'자유연상-하기'에서 '생각-잇기'에 주목하게 되나 내러티브 선상에서 연상-잇기를 끊고 들어오는 '문득 떠오르는 것'이 잘라진-단어, 잘라진-이야기를 연결하는 나를 보았다. 그리고 이런 표면적인 흐름, 자유연상에서 내 말하기 방식은 회기와 회기 사이에는 홀로 표면 밑으로 내려갔다. 당연히 이는 일상에서 이어지는 라캉 수업의 내 '말하기 방식'에도 드러났다. 내 잦은 말-실수나 표현의 불일치는 마치 중년 남자의 허술함인 듯 양해될 수 있었으나 논문을 위한 일대일 면담에서는 특별히 주목되어 자유연상의 양상으로 직조되는 토론이 이어졌다.

이런 와중에 프로이트 독일어본을 찾아보았다. 자유연상을 표현하며 초기에는 당시 일반적으로 표현했던 'freie Assoziation'을 'freier Einfall'로 구별해 표현했다는 사실을 발견했다. 새롭게 나온 일본어 번역본은 독일어본 본문의 두 단어를 'freien Einfällen'을 自由な思いつき(자유로이 문득 생각이 나는), 'Einfälle'를 思いつき(문득 올라오는 생각)으로 '자유연상'과는 구별하여 번역한다(참조: 岩波全集(이와나미전집) 9권, 82)는 사실도 발견했다. 그렇다면 라캉 수업에서 자주 드러나는, 그리고 내 말실수를 만들어내는 '문득 떠오름(Der Einfall)은 무엇인가? 이런 내 의문의 전개에 이 책은 톡톡히 한몫했다.

프로이트와 라캉 이론의 전모를 아직 알지 못하더라도 발걸음을 어디로 향할지 알게 되었다고나 할까? 훈련 과정에서 늘 듣고 있던 '이론의 한 문장이면 실천의 열 걸음을 갈 수 있고, 실천의 열 걸음이 이론의

한 문장이다'를 다시 읊조리며 걸을 수 있다는 건 이 책이 준 또 다른 작은 기쁨이었다.

지금은 고인이 된, 당시 역자를 박사 과정에 들어가고 동행하게 했던 고효숙 선생을 추모한다. 코칭과 코칭수퍼바이저라는 공적 활동과 달리 정신분석(심리치료) 분야에서 지루한 훈련생이라는 이중생활을 하던 역자는 고효숙 선생에 이끌려 박사 과정 생활을 같이했다. 그의 성화가 없었다면 논문도 마치지 못했을 것이다. 그녀의 박사 생활은 시종일관 암 투병과 암 생활자의 일상이었다. 그래선지 언제나 분노가 스며있고 거칠고 무례하기도 했으나 속 생각은 부드럽고, 연민심이 높았던 분이다. 역자는 이 책을 읽고 정리한 초고를 그이와 나눴다. 라캉 이해에 관해서는 나보다 몇 걸음 앞서 걸으며 자기 생각을 나누던 선생은 오히려 이 책에서 얻은 이해를 근거로 라캉으로 가던 길을 주춤하며 돌토에게 흥미를 내비쳤던 기억이 난다. 한 손은 라캉을 잡고 다른 손으로는 임상 현실을 놓지 않았던 돌토의 활동을 이 책 앞부분에서 발견했기 때문으로 짐작된다. 나 역시 자기 분석 회기-라캉수업-이 책에 대한 탐독 덕분에 '문득 떠오름(der Einfall)'을 키워드로 논문에 집중할 수 있었다.

고 선생은 논문 집필 중에 암이 재발했고, 역자는 논문 마친 후 암을 발견했다. 논문을 함께 마친 두 사람은 암 생활자라는 길을 한동안 동행했다. 재발-암과 투병하면서도 고 선생은 루이즈 아론, 오토 랑크, 이자벨, 칼 매닝거, 페렌치 등을 꼼꼼히 읽으며 나와 나눴고, 나는 이 책과 토론 덕분에 〈자유연상 중심 내러티브〉 임상 실천의 길을 넘볼 수 있게 되었다. 그러나 죽음 일주일 전까지 서로 전화를 계속했던 고 선생이 떠난 후 나는 이 책도 논문 후 연구도 잠시 내려놓았다. 항암을 마친 후 추적 치료를 계속하고 있는 동안 가족들과 런던에서 휴가를 보내며 이 책의 번역을 마무리했다.

일본어도 서툴고 라캉도 피상적 이해에 불과하면서도 굳이 출간한 이유는 2020년대 초반 내 인생의 미련 때문만은 아니다. 지우知友 고효숙 선생을 잘 떠나보내는 마디맺음이다. 자신이 목표로 한 분석가의 꿈을 이루지 못했으면서도, 훈련 과정에 체류하며 힘들어한 분들에게 친구로 언니로 애 많이 쓰는 모습을 옆에서 봐왔다. 은근히 한국어 출판을 기대했을 원 저자에 대한 고마움의 표시이다. 역자 자신에게는 새로운 시작을 하기 위함이다.

2025년 10월 31일
가을을 보내며…
역자 김상복

 호모코치쿠스

코칭 튠업 21
: ICF 11가지 핵심 역량과 MCC 역량

김상복 지음

뇌를 춤추게 하라
: 두뇌 기반 코칭 이론과 실제
Neuroscience for Coaching

에이미 브랜 지음
최병현, 이혜진 옮김

마음챙김 코칭
: 지금-여기-순간-존재-하기
Mindful Coaching

리즈 홀 지음
최병현, 이혜진, 김성익, 박진수 옮김

코칭 윤리와 법
: 코칭입문자를 위한 안내
Law & Ethics in Coaching

패트릭 윌리암스, 샤론 앤더슨 지음
김상복, 우진희 옮김

조직을 변화시키는 코칭 문화
How to create a coaching culture

질리안 존스, 로 고렐 지음
최병현, 이혜진 외 옮김

내러티브 상호협력 코칭
: 3세대 코칭 방법론
A Guide to Third Generation Coaching:
Narrative-Collaborative Theory and Practice

라인하드 스텔터 지음
최병현, 이혜진 옮김

임원코칭의 블랙박스
Tricky Coaching

맨프레드 F. R. 케츠 드 브리스 외 편집
한숙기 옮김

마스터 코치의 10가지 중심 이론
Mastery in Coaching

조나단 패스모어 편집
김선숙, 김윤하 외 옮김

코칭·컨설팅 수퍼비전의 관계적 접근
Supervision in Action

에릭 드 한 지음
김상복, 조선경, 최병현 옮김

정신역동과 임원코칭
: 현대 정신분석 코칭의 기초1
Executive Coaching:
A Psychodynamic Approach

캐서린 샌들러 지음
김상복 옮김

수퍼비전
: 조력 전문가를 위한 일곱 눈 모델
Supervision in the Helping Professions

피터 호킨스, 로빈 쇼헤트 지음
이신애, 김상복 옮김

코칭 프레즌스
: 코칭 개입에서 의식과 자각의 형성
Coaching Presence: Building Consciousness
and Awareness in Coaching Interventions

마리아 일리프 우드 지음
김혜연 옮김

멘탈력
정신적 강인함에 대한 최초의 이론적 접근
Developing Mental Toughness: Coaching strategies to improve performance, resilience and wellbeing

더그 스트리챠크직, 피터 클러프 지음
안병욱, 이민경 옮김

코치 앤 카우치
Coach and Couch

맨프레드 F.R. 케츠 드 브리스 외 지음
조선경, 이희상, 김상복 옮김

리더의 정치학
: 조직개혁과 시대전환을 위한 창발 리더십 모델
Leading Change: How Successful Leaders Approach Change Management

폴 로렌스 지음
최병현, 윤상진, 이종학, 김태훈, 권영미 옮김

고용 가능성
고용+가능성 업그레이드 전략
Developing Employability and Enterprise: Coaching Strategies for Success in the Workplace

더그 스트리챠크직, 샬롯 보즈워스 지음
조현수, 최현수 옮김

게슈탈트 코칭
바로 지금 여기
Gestalt Coaching: Right here, right now

피터 브루키트 지음
임기용, 이종광, 고나영 옮김

강점 기반 리더십 코칭
: 조직 내 긍정적 리더십 개발을 위한 가이드
Strength_based leadership Coaching in Organization: An Evidence based guide to positive leadership development

덕 매키 지음
김소정 옮김

영화, 심리학과 라이프 코칭의 거울
The Cinematic Mirror for Psychology and Life Coaching

메리 뱅크스 그레거슨 편저
앤디 황, 이신애 옮김

영웅의 여정
자기 발견을 위한 NLP 코칭
The Hero's Journey: A voyage of self-discovery

스테판 길리건, 로버트 딜츠 지음
나성재 옮김

VUCA 시대의 조직 문화와 피어코칭
Peer Coaching at Work

폴리 파커, 팀 홀, 캐시 크램, 일레인 와서먼 지음
최동하, 윤경희, 이현정 옮김

정신역동 마음챙김 리더십
: 내면으로의 여정과 코칭
Mindful Leadership Coaching: Journeys into the interior

맨프레드 F.R. 케츠 드 브리스 지음
김상복, 최병현, 이혜진 옮김

실존주의 코칭 입문
: 알아차림·용기·주도적 삶을 위한 철학적 접근
An Introduction to Existential Coaching

야닉 제이콥 지음
박신후 옮김

공감으로 완성하는 코칭
: 평범함에서 탁월함으로
Coaching with Empathy

앤 브록뱅크, 이안 맥길 지음
김소영 옮김

내러티브 코칭
: 새 스토리의 삶을 위한 확실한 가이드
Narrative Coaching: The Definitive Guide to Bringing New Stories to Lif

데이비드 드레이크 지음
김상복, 김혜연, 서정미 옮김

ADHD 코칭
: 정신건강 전문가를 위한 가이드
ADHD Coaching: A Guide for Mental Health Professionals

프란시스 프레벳, 아비가일 레브리니 지음
문은영, 박한나, 가요한 옮김

시스템 코칭
: 개인을 넘어 가치로
Systemic Coaching: Delivering Value Beyond the Individual

피터 호킨스, 이브 터너 지음
최은주 옮김

글로벌 코치 되기
: 코칭 역량과 ICF 필수 가이드
Becoming a Coach

조나단 페스모어, 트레이시 싱클레어 지음
김상학 옮김

시스템 코칭과 컨스텔레이션
개인, 팀 및 집단에 대한 원칙, 실천 및 적용
Systemic Coaching & Consitellations

존 휘팅턴 지음
가향순, 문현숙, 임정희, 홍삼렬, 홍승지 옮김

10가지 코칭 주제와 사례 연구
: 20개 사례, 40개 논평, 720개 주석, 19개 실습 사례
Complex Situations in Coaching

디마 루이스, 폴린 파티엔 디오숑 지음
김상복 옮김

유연한 조직이 살아남는다
포스트 코로나 시대
뉴노멀이 된 유연근무제
Flexible Working

젬마 데일 지음
최병현, 윤재훈 옮김

인지행동 코칭
: 30가지 고유한 특징
Cognitive Behavioural Coaching: Distinctive Features

마이클 니난 지음
엘리 홍 옮김

쿼바디스
: 팬데믹 시대, 죽음과 리더의 실존적 도전
QUO VADIS?: The Existential Challenges of Leaders

맨프레드 F. R. 케츠 드 브리스 지음
고태현 옮김

코칭과 트라우마
: 생존 자기를 넘어 나아가기
Coacjing and Trauma

줄리아 본 스미스 지음
이명진, 이세민 옮김

단일 회기 코칭과 비연속 일회성 코칭
: 30가지 고유한 특징
Single-Session Coaching and One-At-A-Time Coaching: Distinctive Features

윈디 드라이덴 지음
남기웅, 안재은 옮김

리더십 팀코칭
: 변혁적 팀 리더십 개발을 넘어
Leadership Team Coaching

피터 호킨스 지음
강하룡, 박정화, 박준혁, 윤선동 옮김

코칭과 정신 건강 가이드
: 코칭에서 심리적 과제 다루기
A Guide to Coaching and Mental Health:
The Recognition and Management of Psychological Issues

앤드류 버클리, 캐롤 버클리 지음
김상복 옮김

리더의 속살
: 추악함, 사악함, 기괴함에 관한 글
Leadership Unhinged: Essays on the Ugly, the Bad, and the Weird

맨프레드 F. R. 케츠 드 브리스 지음
강준호 옮김

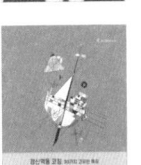
정신역동 코칭
: 30가지 고유한 특징
- 현대 정신분석 코칭의 기초2
Psychodynamic Coaching: Distinctive Features

클라우디아 나겔 지음
김상복 옮김

경영자의 마음
: 리더십, 인생, 변화에 대한 명상록
The CEO Whisperer: Meditations on Leadership, Life, and Change

맨프레드 F. R. 케츠 드 브리스 지음
강준호 옮김

코칭심리학(2판)
실천연구자를 위한 안내서
Handbook of Coaching Psychology

스티븐 팔머, 앨리스 와이브로우 편저
강준호, 김태리, 김현화, 신혜인 옮김

팀코치 되기
: 팀코칭 가이드
Coaching the Team at Work: The definitive guide to team coaching

데이비드 클러터벅 지음
동국대학교 동국상담코칭연구소 옮김

팀코칭 이론과 실천
팀을 넘어 위대함으로
The Practitioner's handbook of TEAM COACHING

데이비드 클러터벅, 주디 개넌 편집
강하룡, 박순천, 박정화, 박준혁,
우성희, 윤선동, 최미숙 옮김

생의 마지막 여정을 돕는
웰다잉 코칭
Coaching at End of Life

돈 아이젠하워, J. 발 헤이스팅 지음
정의구 옮김

리더의 일상적 위협
: 모래 늪에서 허우적거릴 때 살아남는 방법
The Daily Perils of Executive Life: How to Survive When Dancing on Quicksand

맨프레드 F. R. 케츠 드 브리스 지음
고태현 옮김

리더십 팀코칭 프랙티스(3판)
: 매우 효과적인 팀을 만드는 사례 연구
Leadership Team Coaching in Practice: Case studies representing highly effective teams

피터 호킨스 편저
강하룡, 박정화, 윤선동, 최미숙 옮김

팀코칭 사례 연구
The Team Coaching Casebook

데이비드 클러터벅, 타미 터너 외 지음
박순천, 박정화, 우성희, 윤선동 옮김

수퍼바이지와 수퍼비전
: 수퍼비전을 위한 가이드
Being Supervised A Guide for Supervision

에릭 드 한, 윌레민 레구인 지음
김상복, 박미영, 한경미 옮김

지혜 방정식
: 불확실한 시대, 지혜로 이끄는 법
Leading Wisely: Becoming a Reflective Leader in Turbulent Times

맨프레드 F. R. 케츠 드 브리스 지음
조경훈 옮김

현대 코칭의 이론과 실천
The SAGE Handbook of Coaching

타티아니 바흐키로바, 고든 스펜스,
데이비드 드레이크 편저
김상복, 윤순옥, 한민아, 한선희 옮김

관계 중심 팀코칭
Relational Team Coaching

에릭 드 한, 도로시 스토펠스 편저
김현주, 박정화, 윤선동, 이서우 옮김

해결 중심 팀코칭
Solution Focused Team Coaching

커스틴 디어롤프, 크리스티나 뮐, 카를로 페르페토, 라왈 스자니아프스키 편저
김현주, 박정화, 이서우, 정혜선,
허영숙 옮김

101가지 코칭수퍼비전 기법
: 접근 방식과 실천 탐구
101 Coaching Supervision Techniques, Approaches, Enquiries and Experiments

미셸 루카스 편저
김상복, 김현주, 이서우, 정혜선,
허영숙 옮김

동료 코칭수퍼비전
: 성찰적 실천을 위한 다양한 지침
Peer Supervision in Coaching and Mentoring: A Versatile Guide for Reflective Practice

태미 터너, 캐롤 휘태커, 미셸 루카스 편저
김현주, 박정화, 이서우, 정혜선,
허영숙 옮김

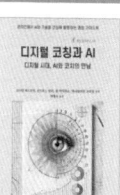
디지털 코칭과 AI
: 디지털 시대, AI와 코치의 만남
The Digital and AI Coaches' Handbook

조나단 패스모어, 산드라 J. 딜러,
샘 아이작스, 막시밀리언 브랜틀 편저
허영숙 옮김

코칭 윤리 사례 연구
Ethical Case Studies for Coach Development and Practice

웬디-앤 스미스, 에바 허쉬 폰테스, 두미사니 마가드렐라, 데이비드 클러터벅 편저
김상복, 김현주, 이서우 옮김

탁월한 팀을 만드는 55가지 도구와 기법
: 팀코칭 툴킷
The Team Coaching Toolkit: 55 Tools and Techniques for Building Brilliant Teams

토니 르웰린 지음
박순천, 박정화, 윤선동 옮김

코칭수퍼비전의 이론과 모색
Coaching and Mentoring Supervision
: Theory and Practice

타티아나 바흐키로바, 피터 잭슨,
데이비드 클러터벅 편저
김상복, 김현주, 이서우, 정혜선, 허영숙 옮김

정부 조직에서의 코칭
: 전문 코치를 위한 사례와 팁
Coaching in Government
Stories and Tips for Coaching Professionals

테오도라 J. 피츠시몬스, 메리케이트 비한 도허티, 앨런 리 마이어스 지음
김진경, 박은희, 이인화 옮김

조직개발 중심 팀코칭
: 팀, 리더, 조직, 코치, 수퍼비전 접근
Team Coaching for Organisational Development: Team, Leader, Organisation, Coach and Supervision Perspectives

헬렌 징크 지음
김채식, 박정화, 우성희, 윤선동 옮김

사내 코치 활동의 11가지 핵심 원칙
Coaching from the Inside
: The Guiding Principles of Internal Coaching

J. 발 헤스팅스 지음
김현주 옮김

잡 크래프팅
: 자율적 직무 재창조를 위한 이론적·실천적 접근
ジョブ・クラフティング: 仕事の自律的再創造に向けた理論的・実践的アプローチ

타카오 요시아키, 모리나가 유타 편저
이정숙, 김현주 옮김

코칭수퍼비전 실천과 해설
: 수퍼비전-주체의 실천 가이드
Coaching Supervision: A practical guide for supervisees

데이비드 클러터벅, 캐롤 휘태커, 미셸 루카스 편저
김상복 옮김

(출간 예정)

코칭 윤리 연구와 실천 핸드북
: 윤리적 성숙성과 실천을 위한 가이드
The Ethical Coaches' Handbook

웬디-앤 스미스, 조나단 패스모어, 이브 터너, 이-링 라이, 데이비드 클러터벅 편저
김상복 옮김

집단 코칭수퍼비전
: 자원 중심 실천
Coaching Supervision Groups

조 버치 지음
김현주, 박정화, 이서우, 정혜선, 허영숙 옮김

잡 크래프팅
Persnalization at Work

롭 베이커 지음
김현주 옮김

생태계와 기후 코칭
Ecological and Climate-Conscious Coaching

앨리슨 와이브로우우, 이브 터너, 조시 맥클린, 피터 호킨스 편저
김수진 옮김, 김상복 감수

코칭수퍼비전의 핵심
: 성찰과 자기돌봄 다루기
The Heart of Coaching Supervision: Working with Reflection and Self-Care

이브 터너, 스테픈 팔머 지음
정용석 옮김

조직 역할 분석(ORA) 기반 코칭
Coaching in Depth: The Organizational Role Analysis Approach

존 뉴턴, 수잔 롱, 버가드 시버스 지음
박정화 옮김

해결 중심 코칭수퍼비전
Solution Focused Coaching Supervision: An Essential Guide for Individual, Group, Peer and Team Coaching Supervision

커스틴 디에롤프, 스베아 반 데르 호른, 데비 호건, 제인 투오몰라 편저
김현주, 박정화, 이서우, 정혜선, 허영숙 옮김

멘토 코칭
Mentor Coaching Is For Life Individualis

클레어 노먼 지음
김현주 옮김

발달 코칭
: 자기(self)와 함께 작업하기(개정판)
Developmental Coaching: Working with the Self

타티아나 바흐키로바 지음
이서우 옮김

스토리텔링
: 인생을 바꾸는 이야기의 힘
Storytelling for Leaders: Tales of Sorrow and Love

맨프레드 F.R. 케츠 드 브리스 지음
조경훈 옮김

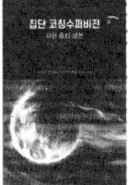

호모스피릿쿠스

나르시시스트와 직장생활하기
Narcissism at Work: Personality Disorders of Corporate Leaders

마리 린느 제르맹 지음
문은영, 가요한 옮김

정신분석 심리치료의 기본과 실천
: 정신분석·지지적 심리치료와의 차이

아가쯔마 소우 지음
최영은, 김상복 옮김

조력 전문가를 위한 공감적 경청
共感的傾聴術
'精神分析的に"聴く"力を高める

고미야 노보루 지음
이주윤 옮김

코로나 시대의 정신분석적 임상
'만남'의 상실과 회복
コロナと精神分析の臨床

오기모토 카이, 키타야마 오사무 편집
최영은, 김태리 옮김

트라우마와 정신분석적 '접근'
핵심 이론과 일곱 가지 사례
トラウマの精神分析的アプローチ

마쓰기 구니히로 편집
김상복 옮김

라캉 정신분석 치료 이론
실천 중심 임상과 사례
ラカン派精神分析の治療論

아카사카 가즈야 지음
김상복 옮김

코칭 하이브리드

영화처럼 리더처럼
: 크고 작은 시민리더 이야기

최병현, 김태훈, 이종학,
윤상진, 권영미 지음

마음챙김 코칭
: WHO에서 실행까지
Mindfulness Coaching: Have Transformational Coaching Conversations and Cultivate Coaching Skills Mastery

사티암 베로니카 찰머스 지음
김종성, 남관희, 오효성 옮김

사랑하는 사람의 상실로 슬픈 나를 위한 셀프 코칭
슬픈 나를 위한 코칭

돈 아이젠하워 지음
안병욱, 이민경 옮김

고통의 틈 속에서 아름다움 찾아내기
: 슬픔과 미망인의 여정에 대한 회고

펠리시아 G Y 램 지음
강준호 옮김

코칭 A to Z

누구나 할 수 있는 코칭 대화 모델
: GROW_candy 모델 이해와 활용

김상복 지음

세상의 모든 질문
: 아하에서 이크까지, 질문적 사고와 질문 공장

김현주 지음

첫 고객·첫 세션 어떻게 할 것인가
(1) 윤리적 가이드라인과 전문가 기준에 의한 고객 만남
(2) 코칭 계약과 코칭 동의 수립하기

김상복 지음

코칭방법론
: 조직 운영과 성과 리더십 향상을 돕는 효과성 코칭의 틀

이석재 지음

코치 100% 활용하는 법
: 코칭을 만난 당신에게

김현주, 박종석, 박현진, 변익상, 이서우, 정익구, 한성지 지음

AI-트윈 코칭 모델

허영숙 지음

코쿱북스

코칭의 역사
Sourcebook Coaching History

비키 브록 지음
김경화, 김상복 외 15명 옮김

101가지 코칭의 전략과 기술
: 젊은 코치의 필수 핸드북
101 Coaching Strategies and Technique

글래디나 맥마흔, 앤 아처 지음
김민영, 한성지 옮김

리더십을 위한 코칭
Coaching for Leadership

마샬 골드 스미스, 로렌스 라이언스 외 지음
고태현 옮김

아카사카 가즈야(赤坂和哉)

1973년 홋카이도 출생. 요코하마 시립대학(국제관계학) 졸업. 중앙대학 대학원 석사(교육학), 파리 제8대학 대학원 DEA 과정(정신분석학), 소피아대학 대학원 문학연구과 심리학 전공 박사과정. 박사(심리학). 임상심리사. 전문 분야 정신분석, 임상심리학
(현)하코다테단기대학(函館短期大学) 준교수 재직
논문:「정신분석에서 환상의 역할―치유를 향한 반복으로 기능하는 것」,『정신분석연구』등

 호모스피릿쿠스 6

라캉 정신분석 치료 이론
실천 중심 임상과 사례

초판 1쇄 발행		2025년 11월 20일
펴낸이	|	김상복
지은이	|	아카사카 가즈야
옮긴이	|	김상복
편 집	|	정익구
디자인	|	이상진
제작처	|	비전팩토리
펴낸곳	|	한국코칭수퍼비전아카데미
출판등록	|	2017년 3월 28일 제2018-000274호
주 소	|	서울시 마포구 포은로 8길 8. 1005호
문의전화 (영업/도서 주문)		
전화	|	050-7791-2333
메일	|	jyg9921@naver.com
편집	|	hellojisan@gmail.com

www.coachingbooks.co.kr
www.facebook.com/coachingbookshop

ISBN 979-11-89736-70-5 (93180)
책값은 뒤표지에 있습니다.

코칭북스는 한국코칭수퍼비전아카데미의 코칭 전문 브랜드입니다.